U0516838

基本面量化投资策略

董鹏飞——著

中信出版集团 | 北京

图书在版编目（CIP）数据

基本面量化投资策略 / 董鹏飞著 . -- 北京：中信出版社，2022.4（2022.6重印）
ISBN 978-7-5217-4034-9

I. ①基… II. ①董… III. ①投资 - 经济策略 IV . ① F830.59

中国版本图书馆 CIP 数据核字（2022）第 035740 号

基本面量化投资策略
著者： 董鹏飞
出版发行：中信出版集团股份有限公司
（北京市朝阳区惠新东街甲 4 号富盛大厦 2 座 邮编 100029）
承印者： 北京诚信伟业印刷有限公司

开本：787mm×1092mm 1/16 印张：28.25 字数：320 千字
版次：2022 年 4 月第 1 版 印次：2022 年 6 月第 2 次印刷
书号：ISBN 978-7-5217-4034-9
定价：79.00 元

版权所有 · 侵权必究
如有印刷、装订问题，本公司负责调换。
服务热线：400-600-8099
投稿邮箱：author@citicpub.com

序一

君子之学也，以美其身

董鹏飞是中欧国际工商学院2016级金融MBA学生，我们相识于课堂上，他是那一届120人中的一分子。这些年，鹏飞应该不曾歇息，一路马不停蹄，奋勇向前。

人们常说，拥有一件事物的最好方法，就是让自己配得上它。要想配得上，就需要坚持，直到成功。据鹏飞介绍，在毕业之际，他就有志于写一本中国股票投资实证研究和基本面量化投资方面的图书。此类书需要综合运用编程、数学、会计和金融四门学科的知识。为了“配得上它”，鹏飞花了3年时间，终有所成，值得“点赞”。锲而舍之，朽木不折；锲而不舍，金石可镂。这种自律精神，无论在众多同学之中，还是在众多同龄人之中，都是难能可贵的。在当今世界大变局下，我们期待更多年轻人躬身入局，为中国的崛起和发展添砖加瓦。

《孟子》云：资之深，则取之左右逢其原。学问功夫到家后，不管做什么事，都得心应手。一个素质良好的企业与一个苟延残喘的企业，最大的区别在于，好企业一个接一个轻松地做出决定，而糟糕的企业则需要不断地做出痛苦的抉择。企业经营如此，投资如此，人生更是如此。因此，不管是经营事业，还是投资股票，抑或经营人生，我们都需要刻苦钻研，君子之学也，以美其身。

读史以明志，投资也一样。投资者需要了解股市历史、实证研究，并以此判断自己的投资方法论是否正确。股市实证研究，没有故事那般动听，充满了图表与结论，是一门非常枯燥甚至无趣的学问。更要命的是，实证研究还需要综合多种学科的知识，因此，绝大多数人浅尝辄止，甚至望而却步。但是，实证研究对于“已过而立之年”的中国股市来说，像空气和水一样不可或缺——人人都想知道，实证结论究竟如何。写一本童叟皆宜、客观中立的实证图书，几乎就是股市投资中的“基础设施建设”。因此，我相信，这本书应该会对中国股市和基本面量化的发展有所贡献。这些努力将进一步促进资产配置的优良和中国股市的成熟，此二者又将共同促进中国实业的发展。

这本书收录了中国股市中常用的53个单因子指标和31个多因子指标的实证结论，反映了鹏飞严谨的治学精神。无论是单因子模型，还是多因子模型，鹏飞都展示了不同投资策略的不同结果。实证是有用的。以市盈率为例，有些图书认为，低市盈率股票值得购买；有些图书认为，低市盈率股票不值得购买，因为存在低估值陷阱。不同图书给出不同结论，究竟谁对谁错，读者比较迷茫。鹏飞直接给出中国股市的实证结论——过往22年，低市盈率股票普遍比高市盈率股票的投资收益率更高。客观数据，更值得信赖。再比如说，很多人有一种偏见——中国股市没有投资价值。鹏飞直接拿数据说话，以往22年整体股票的收益率接近10%，与美国股市过往几十年的收益率相当。数据驳斥了中国股市没有投资价值的论调。还有很多有意思的实证结论，不一一道来，读者可以在书中自行发掘。不仅仅止步于实证研究，鹏飞还在书中手把手演示如何一步步构建简单基本面量化投资模型。

这本书是鹏飞在中国股市实证和基本面量化领域的“鹰隼试翼”，填补了实证领域的空白，可以作为初级投资者的基础读物，也可以作为量化投资从业者的随手资料。

盛松成

中欧国际工商学院经济学与金融学教授

中国人民银行调查统计司原司长

序二

Smart beta的“基建”

潜心写作《基本面量化投资策略》一书的鹏飞同学可能没有意识到，除了他想达到的帮助投资者构建投资体系的目的，他的这一著作有可能无意中为国内 Smart beta 的发展打开了一扇门，或者说，这本书完成了 Smart beta 所涉及的大部分因子的实证研究工作。

1990 年诺贝尔经济学奖获得者、现代资产组合理论创立者哈里·马科维茨高度认可这一方向：“我把这一实现过程称为效率加权……这看起来不是一种均衡状态：市值加权型投资者挣得越来越少甚至什么也得不到，而效率加权型投资者却变得越来越富有。渐渐地，前者将消失而后者将占领整个市场……但是，我们并没有说总是同样一群人在市场中。总是会有旧人离场而新人入场。效率加权型投资者变得越来越富有的条件可以用 P. T. 巴纳姆的一句名言概括：每分钟都有傻瓜诞生。”

虽然马科维茨言语有些戏谑，但这就是现实。在成熟市场中，Smart beta 是过去 10 年中话题度最高、最受欢迎的投资趋势之一。Smart beta 本质上是对传统指数的加权方式和选股方案进行优化，提供优于传统市值加权指数的风险调整后收益，具备透明化、规则化、固定化的特点。经过数十年的发展，当前研究较为认可的 Smart beta 因子有：价值、成长、低波动、红利、动量、质量、小市值等。这些认可度较高的因子在这本书中都有呈现。

这本书通过对 53 个单因子模型和 31 个多因子模型进行详尽分析，弥补了中国在 Smart beta 领域系统性实证分析的空白，或许能够促进中国股票市场更快地与国际接轨，更快地向专业化方向发展壮大，为投资者提供更稳健的投资回报。强壮的中国股票市场可以解决实体经济融资难的问题，同时，可持续的投资收益可以解决中国人口老龄化带来的养老问题。

在中欧国际工商学院读 FMBA 期间，为了构建基本面量化模型，鹏飞总结了多位投资或金融大师的洞见及经验。这本书除了包含 Smart beta 领域的内容，还囊括了鹏飞对价值投资流派的思考，这些都可以帮助投资者提升对价值投资的认知。

更难能可贵的是，离开课堂之后，鹏飞同学一直保持认真钻研的精神，从自学编程开始，一步一步，边学边做，为大家描绘了一幅相对完整的 Smart beta 策略图景，着实不易，值得称赞。

芮萌

中欧国际工商学院金融与会计学教授

中欧财富管理研究中心主任

前言

基本面量化投资的优势

大多数从业者把股票投资粗略地分为基本面投资和量化投资。我认为这种分法是错误的。在 FOF 工作期间，我发现，越来越多的量化投资者把基本面纳入选股模型，也有越来越多的基本面投资者用量化方式筛选股票池，二者相互借鉴，界限越来越模糊。我认为，按照从易到难获取收益的难度，投资收益一般分别来源于传统 Beta、系统性策略创造的另类 Beta 和主观选股 Alpha，对应的三类投资者分别为指数投资者、基本面量化投资者和主观经验投资者。《漫步华尔街》一书的作者伯顿·马尔基尔曾表示，相比于成本低廉、简单有效的指数投资，对专业投资者而言，系统性策略更有吸引力，但投资者要明白驱动系统性策略的底层因子。

本书的重点是基本面量化投资，该策略具有三大优势。

第一大优势是系统性的赚钱能力。这是长期赚取超额收益的有力保障。听完我的路演，高净值私行级客户一般会这样反馈："我们炒股票都是挥舞大刀长矛，乱炒一气，你们却是机械化、立体化、系统化推进，这简直就是冷兵器军队遭遇现代化部队，只剩下挨打的份儿了。"我一般会答复，个人在炒股票时，可以看看系统化部队是怎么操作的，借鉴其有利战法，弥补自己不足，甚至可以更进一步，构建自己的现代化部队。本书展示的大部分是长效因子，占到我实盘模型70%以上的权重。如果读者能正确运用书中系统化方法，不但不容易亏钱，而且长期下来大概率可以获取超额收益。

第二大优势是败而不溃，还有东山再起的机会。除非模型崩溃，或如塔勒布所说的“忽视偏度，忽视极端稀有事件的影响深度”而导致永无出头之日，一般来说，只要我们不溃，严守纪律，即便单只股票或某个时段亏钱了，也不影响长期收益。正如《专业投机原理》作者维克托·斯波朗迪所说，如果你赚钱了，请给自己点个赞；如果你亏钱了，但是坚持了自己的投资策略，请给自己点两个赞。对此，我深表同意。守住你的模型，守住你的策略，你就会有东山再起的机会。

第三大优势是知可以战与不可以战。《孙子兵法》云，知可以战与不可以战者胜。量化投资一招一式，一进一退，都有严格的数学模型及基础概率支持。低于某个概率或数学期望值，不管多么有诱惑力，也不会触发量化投资。要么不战，等待机会；要么战，战则必胜，这就是量化模型的魅力。借助模型，我时常穿越于中国股票市场，这一刻还是2021年，下一刻就跑到了2001年。在时空交错之处，观察模型在不同历史时刻的表现，算出盈利与亏损的基础概率，做到“未战而庙算胜”。

当然，量化投资并不是无所不能，不要过度迷信量化投资，要警惕量化模型不能衡量的风险。爱因斯坦认为，并非所有能计算清楚的事物都很重要，也并非所有重要的事物都能计算清楚。模型筛选出股票之后，我都会速览一遍其招股说明书、最近3年年报和最近季报。如果直觉上不太对，该股票就会被剔除。宁可错过一只上涨的股票，也不能坠入模型无法衡量的风险之中。

本书主要面向三类读者。第一类，想要提升股票投资技能的普通投资者（散户）。这类投资者在股票市场摸爬滚打很多年，有经验但无系统性总结，需要一本图书帮他们升华一下系统化投资策略。第二类，机构投资者。本书从实证的角度展示了不同投资策略的最终结果，机构投资者可在此基础上开发适当的更复杂的投资策略。第三类，想要了解中国股票市场的境外投资者。中国股票市场已经走完了 30 年历程，随着越来越成熟，中国股市在全球的地位越来越重要。相信很多境外投资者都想了解适合中国市场的投资策略，本书提供了实证方面的答案。

本书一共 15 章，按照选股有效性和使用频率，共收录了表现较优的 53 个单因子指标和 31 个多因子指标。第 1 章主要讨论形而上的内容——投资的第一目的与第一性原理。第 2 章讨论市值的规模效应指标——市值越小，投资收益率越高。

第 3 ~ 8 章讨论估值倍数，主要包括市盈率、市净率、企业价值倍数、市销率、市现率与股息率共 6 类 9 个指标。这些指标既考量价格，也考量企业财务数据。一般来讲，估值越低，投资收益率越高。彼得 · 林奇认为，无论是业余还是专业投资者，选择低估值股票都是较佳的投资策略，尤其是冷门行业的低估值股票。

第 9 章讨论成长性，主要包括净利润、营业收入、营业利润、经营活动现金流与净资产等 5 个年度增长率指标。成长性指标中等偏上的分组股票表现较好，最高与最低分组表现都很差。

第 10 章讨论资本回报率，主要包括净资产收益率、总资产收益率与投入资本回报率等 3 个指标，引入 3 个多（双）因子模型。

第 11 章讨论利润率，主要包括净利率、毛利率等 2 个指标，引入 3 个多（双）因子模型。

第 12 章讨论危险信号，主要包括经营活动产生的现金流量净额与营业利润比、销售商品或提供劳务收到的现金与营业收入比、营业利润与利润总额比、利息保障倍数、应收账款周转天数等 5 个指标，并讨论 2 个多（双）因子模型。

第 13 章讨论更多财务指标，包括盈利能力、收益质量、资本结构、偿债能力、营运能力共 5 个板块的诸如资产负债率、流动比率以及固定资产周转率等 21 个指标。

第 14 章讨论价格动量、反转与波动率等 7 个指标，以及 2 个（双）因子模型。

第 15 章讨论多因子模型。我期待读者把本书讨论过的单因子指标组装在一起，自行构建多指标选股方法。因此，我列出了构建多因子模型的思路，供读者参考。这一章测试了从 2 个指标到 5 个指标共 21 个多因子模型，包括乔尔·格林布拉特“神奇公式”及其在中国的改进版。

这里需要强调 3 点。第一，真正的实盘模型比书中展示的模型更加复杂。本书只是简单展示量化模型开发流程，如何检验学术界和投资界常用因子在中国股市中的有效性，如何构建一个简单基本面量化模型。第二，我一般会结合基本面量化和主观经验构建模型。除了参考学术文献和实证研究，我还会根据实盘经验微调模型。这些实盘经验包括我自己和投资大师的。我喜欢研究海内外投资大师策略，并拿中国数据做实证检验。第三，模型不是死的、一成不变的，而是不断迭代升级的。随着个人视野和经验不断提升，模型不断改进。

道阻且长，行则将至，让我们一起开启股票投资之旅吧。

目录

第1章

投资的第一目的与第一性原理

价值投资的基本概念只有四个。前三个是巴菲特老师格雷厄姆的理念，最后一个是巴菲特自己的独特贡献。第一，股票是对公司的部分所有权，而不仅仅是可以买卖的一张纸。第二，安全边际。投资的本质是对未来进行预测，而我们对未来无法精确预测，只能得到一个概率，所以需要预留安全边际。第三，市场先生。市场的存在是为了来服务你的，不是来指导你的。第四，能力圈。投资人需要通过长期的学习建立一个属于自己的能力圈，然后在能力圈范围之内去做投资。

——李录

重回投资第一目的

感谢你打开此书。查理·芒格说过："我这辈子遇到的来自各行各业的聪明人，没有一个不是每天阅读的。"愿阅读此书的你，最终成为最聪明的投资者之一。

彼得·德鲁克认为，最重要、最艰难的工作从来不是找到对的答案，而是提出正确的问题。那么，我们先来讨论第一个问题，投资的第一目的是什么？

大部分人都会认为，当然是赚钱了。为了便于比较，我称之为答案1。

专业机构投资者可不这么认为，他们会回答说，考虑到阿尔法、贝塔、波动率、下行标准差、跟踪误差、最大回撤、夏普比率、卡玛比率以及索提诺比率等众多绩效指标，我们应该赚取满足这些绩效指标的超额阿尔法（超过贝塔的收益）、高性价比的收益（低波动的高收益）。这个回答非常专业，我称之为答案2。

答案1是普通人的直觉反应，他们思考问题大多采用的是第一层思维，即寻找的是简单的准则与简单的答案；答案2有些晦涩难懂，是具备专业知识或从业经验之人的反应，这类人群拥有的是第二层思维，这种思维更加深邃复杂，位于简单的对立面，需要大量阅读、学习以及思考才能拥有。从理论上讲，专业人士或从业人员的答案可能更正确。事实上，真的是这样吗？

现实生活中大部分人拥有的都是第一层思维，喜欢简单的准则，也因此就会有不同的金融子行业提供不同的简单答案以满足这类人群，虽然有时候这种答案是相互冲突的。比如，有些券商不遗余力告诉你，人人都有投资能力，只有这样，它们才能赚取高额的交易佣金；相反，有些基金公司可不想让你认为你有投资能力，它们只想让你认为只有它们才拥有此能力，这样一来你才能把所有的钱都投入它们主动管理的基金里面，并为此付出高额的管理费用。

指数基金之父、先锋基金创始人约翰·博格曾说，“金融行业已经不再是一种职业，而是变成了一门生意”。这是一件非常可悲的事情。既然是一门生意，当然要维护这门生意的高额利润。为了维持高额利润，当然要铺天盖地宣传“投资很简单，只要买我的基金即可”。除此以外，专业机构还创造了各种各样晦涩难懂的绩效指标，把投资者绕晕在专业名词中，最终乖乖束手就擒。放眼全球，不少金融机构都是这样。

再回到我们的问题，本着对自己资金负责的态度，我们不能仅依靠简单的第一层思维去解答，更需要依靠复杂的第二层思维。

有意思的是，拥有 10 多年从业经验、满口都是阿尔法或贝塔的我，当以第二层思维来思考时，竟然给出了与专业机构不同的答案。我认为，答案 1 才是正确的。投资就是为了赚钱，这才是投资的第一目的。

被美国《纽约时报》评选为“20 世纪全球十大顶尖基金经理人”、邓普顿共同基金创始人约翰·邓普顿的答案给我吃了一颗定心丸，“对所有长期投资者来说，目标只有一个——税后总回报最大化”。

既然有了这么简单明确的答案，为什么还要创造复杂缥缈的“伪答案”呢？这可能源自资产管理行业说服客户的动机和相对业绩竞争。

从20世纪70年代开始，资产管理行业就越来越痴迷于阿尔法、贝塔等绩效考核指标，并运用这些指标说服投资者买入基金。但也有反思的声音。1976年，鲍勃·柯比发表了一篇论文，他认为，这些绩效指标的出发点是好的，但往前走得太远已经失控了。第一，它培养了一种速成的观念，即可以在2～3年内对一个资产管理机构进行评估，而恰当的评估却需要至少5年甚至10年以上的时间。第二，它试图以一种万能公式去量化和考核投资能力，但能被量化评估的只是投资能力的一部分，只有加入定性的主观评价才能得出更有意义的结论。

除了前述原因，相对业绩竞争也催生了绩效指标。基金公司越来越多，竞争越来越激烈。阿尔法、夏普比率、卡玛比率等，越来越多的比较指标被创建出来。个别基金公司更是为了凸显业绩，片面截取部分区间绩效指标。

相对业绩竞争还带来了另一个更致命的问题——一些基金经理不关心总体收益，反而更关心相对于业绩基准或者同行的相对收益。《安全边际》一书作者塞思·卡拉曼认为，产生这一问题的主要原因是，对基金经理的惩罚。当短期表现不佳时，基金经理可能会面临资金流失以及被炒鱿鱼的窘境。为了不让自己失业，很多基金经理不会坚持长期理念，而是过度关注业绩比较基准或与同行的比较。

2009年，兰迪·科做了一项研究，他让基金经理报出不受业绩基准等限制的最佳股票组合。根据科的计算，当不受限制时，基金经理的平均年复合收益率超过19%，而真实的收益率仅为12%。也就是说，如果没有业绩基准或者来自同行比较的压力，让基金经理自行发挥其投资能力，业绩表现将大幅度优于真实业绩。

塞思·卡拉曼认为，在资产管理行业的相对业绩竞争中，没有赢家。基金经理的各种努力只会分散他们的注意力，使其无法抓住长期投资机遇。最终，客户只获取了平庸的投资业绩。

如果投资者明白答案 2 是金融行业商业化之后的结果，并且会影响最终的长期投资收益，那么行动就非常简单了。我们应该专注于收益本身，专注于答案 1，而不是在阿尔法、贝塔和波动率等数学指标以及相对业绩上浪费太多精力，甚至让数学指标主导投资。数学指标仅仅是一种绩效指标，用来衡量基金经理的投资能力或者投资策略的优劣，它不是我们投资的第一目的。确定了这一目的——长期赚取最大收益，我们就可以探讨下一个话题了——如何做好投资。

投资业绩向投资能力均值回归

讨论完投资的第一目的，我们来看下一个问题，投资业绩（是否赚钱以及赚多少钱）的决定因素是什么？

1671 年，约翰·德维特出版了《人寿年金的价值》一书，这可能是金融行业中最早使用均值回归的文献。德维特发现，虽然每个人的确切死亡年龄不同，但作为一个整体，在接下来的一段时间内的死亡概率是相同的；任何一个群体在任何一段时间的死亡概率向一个数字均值回归。据此，他建立了全世界第一份生命表，对死亡率和人口寿命做了分析。

均值回归不单是社会现象，也是自然现象，更是金融现象。人的身高不会太高，也不会太低，而是向一个数字均值回归。价格不会永远上涨，也不会永远下跌，而是向其内在价值均值回归。

长期来看，任何一个事物都会回归到它应该在的位置。以投资为例，长期来看，投资者的投资业绩最终会回到他能力应该在的位置，短期上行波动与下行波动并不影响长期的投资收益。如果能力强，即便经历短期的下行风险，最终也能获取不错的投资收益；如果能力很差，即便短期的上行收益非常高，长期来看也只能获取非常差的投资收益。

业绩向投资能力均值回归，而投资能力由 3 个因素决定，分别是投资策略、决策执行以及运气。短期来看，运气对投资收益的影响较大，但从长期来看，运气对投资几乎没有影响，投资能力的决定因素是投资策略与决策执行。

执行正确的策略，并不意味着没有挫折，也不意味着成功就在眼前。或许，在某段时间，我们可能会因为运气不好，短期内遭遇非常大的挫折。以刘备为例，他在 46 岁时，寻访到诸葛亮并开始执行“三分天下”的策略。策略虽然正确，但无奈曹操亲率大军南下，对其穷追猛打。刘备不敌，遭遇人生中最大的回撤，折了众多将士和跟随的百姓，“仅数十骑逃走”，回撤幅度超过 99%。看完短期，再看长期。10 年后，刘备大军夺取成都，“均值回归”后的蜀汉霸业轮廓初现，“三分天下”有蜀汉。投资也一样，即便是投资策略正确，也可能在短期遭遇较大的回撤，但长期来看，只要坚持执行正确策略，一定能获取颇为丰厚的投资收益。

我们会有好运气，好运气能带来高收益；我们也会碰到坏运气，坏运气会导致低收益，甚至亏损。但长期来看，业绩向投资能力均值回归，投资业绩是由能力决定的。想要获取较好的投资业绩，必须具备较高的投资能力。

投资能力是可以后天培养的

长期来看，投资业绩向投资能力回归。霍华德·马克斯认为，投资能力越强，越有可能获取知识优势。通过勤奋的工作和专业的技能，我们就能比别人更深入了解单只股票，赚取更多投资收益。因此，为了提升投资收益，我们必须提升投资能力。下一个问题是，能力可以提升吗？就我对公募基金与私募基金的观察而言，没有任何一位知名投资经理的能力是天生的，换言之，投资能力是可以后天培养的。

基金经理谢治宇认为："投资是一项技能，做得好或者不好，或者说这项技能的功效究竟怎么样，跟你的性格、日常生活等方面是相关联的；但它还是一项技能，是可以培养的。"曾经在娃哈哈从事快消品销售工作的冯柳，通过自我学习建立了一整套投资体系，"弱者体系就是假定自己在信息获取、理解深度、时间精力、情绪控制、人脉资源等方面都处于这个市场的最差水平，能依靠的只有时间、赔率与常识，我的整个投资框架都是立足于这个基本假设而建立起来的"。之后，冯柳成为一名优秀的私募基金经理。

如何培养投资能力？巴菲特认为，这需要稳妥的思考框架和找到长期制胜的投资方法，"人们要想在一生中获得成功投资，并不需要顶级的智商、超凡的商业头脑或机密信息，而是需要一个稳妥的思考框架作为决策的基础……我一直认为，对于刚起步的投资者来说，应该寻找已经被证明长期成功有效的投资方法，然后依葫芦画瓢照着做就行了。令人吃惊的是，这样做的人实在太少了"。

本书旨在通过展示部分投资策略的表现帮你建立思考框架，找到投资方法，从而提升投资能力。本书回测时间跨度为从 1998 年年底到 2020 年年底共 22 年，收录并展示了常用且有效的 53 个单因子以及 31 个多因子投资策略的实证结果，目的是使你形成有效的投资策略，采纳长期来看绝对收益较高、相对业绩较好，以及战胜业绩比较基准的概率较高的投资策略，摒弃长期来看绝对收益很差、相对业绩很差、战胜业绩比较基准的概率很低，以及长期处于超过 20% 最大回撤区间的投资策略。本书提供了近300幅图表，涵盖了前述投资策略在滚动投资1、3、5、7和10年期以及22年期的绝对收益和相对收益，目的是让你看到不同策略在投资“顺风期”和“逆风期”表现的全景图，看到自己的投资策略在全景图中的局部位置和全局位置，以及长期能够获取的收益，帮助你坚定信心，把优秀决策执行下去。

当然，你也可以像搭积木一样，把本书回测过的单因子组件组合在一起使用，不断打磨投资策略，不断升级投资能力，不断向投资大师靠拢，直到自己成为大师。仅仅知道正确方法还不够，还要花时间去打磨。

《刻意练习：如何从新手到大师》一书作者安德斯·艾利克森曾说，伟大人物通过年复一年的刻意练习，经过漫长而艰难的一步一步改进，终于练就了大师级的杰出能力。除了练习，没有捷径可走。

具备了基本功，大部分大师都是在模仿与复制前人的杰出工作以后，通过创新而成为大师的。

以巴菲特为例，其前期投资业绩并不好，而且不知道该如何提高，甚是苦恼。后来，他前往哥伦比亚大学商学院读书，拜在格雷厄姆门下认真学习。“50年前，我在哥伦比亚大学开始学习格雷厄姆教授的证券分析课程。在此之前的10年里，我一直盲目地热衷于分析、买进、卖出股票，但是我的投资业绩却非常一般。从1951年起，我的投资业绩开始明显上升，但这并非由于我改变饮食习惯或者开始运动，我唯一添加的新的营养成分是格雷厄姆的投资理念。原因非常简单，在大师门下学习几个小时的效果，远远胜过我自己在过去10年里自以为是的天真思考的结果。”但有意思的是，当时格雷厄姆并不知道这个学生能成为享誉全球的股神，一开始并没有太在意他，甚至有些忽视他。后来巴菲特软磨硬泡，才获取了在格雷厄姆公司工作的机会。

这并不是巴菲特成长的全部。他曾说，跟从格雷厄姆，他学会了

“捡烟蒂”投资法，“我可以在地上找到还能吸一口的烟蒂，把它捡起来，点上后就可以免费吸一口。我可以一直这样做，免费吸到许多口香烟。这是一种很好的投资方法。但随着资金量越来越大，我没办法找到足够多的此类股票。在接触到菲利普·费雪和查理·芒格之后，我开始改进投资方法，寻找质量不错并且价格合理的公司”。你看，就连巴菲特也是在实践过程中亦步亦趋跟随大师，先模仿后超越，最终成长为投资大师的。

投资大师并不是一蹴而就，而是后天培养的，都是通过不断学习、思考、寻找与模仿，最终实现超越，达到新的高度。

综上，投资的第一目的是赚钱，赚钱的多少向投资者的能力均值回归，而投资能力是可以后天培养的。因此，我们可以培养自己的投资能力以实现赚钱的第一目的。

投资的第一性原理

《硅谷钢铁侠》一书中提到，埃隆·马斯克具有独到的“第一性原理”思维方式。基于此，他在在线支付、新能源汽车、火箭发射以及太阳能等多个不相关领域成功创业。第一性原理，最早由 2300 年前的古希腊哲学家亚里士多德提出。亚里士多德认为，“任何一个系统都有自己的第一性原理，它是一个根基性命题或假设，不能被缺省，也不能被违反”。第一性原理好比繁华大树的庞杂根基，虽然藏于地下不被注意，但它决定了树的一切。

我不禁遐想，如果掌握了投资的第一性原理，岂不是能做好股票投资了？张磊在其《价值》一书中提出了投资第一性原理，书中“坚持第一性原理”一节中这样描述：“在一个逻辑系统中，某些陈述可能由其他条件推导出来，而第一性原理就是不能从任何其他原理中推导出来的原理，是决定事物的最本质的不变法则，是天然的公理、思考的出发点、许多道理存在的前提。”

在李录的《文明、现代化、价值投资与中国》一书中，我找到了投资第一性原理的线索。借鉴这些线索，我给出了答案：投资的第一性原理包括 5 个基本维度，分别是能力圈内做投资、投资就是买企业、要留有安全边际、正确看待价格波动，以及相信时间的力量。

《孙子兵法》云：昔之善战者，先为不可胜，以待敌之可胜。这句话道出了投资真谛——必须先损失最小化，再追求收益最大化。投资大师之所以成功，就是先不被市场打败（不产生资本的永久性损失），再寻找打败市场的机会。这 5 个基本维度攻防兼备，恰好可以帮投资者实现“昔之善战者”的“进可攻、退可守”投资目标。

维度 1：能力圈内做投资

巴菲特说：“市场就像个大赌场，别人都在喝酒，如果你坚持喝可乐，就会没事。”如果你的特长是喝可乐，那就不要羡慕喝酒的人。如果你的能力圈是消费品，就不要随意追逐高科技。2020 年下半年，很多半导体股票涨势惊人。如果你不懂半导体，因艳羡别人巨赚而在年底跟着瞎买一通，那么截至 2021 年 2 月底，你的亏损幅度会达到约 20%。适合别人投资的，并不一定适合你。

因此，我们要正确认识自身实力，只在能力圈内做投资；在能力圈内重仓投资，远远胜过在能力圈外乱买一气。巴菲特对此深有感受，“不要持有太多股票，最高的利润来自少量的股票组合，这些股票你能充分了解”。

这里指出一个重要误区，很多人以为，能力圈是固定的。我认为，能力圈是动态变化的。以巴菲特为例，从格雷厄姆到费雪，再到芒格，巴菲特不断从他们身上学习成功经验，扩充能力圈。截至现在，巴菲特历经多种经济周期与产品变迁，屹立60多年而不倒，靠的就是这种不断扩充能力圈的本事。再看传奇基金经理彼得·林奇的衣钵传人“T神”乔尔·蒂林哈斯特，其在《大钱细思》中现身说法，能力圈不是固定的，而是可以不断拓宽的。

因此，我们要正确认识自己的投资能力，不断扩充能力圈边界，并且持续坚持在能力圈内做投资。

维度2：投资就是买企业

投资需要以股东心态进行。段永平常说，我买股票时总是假设：如果有足够多的钱，我是否会把整个公司买下来。股东心态，才是对资金真正负责。

基于股东心态，我们就有必要对企业进行基本面研究。彼得·林奇认为，不进行研究的投资，就像打牌不看牌一样，必然失败。格雷厄姆认为，只有经过充分研究的，才是投资，否则，归为投机。我们必须研究企业的基本面信息，剔除有瑕疵的企业，选择运营质量较高的企业。

但是，大多数人不喜欢枯燥的研究与推论，反而喜欢有声有色的故事。《黑天鹅》一书作者纳西姆·尼古拉斯·塔勒布认为，人很容易被故事欺骗。这种倾向性来源于人性的弱点，相对于客观事实更喜欢生动有趣的故事，人们更容易过度联想。这种倾向性严重扭曲了我们对客观世界的认识。有些企业喜欢编纂天花乱坠的故事，比如乐视网。这个故事非常美，美到“让我们一起，为梦想窒息”。最后，我们窒息了，乐视网也被勒令退市了。如果从企业基本面信息出发，我们就会看到，这个故事一点儿都不美，收入是被操纵的，利润是没有的，更不要去想现金流了。这样的企业，不“窒息”才怪。

如果像段永平那样对待投资，从企业本身出发，那么就可以规避绝大多数问题。

维度3：要留有安全边际

选定了质量较高的企业，下一步就是交易了。巴菲特认为，“你支付的是价格，获取的是价值”。投资不应该是以公允价值买入资产，因为这样做，你只能获取与资金使用成本相当的收益。相反，支付价格应该尽量低于公允价值，这样，你就会拥有安全边际。安全边际概念源自格雷厄姆，他认为，安全边际可以吸收预测失误或运气不佳的不良影响。

不同于格雷厄姆以交易价格与清算价值的差额计算安全边际，巴菲特把安全边际的概念扩展到交易价格与内在价值的差额。关于内在价值，乔尔·格林布拉特认为，巴菲特最大的贡献之一就是扩充了价值的概念，把成长纳入内在价值的计算中去。

霍华德·马克斯认为，以低于价值的价格买进，才是投资的真谛，是最可靠的赚钱方法。以低于价值的价格买进，然后等待交易价格向价值靠拢，并不需要太多特殊才能。只要市场正常运作，价值就会拉动价格不断向上以向其靠拢。

霍华德·马克斯还告诫大家，投资最危险的事，是买入价格远远大于价值。这样的投资，让投资者夜不能寐，常常以亏损告终。

维度4：正确看待价格波动

格雷厄姆在《聪明的投资者》一书中讲述了关于市场先生的寓言，这个故事常常被巴菲特提及，可见对其影响之深。

> 市场先生有个优点，任何时候，只要你想买卖股票，他都会和你做买卖，但市场先生有个很大的缺点，情绪非常不稳定。乐观时，交易价格持续上涨；悲观时，交易价格不断下跌。短期来看，由于市场先生情绪非常不稳定，他报出的交易价格在短期内也非常不稳定，波动非常剧烈。

长期来看，价格最终趋向于价值。价值就像锚一样，指引着波动价格的未来方向，指引着投资者穿越市场波动。因此，格雷厄姆认为，市场短期来看是一台投票机，但长期来看是一台称重机。乔尔·格林布拉特认为，当市场出现短期波动时，最重要的事情之一就是记得市场终会回归正常。

市场先生情绪不稳定带来的剧烈波动，只能影响交易价格，对内在价值几乎没有影响。这种波动幅度虽然很大，但并不等同于损失。只有我们应对失策，比如说低谷减仓，才会导致真正的损失。

因此，我们需要正确对待波动，穿越波动以获取投资收益。

维度5：相信时间的力量

关于时间在投资中的作用，乔尔·格林布拉特说："如果你对股票价值的估计是准确的，那么我保证市场也会认可你的意见。但是，我不能告诉你们这个时限是几周还是几年。以我对美国股市的观察，等到市场恢复理性，一般需要2～3年的时间。如果你每天都看报纸或者盯盘，那么日子可就难熬了。"

长期看来，市场会自动走向正确。但是，巴菲特提醒我们，在看到长期之前，你必须确保能够在短期内幸免于难。还好，有前3个维度的帮忙，我们在短期内不大可能折戟沉沙，剩下的，就靠时间赢取了。

如果我们能够坚持使用上述5个基本维度，那么一定能获取不错的投资收益。很多书都有关于复利的描写，并称之为“世界第八大奇迹”，我在此就不赘述了，仅仅引用本书第15章改进版小市值“神奇公式”（乔尔·格林布拉特）在中国股票市场的投资业绩做个说明。

在过去22年中，投资10万元于该改进版“神奇公式”20只股票的期末资产总值为275.98万元，假如再投资两个22年并且投资收益率保持不变，该笔投资的总资产为21.02亿元。也就是说，如果我们能够像巴菲特那样从业60多年并且保持过往20多年的投资收益率不变，那么10万元的初始投资最终将增长到21.02亿元。区区10万元，竟造就亿万富翁梦想，这就是复利加上时间的魔力。

巴菲特告诉我们，时间是好公司的朋友，却是平庸公司的敌人。借用他的话，我想说，时间是正确投资方法的朋友，却是错误方法的敌人。在时间面前，对的越对，错的越错。

这5个维度都是最基本的，除了这些，还有很多内容值得我们探索。比如，霍华德·马克斯在《投资最重要的事》一书中一共谈到了21个维度。

让我们再回到第一性原理，我认为，展示在任一维度上，第一性原理就是一个定律或模型；学习和掌握的第一性原理越多，对世界的认知就越客观，在多种维度中自由穿越且综合运用多种维度解决问题的能力就越强。

巴菲特的好友查理·芒格之所以投资非常成功并深受大家喜爱，除了热爱阅读与学习，更重要的是他建立了一套格栅理论——在我看来就是一整套投资与生活的第一性原理。这几百种思维模型，在其著作《穷查理宝典》中有所展示，有兴趣的读者可以翻阅此书。

在阅读芒格的著作时，我深刻感受到，他每天都会“格物致知”，探求一件事情的“第一性原理”，并存储在大脑中，然后是下一件事情的“格物致知”和“第一性原理”。经年累月，他建立了几百种“第一性原理”思维，分门别类存储起来，这就是格栅理论。以后遇到难题时，他就从大脑格栅中提取多个思维模型，综合在一起，制定应对策略。关于这些思维模型的重要性，芒格说：“如果你头脑中没有基本模型或者没有应对这些模型的基本方法，你只能干坐着，一边看价值线曲线，一边玩手指。其实大可不必，你只要学会 100 个模型并掌握几个小诀窍，一生之中持之以恒地操练，做起来并不是很难。”关于如何综合使用这些模型，芒格说：“你应该把所有的模型用一种形式整合起来，有 12 个，就掌握 12 个，哪怕是掌握了 10 个都不行。然后，把它们制成一个清单来用。就像我所讲的误判心理学一样，你必须把所有重要模型输入脑海，再在这样的基础上使用。在这些模型中，如果有四五个力量共同作用，往同一方向发力，这种情况常常导致合奏效应（lollapalooza）——可能让你一夜富有，也可能让你迅速破产。所以，利用或提防这种效应是很关键的。只有一种方法是对的：综合主要原则并集成一个清单。我不得不再次强调一下，必须特别注意组合模型导致的合奏效应。”

我们应该把多个维度的第一性原理综合起来使用，以解决所遇到的问题，同时，还要谨防多个维度一起走向负面的合奏效应。

让我们一起像查理·芒格一样，不断发掘投资在不同维度上的第一性原理，建立模型，制作清单，整合在一起使用。让我们持之以恒操练，不断精进，做一个更有投资能力的人。

第2章

小盘股真的比大盘股更赚钱吗

如果我挑选一家公司，我会把自己置于想象之中，想象我刚刚接管了这家公司，并且它将是我们家庭永远拥有的唯一资产。

——沃伦·巴菲特

市值与规模效应溯源

1973 年，马歇尔·布鲁姆和弗兰克·胡斯克共同发表了《价格、贝塔与交易所上市股票》一文，这可能是最早发现“规模效应”的文章，该文章考察了 1932 年至 1971 年美国股票价格与贝塔值的关系，无意中发现了“规模效应”。1974 年，马歇尔·布鲁姆与欧文·弗兰德共同发表了《风险、投资策略与长期收益率》一文，该文章考察了 1938 年至 1968 年的股票收益，更加直接地校验了规模效应。

1981 年，罗尔夫·班次发表了《收益与普通股总市值之间的关系》一文，该文章把 1926 年至 1975 年的股票按照总市值划分为 5 个投资组合，再把各个投资组合按照贝塔值划分为 5 个子组合。研究结果显示，“规模效应”高度显著，总市值最小分组股票的收益率非常高，总市值最大分组股票的收益率非常低。研究还进一步发现，在某些局部时间期间（5~10 年），“规模效应”可能发生逆转（市值因子切换，或称大小盘切换），总市值最大分组股票的收益率非常高，总市值最小分组股票的收益率非常低。

全书的模型

本章包含以下 5 个股票组合：全部股票、整体股票、大盘股、超级大盘股和超级小盘股。这 5 个股票组合贯穿全书，最常用的是整体股票和大盘股。

全部股票包含 T 日（执行日或基准日，在本书中主要指月度最后一个交易日）正在上市和已经退市的所有股票。

整体股票是在 T 日全部股票的基础上，通过以下步骤获取：第一步，剔除市值最小的 15% 的微型股票；第二步，过滤掉 T 日停牌交易和 T 日之前已经退市的股票；第三步，过滤掉带 * 号的股票或 ST 股票；第四步，过滤掉新股和次新股，仅保留上市时间超过 180 个自然日的股票。经过上述 4 个步骤，留下来的就是整体股票。本书投资策略的实证校验，将在以整体股票（还有后文提及的大盘股）构建的股票池中，用十分位法或五分位法进行测试。

大盘股是整体股票中市值从大到小排名在前 16% 的股票。超级大盘股是整体股票中市值从大到小排名在前 6% 的股票。超级小盘股是整体股票中市值从大到小排名在后 20% 的股票。我们在全部股票中剔除了市值最小的 15% 的微型股票，因为这些微型股票不值得纳入投资标的，所以我不打算花精力做模型计算微型股票的收益率。不过，整体股票总市值排名在后 20% 的超级小盘股值得做一番研究，一方面，超级小盘股源自整体股票池，另一方面，我们可以用超级小盘股的收益率近似替代微型股票的收益率（微型股票的收益率可能略高于超级小盘股）。

定义了全部股票、整体股票、大盘股、超级大盘股和超级小盘股等概念，我们就可以进入下一个环节——时间跨度。时间跨度需要满足 3 个条件。第一，必须完整地经历牛熊周期，只经历牛市不行，只经历熊市也不行。第二，股票数量必须满足启动量化回测的最低数量。如果采用五分位法，股票池的最低数量为50只，如果采用十分位法，股票池的最低数量为100只。第三，在满足前述两个条件的基础上，选择最大化时长。

我最终选定了从1998年12月31日到2020年12月31日共22年的时间跨度。该时间区间正好全部满足了上面3个条件：完整地经历三轮牛市和三轮熊市，整体股票数量和大盘股票数量都满足十分位法和五分位法的最低要求，时间区间上横跨22年，满足时长最大化要求（见表2-1）。

由表2-1第四列“整体股票数量占比（%）”计算得知，整体股票数量占比的均值为76.77%，中位数为76.81%。在回测的22年中，我们所用到的整体股票构造的股票池约占全部股票数量的3/4。

表2-1　从1998年12月31日至2020年8月31日每年年末全部股票、整体股票、整体股票在全部股票中的占比、大盘股和超级大盘股的详细数据

日期	全部股票数量	整体股票数量	整体股票数量占比（%）	大盘股数量	超级大盘股数量
1998/12/31	828	674	81.4	108	40
1999/12/30	925	742	80.22	119	45
2000/12/29	1062	792	74.58	127	48
2001/12/31	1138	901	79.17	144	54
2002/12/31	1202	972	80.87	156	58
2003/12/31	1265	1030	81.42	165	62
2004/12/31	1355	1107	81.7	177	66
2005/12/30	1360	970	71.32	155	58
2006/12/29	1413	995	70.42	159	60
2007/12/28	1529	1072	70.11	172	64

续表

日期	全部股票数量	整体股票数量	整体股票数量占比（%）	大盘股数量	超级大盘股数量
2008/12/31	1604	1233	76.87	197	74
2009/12/31	1698	1223	72.03	196	73
2010/12/31	2043	1466	71.76	235	88
2011/12/30	2322	1745	75.15	279	105
2012/12/31	2475	1965	79.39	314	118
2013/12/31	2471	1999	80.9	320	120
2014/12/31	2595	1939	74.72	310	116
2015/12/31	2811	2159	76.81	345	130
2016/12/30	3037	2249	74.05	360	135
2017/12/29	3470	2569	74.03	411	154
2018/12/28	3568	2936	82.29	470	176
2019/12/31	3760	2997	79.71	480	180
2020/08/31	3975	3052	76.78	488	183

为了与本书后续章节数据保持一致，上证综指（俗称大盘）收盘点位采纳月度数据（月末收盘价）。由图2-1和表2-2可以看出，从1998年12月31日至2020年8月31日，我们共经历了三轮牛市和三轮熊市。第一轮牛市：从1999年2月底的1090.09点上涨至2001年6月底的2218.03点。第一轮熊市：从2001年6月底的2218.03点下跌至2005年5月底的1060.74点。第二轮牛市：从2005年5月底的1060.74点上涨至2007年10月底的5954.77点。第二轮熊市：从2007年10月底的5954.77点下跌至2013年6月底的1979.21点。第二轮熊市的5年期间经历了2008年10月底1728.79的局部最低点和2009年7月底3412.06的局部最高点。第三轮牛市：从2013年6月底的1979.21点上涨至2015年5月底的4611.74点。第三轮熊市：从2015

年 5 月底的 4611.74 点下跌至 2018 年 12 月底的 2493.90 点。

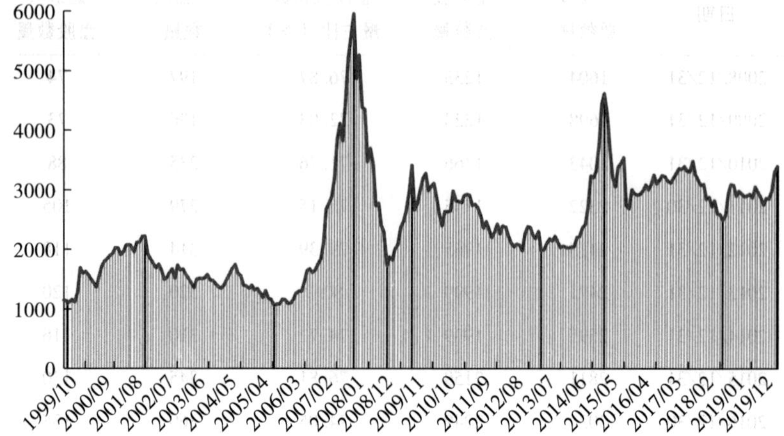

图 2－1　上证综指月度收盘点位走势图（1998/12/31~2020/08/31）

表 2－2　以上证综指月度收盘点位计量的三轮牛熊市的起点与终点（1998/12/31~2020/08/31）

日期	上证综指月度收盘点位	位置
1999/02	1090.09	第一轮牛市起点
2001/06	2218.03	第一轮牛市终点、第一轮熊市起点
2005/05	1060.74	第一轮熊市终点、第二轮牛市起点
2007/10	5954.77	第二轮牛市终点、第二轮熊市起点
2008/10	1728.79	局部最低点
2009/07	3412.06	局部最高点
2013/06	1979.21	第二轮熊市终点、第三轮牛市起点
2015/05	4611.74	第三轮牛市终点、第三轮熊市起点
2018/12	2493.90	第三轮熊市终点（待进一步验证）

本书模型全部使用时点性（Point In Time，简写为 PIT）数据。建仓和调仓时，投资标的的权重设置为等权重。也就是说，如果标的数量为

N，则每个标的权重为 $1/N$。在交易频率和持有时长方面，设定为 1 年。在股票分红方面，我采用红利再投资的处理方法。在获取模拟净值方面，面临月度效应带来的问题。为了剔除投资的月度效应，以一种公平的方式考虑每个月份的投资收益，我设计出一种方案：投资策略每月调仓，但每次只调整 1/12 的仓位，一年下来共调整了 100% 仓位。这个方案既满足了前述交易频率和持有时长的要求，又满足了公平对待月份差异的要求，我将之设定为全书模拟组合的调仓策略。

小盘股真的表现更优

从 1998 年 12 月 31 日至 2020 年 8 月 31 日共 21 年 8 个月的数据显示，超级大盘股模拟组合的年复合收益率为 8.34%，大盘股为 8.44%，整体股票为 10.5%，超级小盘股为 13.9%（见图 2－2 和图 2－3）。

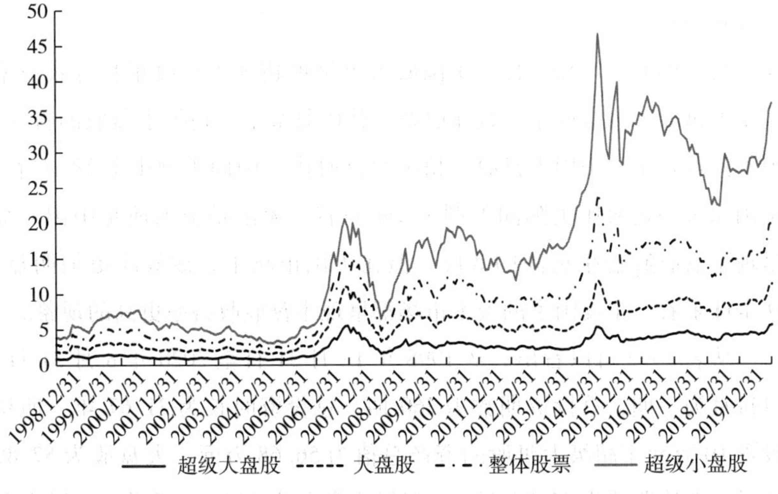

图 2－2　超级大盘股、大盘股、整体股票和超级小盘股模拟组合的模拟净值走势图（1998/12/31~2020/08/31）

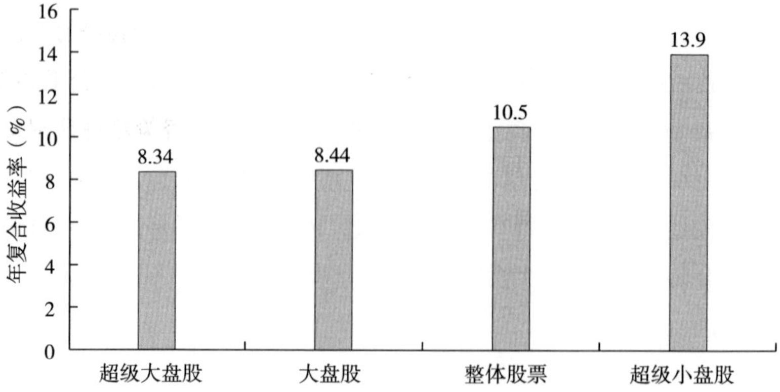

图 2-3　超级大盘股、大盘股、整体股票和超级小盘股模拟组合的年复合收益率（1998/12/31~2020/08/31）

中国股市过去近 22 年的年复合收益率数据和美国股票市场相似，但略有不同。以整体股票数据为例，美国过去 80 年的年复合收益率为 10.46%，和中国股市异常接近；最近 50 年为 11.22%，比中国整体股票高 0.7%。

与美国股票市场一样，中国股市也呈现超级大盘股年复合收益率小于大盘股、大盘股小于整体股票、整体股票小于超级小盘股的特征。但不同点在于，中国大盘股、超级大盘股比美国同类型小 1.5% 左右，中国超级小盘股比美国同类型大 2% 左右。无论是美国还是中国，都呈现小盘股收益率更高的效应，但在中国市场上，该效应更加明显。从全球来看，主要国家的资本市场都呈现小盘股收益率更高的现象。

从表 2-3 可以看出，从 1998 年 12 月 31 日至 2020 年 8 月 31 日，以每月为一期，总投资期数为 260 期，总投资时长为 21.67 年。期初投资 10 万元于超级大盘股的资产总值为 56.68 万元，大盘股为 57.89 万元，整体股票为 86.95 万元，超级小盘股为 167.91 万元。超级小盘股的资产总值如此之高，几乎为整体股票的 2 倍，为超级大盘股和大盘股的 3 倍。

21.67 年间总收益率分别为：超级大盘股为 466.82%，大盘股为 478.87%，整体股票为 769.45%，超级小盘股为 1579.06%。

按照个人投资者常用的简单算术平均来计算，超级大盘股年化收益率为 21.55%，大盘股为 22.10%，整体股票为 35.51%，超级小盘股为 72.88%。

几何平均值衡量 21.67 年间的年复合收益率，是机构投资者常用的收益率计算方法。超级大盘股的年复合收益率为 8.34%，大盘股为 8.44%，整体股票为 10.50%，超级小盘股为 13.90%。超级小盘股只比整体股票高 3.40%，但近 22 年累计下来，超级小盘股的资产总值几乎为整体股票资产总值的 2 倍，由此可见，复利加上时间效应在投资方面的“爆炸式增长”威力。巴菲特常说的“长长的坡”，就是指要给投资留下足够的时间，以彰显复利的威力。哪怕只是一点点优势，只要能够以复利的形式长期存在，就能带来几倍的最终结果。

把算术平均值和中位数结合起来看，我们发现超级大盘股、大盘股、整体股票和超级小盘股的每期收益率都呈现左偏的形态，即大部分投资期的收益率都小于平均值。

在以标准差为衡量标准衡量股票波动风险方面，超级小盘股的标准差最大，为 34.32%，但由于超级小盘股的收益率非常高，拉高了夏普比率，超级小盘股获得最高的夏普比率，数值为 0.26。整体股票标准差仅次于超级小盘股，为 31.59%，收益率也仅次于超级小盘股，因此，整体股票获得第二高夏普比率，数值为 0.17。大盘股和超级大盘股的收益率和标准差接近，获得相近的夏普比率，都低于整体股票。

在以下行标准差为衡量标准衡量下行风险方面，超级小盘股的下行风险最大，为 19.23%，略高于整体股票的 18.69%。超级小盘股的收益率大幅度领先整体股票，该领先幅度对索提诺比率（衡量投资标的在承担下行风险时获取超额收益的能力）的影响非常大，因此，超级小盘股获得0.46的索提诺比率，几乎以一倍的优势领先于整体股票。整体股票的索提诺比率为0.29。大盘股和超级大盘股的收益率和下行风险接近，获得相近的索提诺比率，都低于整体股票。

在衡量极端下跌风险的最大回撤方面，一般来说，市值越大，股票风险越低，回撤幅度越小；市值越小，股票风险越高，回撤幅度越大。出人意料的是，超级大盘股并没有展示出前述效应，其最大回撤高于大盘股和整体股票，以69.88%的数值排名第二。意料之中的是超级小盘股，以73.70%的数值排名第一。最大回撤排名第三的是大盘股，为69.75%。最小的是整体股票，为67.64%。

最差和最优前景预期收益分别为算术平均值减去（或加上）1.5倍的标准差，用于衡量投资标的在最差情况下（或最好情况）的损失（或收益）。

表2-3　超级大盘股、大盘股、整体股票和超级小盘股模拟组合的基本统计情况（1998/12/31~2020/08/31）

	超级大盘股	大盘股	整体股票	超级小盘股
总的投资期数（月）	260	260	260	260
总的投资时长（年）	21.67	21.67	21.67	21.67
10万元初始投资的最终结果（万元）	56.68	57.89	86.95	167.91
期间总的增长率（%）	466.82	478.87	769.45	1579.06
简单算术平均值（%）	21.55	22.10	35.51	72.88
算术平均值（%）	12.03	12.22	14.93	18.83
几何平均值（%）	8.34	8.44	10.50	13.90
中位数（%）	8.54	9.85	9.39	6.26

续表

	超级大盘股	大盘股	整体股票	超级小盘股
标准差（%）	28.52	28.76	31.59	34.32
上行标准差（%）	21.46	21.14	23.05	25.35
下行标准差（%）	17.51	17.96	18.69	19.23
跟踪误差（%）	0.00	5.88	16.72	22.57
收益为正的投资期数（月）	141	146	139	139
收益为负的投资期数（月）	119	114	121	121
最大回撤（%）	-69.88	-69.75	-67.64	-73.70
相对于基准的 Beta 值	1	0.97	0.77	0.63
T 统计量（mean = 0）	1.96	1.98	2.2	2.55
夏普比率（无风险利率 = 5%）	0.12	0.12	0.17	0.26
索提诺比率（无风险利率 = 5%）	0.19	0.19	0.29	0.46
1 年期最低收益（%）	-69.88	-68.77	-64.33	-58.91
1 年期最高收益（%）	308.24	288.32	250.43	289.05
3 年期最低收益（%）	-20.06	-15.17	-22.77	-28.65
3 年期最高收益（%）	77.32	74.10	72.36	71.16
5 年期最低收益（%）	-16.27	-14.02	-17.74	-19.68
5 年期最高收益（%）	41.16	38.21	46.17	53.73
7 年期最低收益（%）	-10.40	-7.88	-3.02	-2.71
7 年期最高收益（%）	20.95	20.92	28.58	38.37
10 年期最低收益（%）	-2.30	-1.74	3.26	7.38
10 年期最高收益（%）	20.49	22.50	32.39	40.11
最差情景预期收益（1 年期）（%）	-30.75	-30.92	-32.46	-32.66
最优情景预期收益（1 年期）（%）	54.80	55.35	62.31	70.31

从表2-4可以看出一些规律。不管是哪个模拟组合，随着投资时长的延长（从1年期到10年期），收益率为正的概率持续上升。在滚动5年期，大盘股和超级大盘股收益率为正的概率同为72%，整体股票为77%，超级小盘股为83%。在滚动10年期，超级大盘股收益率为正的概率为95%，大盘股为96%，整体股票和超级小盘股为100%。只要投资时间足够长，获取正收益的概率就会足够高。

表2-4　超级大盘股、大盘股、整体股票和超级小盘股模拟组合滚动N年期投资收益率为正的期数和概率

	超级大盘股滚动N年期投资收益率为正的期数和概率			大盘股滚动N年期投资收益率为正的期数和概率			整体股票滚动N年期投资收益率为正的期数和概率			超级小盘股滚动N年期投资收益率为正的期数和概率		
	总的投资期数	收益为正的期数	占比（%）	总的投资期数	收益为正的期数	占比（%）	总的投资期数	收益为正的期数	占比（%）	总的投资期数	收益为正的期数	占比（%）
滚动1年期	249	134	54	249	137	55	249	129	52	249	136	55
滚动3年期	225	128	57	225	122	54	225	133	59	225	143	64
滚动5年期	201	145	72	201	145	72	201	154	77	201	166	83
滚动7年期	177	158	89	177	162	92	177	169	95	177	167	94
滚动10年期	141	134	95	141	136	96	141	141	100	141	141	100

最大回撤、特定周期内最高收益和最低收益

超级大盘股一共经历 7 次回撤幅度超过 15% 的最大回撤。跌幅最大的回撤发生在 2007 年 10 月至 2008 年 10 月，历时 12 个月，回撤值为 69.88%。该回撤已经于 2020 年 8 月修复，整个修复期持续 142 个月。距离当前时间最近的一次回撤发生在 2018 年 1 月至 2018 年 12 月，历时 11 个月，回撤值为 28.50%。该回撤已经于 2020 年 6 月修复，整个修复期持续 18 个月。2020 年除了前面两次修复，还有一次修复。2020 年 7 月，超级大盘股修复了 2015 年 4 月至 2016 年 2 月连续 10 个月 39.77% 的回撤，整个修复期持续 53 个月（见表 2-5）。

表 2-5　投资超级大盘股模拟组合最大回撤超过 15% 的数据汇总 (1998/12/31~2020/08/31)

序号	净值见顶的时间	净值见顶时的模拟净值	净值见底的时间	净值见底时的模拟净值	净值复苏的时间	跌幅（%）	下跌持续期（月）	复苏持续期（月）
1	2007/10	5.61	2008/10	1.69	2020/08	-69.88	12	142
2	2000/07	1.62	2005/05	0.82	2006/11	-49.04	58	18
3	2015/04	5.36	2016/02	3.23	2020/07	-39.77	10	53
4	2009/07	3.65	2012/11	2.2	2014/12	-39.65	40	25
5	2018/01	4.78	2018/12	3.42	2020/06	-28.50	11	18
6	1999/06	1.5	1999/12	1.13	2000/06	-24.66	6	6
7	2013/01	2.69	2014/04	2.21	2014/11	-17.90	15	7
平均值						-38.49	21.7	38.4

从表2－6可以看出，大盘股一共经历了5次回撤幅度超过15%的最大回撤。跌幅最大的回撤发生在2007年9月至2008年10月，历时13个月，回撤幅度为69.75%。该回撤已经于2015年4月修复，整个修复期持续78个月。距离当前时间最近的一次回撤发生在2015年5月至2018年12月，历时43个月，回撤幅度为47.45%。迄今为止没有回到前期高点。

从表2－7可以看出，整体股票一共经历了9次回撤幅度超过15%的最大回撤。跌幅最大的回撤发生在2007年9月至2008年10月，历时13个月，回撤幅度为67.64%。该回撤已经于2010年10月修复，整个修复期持续24个月。距离当前时间最近的一次回撤发生在2015年5月至2019年1月，历时44个月，回撤幅度为56.98%。迄今为止没有回到前期高点。

表2－6 投资大盘股模拟组合最大回撤超过15%的数据汇总（1998/12/31~2020/08/31）

序号	净值见顶的时间	净值见顶时的模拟净值	净值见底的时间	净值见底时的模拟净值	净值复苏的时间	跌幅（%）	下跌持续期（月）	复苏持续期（月）
1	2007/09	5.62	2008/10	1.7	2015/04	－69.75	13	78
2	2000/07	1.68	2005/05	0.86	2006/11	－48.98	58	18
3	2015/05	6.52	2018/12	3.43		－47.45	43	
4	2009/07	4.05	2012/11	2.41	2014/12	－40.35	40	25
5	1999/06	1.49	1999/12	1.14	2000/04	－23.50	6	4
平均值						－46.00	32	31.2

表 2-7 投资整体股票模拟组合最大回撤超过 15% 的数据汇总（1998/12/31~2020/08/31）

序号	净值见顶的时间	净值见顶时的模拟净值	净值见底的时间	净值见底时的模拟净值	净值复苏的时间	跌幅（%）	下跌持续期（月）	复苏持续期（月）
1	2007/09	4.78	2008/10	1.55	2010/10	-67.64	13	24
2	2001/06	2.09	2005/07	0.71	2007/02	-66.08	49	19
3	2015/05	12.34	2019/01	5.31		-56.98	44	
4	2011/02	5.25	2012/11	3.05	2014/09	-41.83	21	22
5	2010/03	4.76	2010/06	3.69	2010/10	-22.52	3	4
6	1999/06	1.44	1999/12	1.19	2000/02	-17.33	6	2
7	2009/07	4.01	2009/08	3.33	2009/11	-16.98	1	3
8	2007/05	3.93	2007/06	3.32	2007/07	-15.39	1	1
9	2013/05	4.2	2013/06	3.57	2013/09	-15.04	1	3
平均值						-35.53	15.4	9.8

从表 2-8 可以看出，超级小盘股一共经历了 7 次回撤幅度超过 15% 的最大回撤。跌幅最大的回撤发生在 2001 年 6 月至 2005 年 7 月，历时 49 个月，回撤幅度为 73.70%。该回撤已经于 2007 年 3 月修复，整个修复期持续 20 个月。距离当前时间最近的一次回撤发生在 2015 年 5 月至 2019 年 1 月，历时 44 个月，回撤幅度为 55.49%。迄今为止没有回到前期高点。

表2－8　投资超级小盘股模拟组合最大回撤超过15%的数据汇总（1998/12/31～2020/08/31）

序号	净值见顶的时间	净值见顶时的模拟净值	净值见底的时间	净值见底时的模拟净值	净值复苏的时间	跌幅（%）	下跌持续期（月）	复苏持续期（月）
1	2001/06	2.7	2005/07	0.71	2007/03	－73.70	49	20
2	2008/02	5.05	2008/10	1.7	2009/11	－66.25	8	13
3	2015/05	22.51	2019/01	10.02		－55.49	44	
4	2011/03	7.21	2012/11	4.3	2014/02	－40.43	20	15
5	2010/03	6.3	2010/06	4.85	2010/10	－23.01	3	4
6	2007/05	4.1	2007/06	3.26	2007/08	－20.58	1	2
7	2007/09	4.68	2007/11	3.96	2007/12	－15.43	2	1
平均值						－42.13	18.1	9.2

表2－9、表2－10、表2－11的实证数据显示，投资周期越长，市值效应越明显，小盘股的收益率越倾向于大于大盘股。

滚动投资5年期，超级大盘股的最低年复合收益率为－16.27%，投资10万元的最终资产总值为4.12万元。这个最差情景发生在截至2012年10月的前5年。最高年复合收益率为41.16%，投资10万元的最终资产总值为56.05万元。这个最优情景发生在截至2007年12月的前5年。实证数据告诉我们，超级大盘股刚刚经历过5年期的最优情景，马上迎来了5年期最差情景。

滚动投资5年期，大盘股最低年复合收益率为－14.02%，投资10万元的最终资产总值为4.70万元。这个最差情景发生在截至2012年9月的前5年。最高年复合收益率为38.21%，投资10万元的最终资产总值为50.43万元。这个最优情景发生在截至2007年12月的前5年。和超级大盘股类似，大盘股刚刚经历过5年期的最优情景，马上迎来了5年期最差情景。

滚动投资5年期，整体股票最低年复合收益率为-17.74%，投资10万元的最终资产总值为3.77万元。这个最差情景发生在截至2005年7月的前5年。整体股票最高年复合收益率为46.17%，投资10万元的最终资产总值为66.73万元。这个最优情景发生在截至2010年10月的前5年。整体股票刚刚经历过5年期最差情景，马上迎来了5年期最优情景。

滚动投资5年期，超级小盘股最低年复合收益率为-19.68%，投资10万元的最终资产总值为3.34万元。这个最差情景发生在截至2005年7月的前5年。超级小盘股最高年复合收益率为53.73%，投资10万元的最终资产总值为85.86万元。这个最优情景发生在截至2010年10月的前5年。和整体股票类似，超级小盘股刚刚经历过5年期最差情景，马上迎来了5年期最优情景。

在这里，我们看到了滚动5年期投资收益反转的现象，紧跟着5年期最差情景的，往往是后续5年期较好的投资结果；紧跟着5年期最优情景的，往往是后续5年期较差的投资结果。这种现象在本书各种策略中比比皆是。

表2-9 超级大盘股、大盘股、整体股票和超级小盘股模拟组合滚动投资1、3、5、7和10年期的最低年复合收益率和最高年复合收益率

收益情景	股票市值分类	1年期（%）	3年期（%）	5年期（%）	7年期（%）	10年期（%）
最低年复合收益率	超级大盘股	-69.88	-20.06	-16.27	-10.4	-2.3
	大盘股	-68.77	-15.17	-14.02	-7.88	-1.74
	整体股票	-64.33	-22.77	-17.74	-3.02	3.26
	超级小盘股	-58.91	-28.65	-19.68	-2.71	7.38

续表

收益情景	股票市值分类	1年期（%）	3年期（%）	5年期（%）	7年期（%）	10年期（%）
最高年复合收益率	超级大盘股	308.24	77.32	41.16	20.95	20.49
	大盘股	288.32	74.1	38.21	20.92	22.5
	整体股票	250.43	72.36	46.17	28.58	32.39
	超级小盘股	289.05	71.16	53.73	38.37	40.11

表2-10 投资10万元于超级大盘股、大盘股、整体股票和超级小盘股模拟组合滚动投资1、3、5、7和10年期的最低资产总值和最高资产总值

收益情景	股票市值分类	1年期（万元）	3年期（万元）	5年期（万元）	7年期（万元）	10年期（万元）
最低年复合收益率	投资10万元于超级大盘股的资产总值	3.01	5.11	4.12	4.64	7.92
	投资10万元于大盘股的资产总值	3.12	6.1	4.7	5.63	8.39
	投资10万元于整体股票的资产总值	3.57	4.61	3.77	8.07	13.78
	投资10万元于超级小盘股的资产总值	4.11	3.63	3.34	8.25	20.38
最高年复合收益率	投资10万元于超级大盘股的资产总值	40.82	55.75	56.05	37.87	64.49
	投资10万元于大盘股的资产总值	38.83	52.77	50.43	37.8	76.1
	投资10万元于整体股票的资产总值	35.04	51.2	66.73	58.11	165.41
	投资10万元于超级小盘股的资产总值	38.9	50.14	85.86	97.12	291.54

表 2-11 超级大盘股、大盘股、整体股票和超级小盘股模拟组合滚动投资 5 年期的前三名最高收益率和后三名最低收益率

	5 年期	超级大盘股（%）	5 年期	大盘股（%）	5 年期	整体股票（%）	5 年期	超级小盘股（%）
第一名	2007/12	460.47	2007/12	404.29	2010/10	567.34	2010/10	758.51
第二名	2007/10	441.27	2007/10	374.25	2010/11	560.73	2010/11	749.53
第三名	2007/09	413.89	2007/09	368.81	2010/12	525.17	2010/12	732.69
倒数第三名	2012/08	-56.38	2012/08	-51.15	2005/12	-59.24	2005/11	-65.62
倒数第二名	2012/09	-57.98	2012/10	-52.3	2005/11	-60.48	2005/12	-65.89
倒数第一名	2012/10	-58.86	2012/09	-53.02	2005/07	-62.34	2005/07	-66.57

一目了然的实证结论

从图 2-4 和表 2-12 可以看出，随着股票市值从小到大变化，各个分位的年复合收益率基本呈现阶梯形递减的趋势（除了第八、第九分位）。

第一分位年复合收益率为 14.86%，第二分位为 12.95%，第三分位为 11.82%，前三分位都超过了整体股票的 10.50%。表现最差的是第十分位，年复合收益率为 7.89%。初始投资 10 万元于第一分位的最终资产总值为 201.19 万元，是第十分位 51.83 万元的 4 倍。

在衡量风险与收益性价比的夏普比率方面，第一分位以 0.29 的夏普比率独占鳌头，第十分位以 0.10 的夏普比率排名最后。

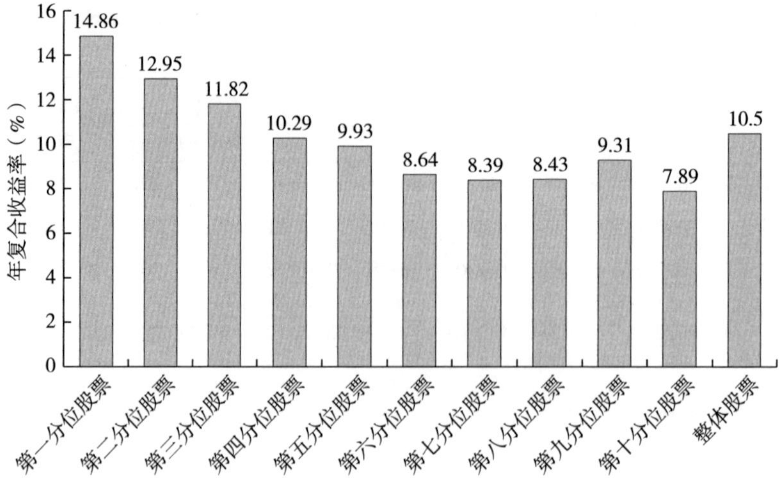

图2－4　整体股票池按市值从小到大排序十分位分组股票模拟组合的年复合收益率（1998/12/31~2020/08/31）

表2－12　整体股票池按市值从小到大排序十分位分组股票模拟组合的分析结果（1998/12/31~2020/08/31）

	10万元初始投资的最终结果（万元）	年复合收益率（%）	标准差（%）	下行标准差（%）	最大回撤（%）	夏普比率（无风险利率=5%）	索提诺比率（无风险利率=5%）
第一分位股票	201.19	14.86	34.44	19.16	－74.41	0.29	0.51
第二分位股票	139.80	12.95	34.29	19.33	－72.92	0.23	0.41
第三分位股票	112.48	11.82	33.8	19.44	－71.99	0.20	0.35
第四分位股票	83.47	10.29	33.41	19.35	－71.72	0.16	0.27
第五分位股票	77.78	9.93	32.91	19.26	－69.2	0.15	0.26
第六分位股票	60.18	8.64	32.29	19.3	－68.93	0.11	0.19
第七分位股票	57.33	8.39	31.71	19.06	－69.51	0.11	0.18
第八分位股票	57.76	8.43	30.70	18.56	－69.81	0.11	0.18
第九分位股票	68.77	9.31	30.17	18.55	－70.31	0.14	0.23
第十分位股票	51.83	7.89	28.48	17.74	－69.41	0.10	0.16
整体股票	86.95	10.50	31.59	18.69	－67.64	0.17	0.29

对投资者的启迪

1. 市值因子在中国股市中的效果非常明显，市值越低，投资收益率越高。在整体股票池中，第一分位年复合收益率为 14.86%，该收益率在所有单因子模型中排名靠前，甚至超过很多多因子模型。在过往 21.67 年间，仅仅投资第一分位就获取了不错的收益，初始投资 10 万元的资产总值为 201.19 万元。
2. 投资时长越长，赚钱的概率越大。
3. 虽然都在中国 A 股市场上市并交易，但是不同股票有着截然不同的市值和业绩表现。
4. 投资时长越长，超级小盘股越具备相对竞争优势；投资时长越短，越无法显示出相对竞争优势。本书中的最优策略都表现出类似的特征。
5. 超级大盘股、大盘股、整体股票和超级小盘股模拟组合滚动 5 年期的表现反复验证了一个道理：紧接着 5 年期最差收益率的，是未来较好的 5 年期；迎接着 5 年期最好收益率的，是未来较差的 5 年期。在本书各种策略中，这种现象比比皆是。

第3章

低市盈率股票比高市盈率股票表现更好

投资者与投机者最现实的区别在于他们对于股市的态度，投机者的主要兴趣在于预测市场波动并从中获利，投资者的主要兴趣在于按合适的价格购买并持有合适的证券。

——本杰明·格雷厄姆

市盈率指标溯源

1977 年，巴苏发表了《普通股的投资业绩与其市盈率的关系：对有效市场假说的一个检验》一文，该文可能是最早研究市盈率指标收益异象的文章。应用五分位法分组分析，巴苏按照市盈率，把从 1957 年 4 月至 1971 年 3 月之间的 753 只股票从高到低排序，市盈率最高的编入第一分位，最低的编入第五分位，处于中间的分别编入对应分位。投资组合持有期限为一年，每年 4 月 1 日完成调仓并持有至来年 4 月 1 日。在来年 4 月 1 日，按照市盈率对股票从高到低排序，重新分配与编制五分位分组。巴苏发现，第一分位与第五分位的年复合收益率分别为 9.3% 和 16.3%，该差异无论是统计意义上还是经济上都异常显著，并且无法用贝塔、规模效应（市值因子）、账面市值比（市净率的倒数）等因素解释。自此，市盈率吸引了投资者的注意，好比“旧时王谢堂前燕，飞入寻常百姓家”，为大家所熟知。

低市盈率表现更优

在整体股票池（或大盘股票池）中，先扣除市盈率为负值的数据，再按照市盈率从低到高排序，构建十分位分组模型。

从图 3 -1 和图 3 -2 可以看出，随着股票市盈率从低到高变化，各个分位股票模拟组合的年复合收益率呈现总体递减的趋势。这符合金融学的基本逻辑：市盈率越高，估值越高，未来收益空间越有限；市盈率越低，估值越低，未来收益空间越大。

在以整体股票组成的股票池中，第一分位获取 12.12% 的年复合收益率，该数字虽然超过了整体股票的 10.07%，但低于第三分位的 12.57%，最终排名第二，第三分位排名第一，第十分位以 6.72% 排名最后。

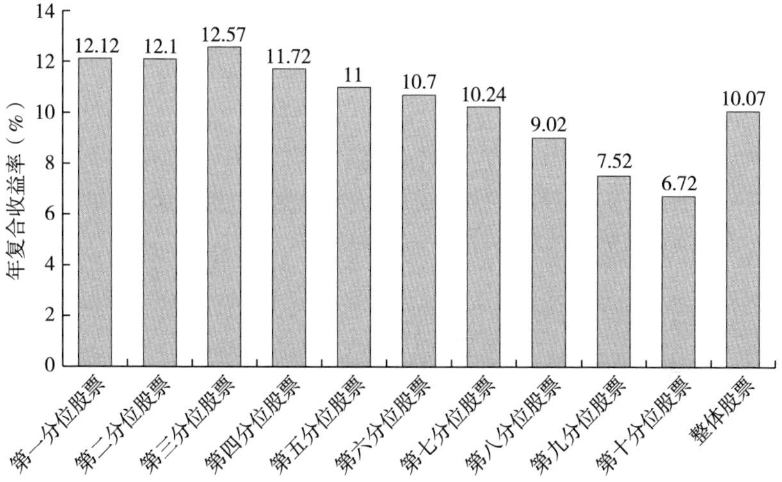

图 3 -1　整体股票池按市盈率从低到高排序十分位法分组股票模拟组合的年复合收益率（1998/12/31~2020/09/30）

在以大盘股组成的股票池中，第一分位获取 11.05% 的年复合收益率，该收益率虽然超越了大盘股的 8.11%，但低于第二分位和第三分位，排名第三。第二分位以 11.47% 排名第一，第三分位以 11.14% 排名第二，第十分位以 1.32% 排名最后。

从表 3-1 可以看出，在整体股票池中，随着市盈率从低到高变化，10 万元初始投资的最终结果、年复合收益率、夏普比率和索提诺比率呈现几乎严格递减的趋势。

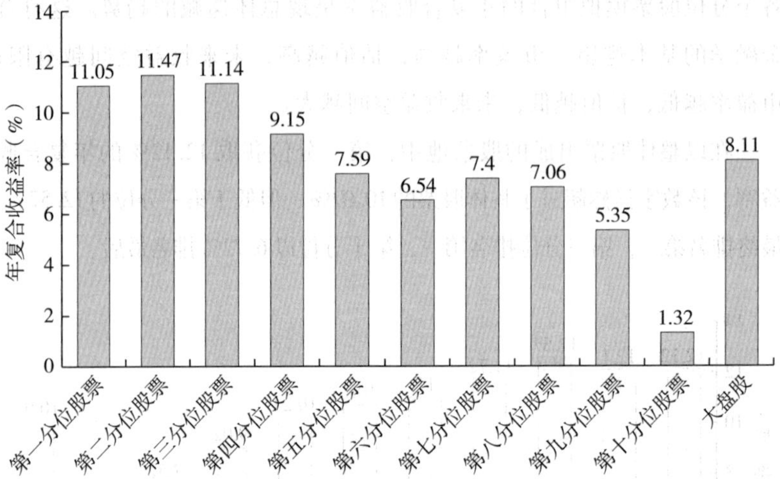

图 3-2　大盘股票池按市盈率从低到高排序十分位法分组股票模拟组合的年复合收益率（1998/12/31~2020/09/30）

表 3-1　整体股票池按照市盈率从低到高排序进行十分位分组的分析结果（1998/12/31~2020/09/30）

	10 万元初始投资的最终结果（万元）	年复合收益率（%）	标准差（%）	下行标准差（%）	最大回撤（%）	夏普比率（无风险利率 =5%）	索提诺比率（无风险利率 =5%）
第一分位股票	120.4	12.12	30.78	18.69	-70.74	0.23	0.38
第二分位股票	119.97	12.1	30.09	18.06	-66.43	0.24	0.39
第三分位股票	131.25	12.57	30.4	18.42	-66.41	0.25	0.41

续表

	10万元初始投资的最终结果（万元）	年复合收益率（%）	标准差（%）	下行标准差（%）	最大回撤（%）	夏普比率（无风险利率=5%）	索提诺比率（无风险利率=5%）
第四分位股票	111.33	11.72	30.94	18.52	-66.52	0.22	0.36
第五分位股票	96.82	11	30.76	18.11	-65.05	0.2	0.33
第六分位股票	91.2	10.7	31.47	18.08	-69.22	0.18	0.32
第七分位股票	83.3	10.24	32.42	18.61	-71.44	0.16	0.28
第八分位股票	65.43	9.02	33.63	19.11	-72.79	0.12	0.21
第九分位股票	48.39	7.52	34.34	19.46	-74.28	0.07	0.13
第十分位股票	41.11	6.72	35.06	20	-76.62	0.05	0.09
整体股票	80.6	10.07	31.58	18.62	-67.64	0.16	0.27

对照詹姆斯·奥肖内西对美国股票市场从1964年1月1日至2009年12月31日所做的统计，我们可以得出如下结论：第一，美国表现最优的是市盈率最低分组（第一分位），中国表现最优的是第三分位；第二，无论是中国还是美国，表现最差的都是市盈率最高分组（第十分位）；第三，中国各个十分位年复合收益率差额的最大值为5.85%，远远低于美国股票市场的10.72%。

中国股票市盈率第一分位的表现落后于第二、三分位。导致该现象的原因可能有：第一，中国投资者不太成熟，并没有完全按照经济学中“理性人”的假设去做投资，价值投资理念的不完善导致市盈率在反映公司的发展潜力和获利能力方面具有局限性；第二，市场长期不关注某些低估值的股票，这些股票的估值或将在可见的未来持续保持当前低估值水平。持续低估值，意味着估值没有提升空间，股价上行空间有限或者几乎没有上行空间。在投资实践中，一定要规避持续低估值的公司——低估值陷阱，免得白白浪费机会成本。

从表3－2中可以得出与表3－1相同的结论，在大盘股票池中，随着市盈率从小到大变化，各个十分位的10万元初始投资的最终结果、年复合收益率、夏普比率和索提诺比率呈现递减的趋势。大盘股票池中10万元初始投资最终结果的最高值（第二分位，106.10万元）约是最低值（第十分位，13.30万元）的7.98倍，年复合收益率的最高值（第二分位，11.47%）约是最低值（第十分位，1.32%）的8.69倍。

表3－2　大盘股票池按照市盈率从低到高排序进行十分位分组的分析结果（1998/12/31～2020/09/30）

	10万元初始投资的最终结果（万元）	年复合收益率（%）	标准差（%）	下行标准差（%）	最大回撤（%）	夏普比率（无风险利率=5%）	索提诺比率（无风险利率=5%）
第一分位股票	97.81	11.05	32.32	20.44	－73.94	0.19	0.3
第二分位股票	106.1	11.47	30.16	18.62	－70.37	0.21	0.35
第三分位股票	99.46	11.14	28.87	17.47	－65.93	0.21	0.35
第四分位股票	67.13	9.15	28.78	17.53	－67.89	0.14	0.24
第五分位股票	49.08	7.59	29.47	17.82	－68.92	0.09	0.15
第六分位股票	39.7	6.54	28.83	17.57	－70.54	0.05	0.09
第七分位股票	47.23	7.4	28.74	17.34	－66.26	0.08	0.14
第八分位股票	44.07	7.06	29.58	17.86	－68.78	0.07	0.12
第九分位股票	31.08	5.35	30.2	17.81	－68.94	0.01	0.02
第十分位股票	13.3	1.32	32.03	19.84	－76.17	－0.11	－0.19
大盘股	54.49	8.11	28.74	17.88	－69.75	0.11	0.17

低市盈率分组值得关注

从表 3 - 3 可以看出，以每月为一期，总的投资期数为 261 期，投资时长为 21. 75 年。假如我们在期初投资 10 万元，那么第一分位的期末总资产为 120. 4 万元，第三分位为 131. 25 万元，整体股票为 80. 6 万元。21. 75 年间总收益率分别为：第一分位为 1103. 97%，第三分位为 1212. 45%，整体股票为 706. 04%。第一分位年复合收益率为 12. 12%，第三分位为 12. 57%，整体股票为 10. 07%。

最高的收益和最低的风险使得第三分位获取了最高的夏普比率 0. 25，领先于第一分位的 0. 23 和整体股票的 0. 16。最高的收益和最低的下行风险使得第三分位获取了最高的索提诺比率 0. 41，领先于第一分位的 0. 38，大幅领先于整体股票的 0. 27。

第三分位的最大回撤值为 66. 41%，低于第一分位的 70. 74% 和整体股票的 67. 64%。最高的收益率和最低的极端回撤风险使得第三分位拥有最高的卡玛比率（卡玛比率用来描述承担同样回撤风险创造的年复合收益率）。

在滚动投资全部 *N* 年期（包含 1、3、5、7 和 10 年期），第三分位的最高和最低年复合收益率都稳稳战胜了整体股票。

如上一章所述，最差和最优情景预期收益分别为每期收益率的算术平均值减去（或加上）1. 5 倍的标准差，用于衡量投资标的在最差情景（或最好情况）下的预期损失（或收益）。

表 3 - 3　整体股票池第一分位、第三分位和整体股票模拟组合的基本统计数据（1998/12/31~2020/09/30）

	第一分位	第三分位	整体股票
总的投资期数（月）	261	261	261
总的投资时长（年）	21. 75	21. 75	21. 75

续表

	第一分位	第三分位	整体股票
10 万元初始投资的最终结果（万元）	120.4	131.25	80.6
期间总的增长率（%）	1103.97	1212.45	706.04
简单算术平均值（%）	50.76	55.74	32.46
算术平均值（%）	16.15	16.44	14.54
几何平均值（%）	12.12	12.57	10.07
中位数（%）	11.16	11.15	8.45
标准差（%）	30.78	30.40	31.58
上行标准差（%）	23.16	22.30	23.05
下行标准差（%）	18.69	18.42	18.62
跟踪误差（%）	12.48	4.42	0.00
收益为正的投资期数（月）	146	145	139
收益为负的投资期数（月）	115	116	122
最大回撤（%）	-70.74	-66.41	-67.64
相对于基准的 Beta 值	0.94	1.03	1
T 统计量（mean =0）	2.45	2.52	2.15
夏普比率（无风险利率 =5%）	0.23	0.25	0.16
索提诺比率（无风险利率 =5%）	0.38	0.41	0.27
1 年期最低收益（%）	-68.47	-63.73	-64.33
1 年期最高收益（%）	371.90	257.31	250.43
3 年期最低收益（%）	-12.62	-17.14	-22.77
3 年期最高收益（%）	84.01	82.13	72.36
5 年期最低收益（%）	-10.50	-11.86	-17.74
5 年期最高收益（%）	46.62	48.89	46.17
7 年期最低收益（%）	-2.79	1.94	-3.02
7 年期最高收益（%）	29.47	31.81	28.58
10 年期最低收益（%）	3.94	3.63	3.26
10 年期最高收益（%）	30.06	33.25	32.39
最差情景预期收益（1 年期）（%）	-30.02	-29.16	-32.84
最优情景预期收益（1 年期）（%）	62.33	62.05	61.91

从表 3-4 可知，第三分位相对于整体股票的年平均超额收益率始终为正值。随着投资时间的延长，第三分位战胜整体股票的概率逐步提升，滚动 5 年期战胜的概率为 79%，滚动 10 年期战胜的概率为 97%。

即便是最优策略，也不是任何时候都最优。在特定时间内，可能跑不赢整体股票。比如说，在 1 年期，仍然有 30% 的概率跑输整体股票；但我们的赢面概率是 70%，也就是说，滚动投资的期数越多，越能够战胜整体股票。

表 3-4　滚动投资 1、3、5、7 和 10 年期整体股票池第三分位年复合收益率战胜整体股票的基本统计数据

	总的投资期数	第三分位战胜整体股票的期数	占比（%）	年平均超额收益率（%）
滚动 1 年期	250	175	70	2.44
滚动 3 年期	226	169	75	2.82
滚动 5 年期	202	159	79	2.92
滚动 7 年期	178	151	85	2.8
滚动 10 年期	142	138	97	2.59

从表 3-5 可以看出，第三分位一共经历了 5 次回撤幅度超过 19% 的最大回撤。第五次的回撤值虽然没有达到 20%，但非常接近，因此，表 3-5 以 19% 为起点收录最大回撤值。幅度最大的回撤发生在 2008 年 2 月至 2008 年 10 月，历时 8 个月，回撤值为 66.41%。该回撤已经于 2009 年 12 月修复，整个修复期持续 14 个月。距离当前时间最近的一次回撤发生在 2015 年 5 月至 2018 年 10 月，历时 41 个月，回撤幅度为 50.64%。迄今为止，并没有修复本次回撤。

即便是最优策略，也不能保证任何时候都最优。在特定时间内，

也会面临回撤。好消息是，从全书的回撤数据上看，所有回撤，都是会被修复的，只是时间或早或晚，速度或快或慢。最优策略修复时间较快，速度较快。看完这些数据，你就会懂得约翰·邓普顿“逆向投资”策略的实证基础。无独有偶，段永平的“危机投资”，也是有实证数据支撑的。当然，我们不能一味地为了追求“逆向”而“逆向”，为了追求“危机”而“危机”，还要看基本面以及统计数据。当我们看到了“逆向”或“危机”投资策略起作用的征兆有各种数据支撑时，“擦擦冷汗，把能投进去的钱全投进去”。

以滚动投资 5 年期的绝对收益为例，第三分位的最低年复合收益率为 -11.86%，投资 10 万元的最终资产总值为 5.32 万元，这个最差情景发生在截至 2005 年 7 月的前 5 年。第三分位的最高年复合收益率为 48.89%，投资 10 万元的最终资产总值为 73.17 万元，这个最优情景发生在截至 2010 年 10 月的前 5 年。第三分位刚刚经历过 5 年期最差情景，马上迎来了 5 年期最优情景。

表 3-5 投资整体股票池第三分位最大回撤超过 19% 的数据汇总（1998/12/31 ~2020/09/30）

序号	净值见顶的时间	净值见顶时的模拟净值	净值见底的时间	净值见底时的模拟净值	净值复苏的时间	跌幅（%）	下跌持续期（月）	复苏持续期（月）
1	2008/02	7.06	2008/10	2.37	2009/12	-66.41	8	14
2	2001/06	2.1	2005/07	1	2006/11	-52.59	49	16
3	2015/05	17.75	2018/10	8.76		-50.64	41	
4	2011/02	8.24	2012/11	4.65	2014/09	-43.52	21	22
5	2010/03	7.33	2010/06	5.9	2010/09	-19.53	3	3
平均值						-46.54	24.4	13.8

看完整体股票池，再看大盘股票池。从表3－6可以看出，假如我们在期初投资10万元，那么第一分位的期末总资产为97.81万元，第二分位为106.1万元，大盘股为54.49万元。第二分位几乎以一倍的优势领先于大盘股。第一分位年复合收益率为11.05%，第二分位为11.47%，大盘股为8.11%。

第二分位夏普比率为0.21，大于第一分位的0.19，大于大盘股的0.11；索提诺比率为0.35，大于第一分位的0.3，大于大盘股的0.17。第二分位的最大回撤值为70.37%，近似于大盘股的69.75%，小于第一分位的73.94%。

在滚动投资3、5、7和10年期方面，第二分位的最高和最低年复合收益都稳稳战胜了大盘股。

表3－6　大盘股票池第一分位、第二分位和大盘股模拟组合的基本统计数据（1998/12/31~2020/09/30）

	第一分位	第二分位	大盘股
总的投资期数（月）	261	261	261
总的投资时长（年）	21.75	21.75	21.75
10万元初始投资的最终结果（万元）	97.81	106.1	54.49
期间总的增长率（%）	878.10	960.95	444.93
简单算术平均值（%）	40.37	44.18	20.46
算术平均值（%）	15.66	15.40	11.90
几何平均值（%）	11.05	11.47	8.11
中位数（%）	11.12	6.97	9.72
标准差（%）	32.32	30.16	28.74
上行标准差（%）	25.05	22.51	21.14
下行标准差（%）	20.44	18.62	17.88

续表

	第一分位	第二分位	大盘股
跟踪误差（%）	13.64	8.75	0.00
收益为正的投资期数（月）	147	146	146
收益为负的投资期数（月）	114	115	115
最大回撤（%）	-73.94	-70.37	-69.75
相对于基准的 Beta 值	0.81	0.91	1
T 统计量（mean =0）	2.26	2.38	1.93
夏普比率（无风险利率 =5%）	0.19	0.21	0.11
索提诺比率（无风险利率 =5%）	0.3	0.35	0.17
1 年期最低收益（%）	-72.93	-68.95	-68.77
1 年期最高收益（%）	465.24	335.84	288.32
3 年期最低收益（%）	-21.11	-12.97	-15.17
3 年期最高收益（%）	90.69	78.33	74.10
5 年期最低收益（%）	-16.14	-11.51	-14.02
5 年期最高收益（%）	48.61	47.79	38.21
7 年期最低收益（%）	-8.76	-5.97	-7.88
7 年期最高收益（%）	27.65	29.90	20.92
10 年期最低收益（%）	1.63	1.69	-1.74
10 年期最高收益（%）	25.43	25.24	22.50
最差情景预期收益（1 年期）（%）	-32.81	-29.85	-31.21
最优情景预期收益（1 年期）（%）	64.14	60.64	55.01

从表 3-7 可以看出，第二分位相对于大盘股的年平均超额收益率始终为正值。随着投资时长的增加，第二分位年复合收益率战胜大盘股的概率持续提升。在 7 年期和 10 年期，战胜的概率为 100%。

表3-7　滚动投资1、3、5、7和10年期大盘股票池第二分位年复合收益率战胜大盘股的基本统计数据

	总的投资期数	第二分位战胜大盘股的期数	占比（%）	年平均超额收益率（%）
滚动1年期	250	177	71	4.38
滚动3年期	226	208	92	4.87
滚动5年期	202	198	98	5.05
滚动7年期	178	178	100	4.74
滚动10年期	142	142	100	4.63

从表3-8可以看出，第二分位一共经历了7次回撤幅度超过20%的最大回撤。幅度最大的回撤发生在2007年9月至2008年10月，历时13个月，回撤值为70.37%。该回撤已经于2015年3月修复，整个修复期持续77个月。距离当前时间最近的一次回撤发生在2018年1月至2018年12月，历时11个月，回撤幅度为27.23%。迄今为止，没有修复本次回撤。

表3-8　投资大盘股票池第二分位最大回撤超过20%的数据汇总（1998/12/31~2020/09/30）

序号	净值见顶的时间	净值见顶时的模拟净值	净值见底的时间	净值见底时的模拟净值	净值复苏的时间	跌幅（%）	下跌持续期（月）	复苏持续期（月）
1	2007/09	8.81	2008/10	2.61	2015/03	-70.37	13	77
2	2009/07	7.35	2013/07	4.56	2014/12	-37.90	48	17
3	2015/06	11.71	2016/02	7.4	2018/01	-36.82	8	23
4	2004/03	1.82	2005/05	1.23	2006/04	-32.60	14	11
5	2001/03	1.67	2002/12	1.14	2004/02	-31.88	21	14

续表

序号	净值见顶的时间	净值见顶时的模拟净值	净值见底的时间	净值见底时的模拟净值	净值复苏的时间	跌幅(%)	下跌持续期(月)	复苏持续期(月)
6	2018/01	11.92	2018/12	8.68		-27.23	11	
7	1999/06	1.5	1999/12	1.12	2000/06	-25.09	6	6
平均值						-37.41	17.3	24.7

以滚动投资5年期的绝对收益为例，第二分位的最低年复合收益率为-11.51%，投资10万元的最终资产总值为5.43万元，这个最差情景发生在截至2012年9月的前5年。最高年复合收益率为47.79%，投资10万元的最终资产总值为70.51万元，这个最优情景也发生在截至2007年12月的前5年。第二分位刚刚经历过5年期最优情景，马上迎来了5年期最差情景。

尽量规避高市盈率分组

表3-9显示，假如在期初投资10万元，那么21.75年后第十分位的期末总资产为41.11万元，相当于整体股票80.60万元的50%，相当于第三分位131.25万元（见表3-3）的30%。第十分位年复合收益率为6.72%，低于整体股票的10.07%。

第十分位获取非常低的夏普比率，为0.05，远远低于整体股票的0.16；获取非常低的索提诺比率，为0.09，远远低于整体股票的0.27。第十分位收益为正的投资期数为137期，比整体股票的139期少2期。

滚动投资3年期以上（包含3、5、7和10年期），第十分位的最高和最低年复合收益率都低于整体股票。

表3-9　整体股票池第十分位和整体股票模拟组合的基本统计数据（1998/12/31~2020/09/30）

	第十分位	整体股票
总的投资期数（月）	261	261
总的投资时长（年）	21.75	21.75
10万元初始投资的最终结果（万元）	41.11	80.6
期间总的增长率（%）	311.12	706.04
简单算术平均值（%）	14.30	32.46
算术平均值（%）	12.55	14.54
几何平均值（%）	6.72	10.07
中位数（%）	10.95	8.45
标准差（%）	35.06	31.58
上行标准差（%）	25.55	23.05
下行标准差（%）	20.00	18.62
跟踪误差（%）	6.63	0.00
收益为正的投资期数（月）	137	139
收益为负的投资期数（月）	124	122
最大回撤（%）	-76.62	-67.64
相对于基准的Beta值	0.89	1
T统计量（mean=0）	1.67	2.15
夏普比率（无风险利率=5%）	0.05	0.16
索提诺比率（无风险利率=5%）	0.09	0.27
1年期最低收益（%）	-65.20	-64.33
1年期最高收益（%）	291.13	250.43
3年期最低收益（%）	-31.45	-22.77

续表

	第十分位	整体股票
3 年期最高收益（%）	62.22	72.36
5 年期最低收益（%）	-22.69	-17.74
5 年期最高收益（%）	43.97	46.17
7 年期最低收益（%）	-6.85	-3.02
7 年期最高收益（%）	27.19	28.58
10 年期最低收益（%）	0.50	3.26
10 年期最高收益（%）	29.19	32.39
最差情景预期收益（1 年期）（%）	-40.05	-32.84
最优情景预期收益（1 年期）（%）	65.14	61.91

从表 3-10 可以看出，第十分位相对于整体股票的年平均超额收益率始终为负值。随着投资时长的增加，第十分位战胜整体股票的概率稳步下降直到 0。在滚动投资 5 年期的 202 期、滚动投资 7 年期的 178 期和滚动投资 10 年期的 142 期中，第十分位没有一期战胜整体股票。

表 3-10　滚动投资 1、3、5、7 和 10 年期整体股票池第十分位年复合收益率战胜整体股票的期数和占比

	总的投资期数	第十分位战胜整体股票的期数	占比（%）	年平均超额收益率（%）
滚动 1 年期	250	82	33	-2.53
滚动 3 年期	226	27	12	-3.76
滚动 5 年期	202	0	0	-4.07
滚动 7 年期	178	0	0	-4.11
滚动 10 年期	142	0	0	-3.91

从表 3 - 11 可以看出，第十分位一共经历了 6 次回撤幅度超过 20% 的最大回撤。幅度最大的回撤发生在 2001 年 5 月至 2005 年 7 月（穿越了整个第一轮熊市），历时 50 个月，回撤值为 76.62%。该回撤已经于 2007 年 4 月修复，整个修复期持续 21 个月。

比较各个时间段的回撤，第十分位的回撤幅度、下跌持续时间和修复持续期都大于同时间段的第三分位。由此可见，市盈率最高的第十分位回撤幅度更大，下跌持续期更长，更不容易修复净值回撤，投资风险更大。因此，我们要尽量规避市盈率最高的第十分位股票。

表 3 - 11　投资整体股票池第十分位最大回撤超过 20% 的数据汇总（1998/12/31 ~ 2020/09/30）

序号	净值见顶的时间	净值见顶时的模拟净值	净值见底的时间	净值见底时的模拟净值	净值复苏的时间	跌幅（%）	下跌持续期（月）	复苏持续期（月）
1	2001/05	2.3	2005/07	0.54	2007/04	-76.62	50	21
2	2007/09	3.44	2008/10	1.05	2010/10	-69.46	13	24
3	2015/05	7.89	2019/01	2.65		-66.41	44	
4	2011/03	3.7	2012/11	1.92	2014/10	-47.94	20	23
5	2010/03	3.32	2010/06	2.51	2010/10	-24.44	3	4
6	2007/05	3.11	2007/06	2.43	2007/08	-21.88	1	2
平均值						-51.12	21.8	14.8

看完整体股票池，再看大盘股票池。从表 3 - 12 可以看出，假如在期初投资 10 万元，那么第十分位的期末总资产为 13.3 万元，大盘股为 54.49 万元，大盘股为第十分位的 4 倍。第十分位的年复合收益率为 1.32%，大盘股为 8.11%，大盘股为第十分位的 6 倍。从前面两

组数字可以大致得出初步结论，在大盘股票池中，我们尤其不能投资高市盈率股票。

第十分位获取了负的夏普比率，为 -0.11，远远低于大盘股的0.11。第十分位获取了负的索提诺比率，为 -0.19，远远低于大盘股的0.17。从风险收益比的角度解读，投资高市盈率股票所承担的风险非但没有带来正超额回报，反而是负的。

第十分位收益为正的投资期数为135期，比大盘股的146期少了11期。在滚动投资全部 N 年期（包含1、3、5、7和10年期），第十分位的最高和最低年复合收益率都显著低于大盘股。更低的每期收益率算术平均值和更高的标准差使得第十分位的最差和最优情景预期收益都更低。

表3-12　大盘股票池第十分位和大盘股模拟组合的基本统计数据（1998/12/31~2020/09/30）

	第十分位	大盘股
总的投资期数（月）	261	261
总的投资时长（年）	21.75	21.75
10万元初始投资的最终结果（万元）	13.3	54.49
期间总的增长率（%）	32.99	444.93
简单算术平均值（%）	1.52	20.46
算术平均值（%）	6.40	11.90
几何平均值（%）	1.32	8.11
中位数（%）	2.70	9.72
标准差（%）	32.03	28.74
上行标准差（%）	22.98	21.14
下行标准差（%）	19.84	17.88
跟踪误差（%）	11.29	0.00

续表

	第十分位	大盘股
收益为正的投资期数（月）	135	146
收益为负的投资期数（月）	126	115
最大回撤（%）	-76.17	-69.75
相对于基准的 Beta 值	0.84	1
T 统计量（mean =0）	0.93	1.93
夏普比率（无风险利率 =5%）	-0.11	0.11
索提诺比率（无风险利率 =5%）	-0.19	0.17
1 年期最低收益（%）	-74.82	-68.77
1 年期最高收益（%）	224.65	288.32
3 年期最低收益（%）	-30.79	-15.17
3 年期最高收益（%）	55.30	74.10
5 年期最低收益（%）	-22.94	-14.02
5 年期最高收益（%）	25.33	38.21
7 年期最低收益（%）	-13.51	-7.88
7 年期最高收益（%）	11.89	20.92
10 年期最低收益（%）	-8.56	-1.74
10 年期最高收益（%）	16.20	22.50
最差情景预期收益（1 年期）（%）	-41.64	-31.21
最优情景预期收益（1 年期）（%）	54.44	55.01

从表 3-13 可以看出，第十分位相对于大盘股的年平均超额收益率始终为负值。随着投资时间的延长，第十分位战胜大盘股的概率不断下降，直到零。在所有 5 年期以上（包含 5、7 和 10 年期）的滚动投资期间，第十分位的年复合收益率都跑输大盘股。

表 3－13　滚动投资 1、3、5、7 和 10 年期大盘股票池第十分位年复合收益率战胜大盘股的期数和占比

	总的投资期数	第十分位战胜大盘股的期数	占比（%）	年平均超额收益率（%）
滚动 1 年期	250	79	32	－6.26
滚动 3 年期	226	28	12	－8.22
滚动 5 年期	202	0	0	－9.13
滚动 7 年期	178	0	0	－8.92
滚动 10 年期	142	0	0	－8.73

从表 3－14 可以看出，第十分位一共经历了 5 次回撤幅度超过 20% 的最大回撤。迄今为止有两次回撤都没有得到修复，一次是幅度最大的回撤，发生在 2007 年 9 月至 2008 年 10 月，历时 13 个月，回撤值为 76.17%；另一次是回撤幅度排名第三，也是距离当前时间最近的一次回撤，发生在 2015 年 5 月至 2018 年 12 月，历时 43 个月，回撤值为 67.63%。

对比表 3－8 我们发现，第十分位距离当前时间最近一次回撤的发生时间，贯穿了第二分位回撤幅度排名第三（从 2015 年 6 月至 2016 年 2 月，共 8 个月）和排名第六（从 2018 年 1 月至 2018 年 12 月，共 11 个月）的两次回撤。第十分位回撤幅度排名第二情景的发生时间，几乎贯穿了第二分位回撤幅度排名第五（从 2001 年 3 月至 2002 年 12 月，共 21 个月）和排名第四（从 2004 年 3 月至 2005 年 5 月，共 14 个月）的两次回撤。由此可以看出，市盈率最高的十分位回撤幅度更大，下跌持续期更长，回撤后的净值更不容易得到修复，投资风险更大，因此，我们要尽量规避市盈率最高分组的股票。

表3－14　投资大盘股票池第十分位最大回撤超过20%的数据汇总（1998/12/31～2020/09/30）

序号	净值见顶的时间	净值见顶时的模拟净值	净值见底的时间	净值见底时的模拟净值	净值复苏的时间	跌幅（%）	下跌持续期（月）	复苏持续期（月）
1	2007/09	2.72	2008/10	0.65		－76.17	13	
2	2001/05	1.83	2005/07	0.46	2007/04	－75.10	50	21
3	2015/05	2.28	2018/12	0.74		－67.63	43	
4	2010/10	1.54	2012/11	0.75	2015/03	－51.36	25	28
5	2009/11	1.53	2010/06	1.06	2010/10	－30.31	7	4
平均值						－60.11	27.6	17.7

市盈率为负值的股票可以作为反向信号吗

在实际投资中，市盈率为负值的股票不值得投资，基于这个原因，我在模型的数据预处理阶段剔除了市盈率为负值的股票。你可能好奇，市盈率为负值的股票表现如何？真的如金融常识所预见的那样大幅跑输业绩基准吗？我们一起来看看分析结果吧。

表3－15的实证数据显示，投资10万元于市盈率为负值的股票模拟组合的期末总资产为33.51万元，低于整体股票第十分位的41.11万元，远远低于整体股票的80.6万元。年复合收益率为5.72%，低于第十分位的6.72%，远远低于整体股票的10.07%。

市盈率为负值股票的最大回撤为79.14%，超越了所有十分位分组的最大回撤值。

表3－15　整体股票池中市盈率为负值和整体股票模拟组合的基本统计数据(1998/12/31~2020/09/30)

	市盈率为负值股票	整体股票
总的投资期数（月）	261	261
总的投资时长（年）	21.75	21.75
10 万元初始投资的最终结果（万元）	33.51	80.6
期间总的增长率（%）	235.14	706.04
简单算术平均值（%）	10.81	32.46
算术平均值（%）	11.39	14.54
几何平均值（%）	5.72	10.07
中位数（%）	5.19	8.45
标准差（%）	34.39	31.58
上行标准差（%）	24.81	23.05
下行标准差（%）	20.06	18.62
跟踪误差（%）	9.10	0.00
收益为正的投资期数（月）	134	139
收益为负的投资期数（月）	127	122
最大回撤（%）	－79.14	－67.64
相对于基准的 Beta 值	0.89	1
T 统计量（mean＝0）	1.54	2.15
夏普比率（无风险利率＝5%）	0.02	0.16
索提诺比率（无风险利率＝5%）	0.04	0.27
1 年期最低收益（%）	－64.62	－64.33
1 年期最高收益（%）	310.87	250.43
3 年期最低收益（%）	－33.40	－22.77
3 年期最高收益（%）	63.48	72.36
5 年期最低收益（%）	－23.98	－17.74
5 年期最高收益（%）	44.70	46.17
7 年期最低收益（%）	－7.59	－3.02

续表

	市盈率为负值股票	整体股票
7 年期最高收益（%）	24.53	28.58
10 年期最低收益（%）	-1.39	3.26
10 年期最高收益（%）	27.73	32.39
最差情景预期收益（1 年期）（%）	-40.20	-32.84
最优情景预期收益（1 年期）（%）	62.98	61.91

从表 3-16 可以看出，市盈率为负值的股票相对于整体股票年复合收益率差额的平均值都为负值，表现还不如原先最差的第十分位。随着投资时间的延长，市盈率为负值的股票战胜整体股票的概率稳步下降，从 1 年期的 29% 下降至 5 年期的 3%，再下降至 7 年期和 10 年期的 0。

表 3-16　滚动投资 1、3、5、7 和 10 年期整体股票池中，市盈率为负值的股票模拟组合的年复合收益率战胜整体股票的期数和占比

	总的投资期数	市盈率为负值股票战胜整体股票的期数	占比（%）	年平均超额收益率（%）
滚动 1 年期	250	72	29	-2.65
滚动 3 年期	226	41	18	-4.21
滚动 5 年期	202	6	3	-4.64
滚动 7 年期	178	0	0	-4.77
滚动 10 年期	142	0	0	-4.45

对比图 3-3 和第 2 章的图 2-1，我们不难发现，在牛市末期与熊市开始阶段，市盈率为负值的股票拥有正值的超额年复合收益率。可能在牛市最为疯狂的阶段，赚钱效应让投资者冲昏了头脑，忽视了投资的潜在风险并逐渐忘记了“寻找有投资价值的股票”的基本准则，

转而追逐善于讲故事但实际亏损的股票。或许我们可以这样利用实证数据：把市盈率为负值股票的超额年复合收益率作为一项反向指标，当市盈率为负值的股票的年复合收益率与整体股票的差额不断缩小，甚至转为正值时，我们就要警醒并反思，牛市是否要结束了，熊市是否要开始了。市盈率为负值的股票不但不值得投资，还应该被看作反向信号。它越涨，我们越需要警惕！

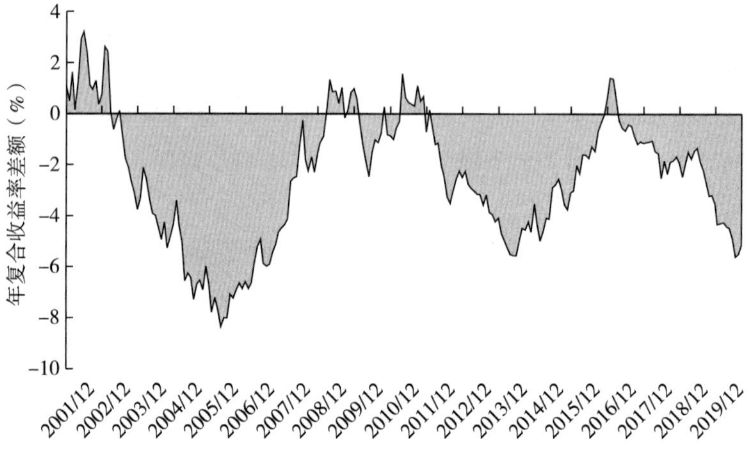

图 3.–3　整体股票池中市盈率为负值的股票模拟组合滚动投资 5 年期相对整体股票的年复合收益率差额

低估值没错，但要警惕6种“低估值陷阱”

让我们把日期拨回到 1987 年 10 月 19 日，星期一。全球主要股市暴跌，道琼斯工业指数单日下跌 508 点，跌幅超过 20%。一天跌入技术性熊市，在资本市场中实属罕见。暴跌引发了全球金融市场持续性恐慌，并触发了 20 世纪 80 年代末的美国以及全球性经济衰退。投资者被吓坏了，在后续的时间里“用脚投票”，一时间疯狂赎回基金或卖出股票。

在巨大的抛售压力之下，全球股票泥沙俱下。在乌云密布的资本市场中，与其他众多投资者痛苦决绝地逃离不同，一个刚刚过完 57 岁生日的投资者按捺不住内心的兴奋——股票太便宜了，他要大手笔建仓！他囤积了大量美元现金，“扣动扳机的手指蠢蠢欲动”，枪口对准的猎物是可口可乐股票。可口可乐股票价格刚刚跌至 37 美元（不复权，市盈率 15 倍）左右，这名投资者就把手头的子弹全部打完了。光在可口可乐一只股票上就投资了 10 亿美元。到了 10 年之后的 1998 年，可口可乐股票价格维持在 60 美元（不复权）左右，市盈率维持在 46 倍上下。10 年间，该投资者获取了低估值股票带来的超额回报——可口可乐增长了 12.64 倍，年复合收益率达到了令人叹服的 28% 。

不用多说，你可能已经猜到，这名投资者就是大名鼎鼎的巴菲特。巴菲特和他的老师格雷厄姆，在价值投资领域是“神”一样的存在。格雷厄姆被誉为现代证券分析行业的鼻祖，价值投资学派的奠基人。巴菲特把格雷厄姆的价值投资理论发挥得淋漓尽致。格雷厄姆认为，当一只股票的股价被低估时，买入该股票就很安全，很容易获取稳定的投资收益。巴菲特投资可口可乐，就是在股票被低估时（与内在市盈率对照）投资建仓的极好案例。

投资低估值股票策略没错，但一知半解的投资者可能会误用低估值策略，误入“低估值陷阱”。“低估值陷阱”是指投资者买入估值较低的股票，期待价格上涨或者估值提升，却发现该股票的估值或价格保持不变甚至下降的现象。此类股票表面上估值便宜，但实质上价格昂贵（白白浪费了机会成本）。虽然价格被低估，但买入此类股票并不安全，不一定能获取稳定投资收益，甚至有可能亏钱。

误入“低估值陷阱”，投资大师菲利普·费雪也有过类似的经历。

1929 年，费雪满仓买入 3 只被低估的股票，其中一只的市盈率低到不可思议的地步。到 1932 年，3 只股票持续下跌，该笔投资只剩余原始投资本金很小的比例。费雪发现，这些公司的市盈率依旧很低，甚至比买入时还要低。

几年之后，费雪说道："低市盈率并不能保证什么，反而有可能是一个预警信号，指出这家公司可能存在着缺点。"正是由于"低估值陷阱"的存在，图 3－1 中理论上年复合收益率应该排名第一的第一分位只能屈居第三。

有时候，估值低并不意味着更高的投资收益率。更有甚者，低估值非但没有收益，还可能巨幅亏损，坠入"低估值陷阱"。什么样的股票容易坠入"低估值陷阱"呢？我总结了 6 种情况。

第一种，景气顶点的周期股，尤其是股价已经大幅上涨之后的周期股。在宏观经济扩张期或者行业景气度提升之后的后期，诸如钢铁、煤炭、水泥、银行和地产等周期股行业公司的盈利状况非常好，每股净利润非常高，这会导致市盈率等估值看起来非常低。但是，这种低估值是不可持续的。一旦经济进入收缩周期或者行业景气度出现下滑，周期性增长行业的净利润就会大幅下滑，甚至出现亏损情况。在这种情况下，估值飙升。价格没动，估值失控。彼得·林奇专门警告了这种投资策略，"在周期股业绩最好的时候买入，只能收获未来的下跌"。

第二种，重资产的"夕阳"行业。因为长期找不到业绩发力点，该行业股票价格非常便宜。如果贪图便宜购买了该行业股票，那就无异于"慢性自杀"。"夕阳"行业意味着行业几乎没有任何增速，甚至增速为负。2000 年后的彩电行业就属于"夕阳"行业，长虹贵为行业龙头，无论怎么努力，都只能苦苦支撑而无法进一步发展，更别提行业中的其他中小公司了。在反思自己的投资经历时，巴菲特并不认为早年投资的伯克希尔 - 哈撒韦公司是一次非常成功的投资经历。巴菲特认为自己犯了一个非常明显的错误——伯克希尔 - 哈撒韦公司所在的纺织业正是“夕阳”行业。所幸的是，这是巴菲特早期的投资，他还有机会弥补。巴菲特很快意识到这个失误并且尽快关闭了这家公司的原有业务。在《巴菲特传》中，巴菲特这样表示：“一匹会算术的马是了不起的马，但绝不是一个了不起的数学家；同样，一家纺织厂经营得再好，也不能证明那是一个好行业。”

第三种，具备网络效应行业里面的中小型公司。在具备网络效应的行业里，龙头公司同时掌控着上游和下游资源，建立了行业壁垒。业内的中小公司疲于应战，仅能自保，即使股价再便宜，也不值得购买。

第四种，经营思路受限，只知道低水平大幅度扩张产能的企业和行业。在不具备综合竞争优势的情况下，为了占领市场而大幅度扩张产能，试图以市场优势换取成本优势并击败竞争对手，这是多数企业家惯用的经营思路。正是因为惯用，大多数竞争对手都会采用。行业中大部分企业的产能大规模扩张之后，整个行业产能很快严重过剩，价格竞争进入刺刀见红的程度。价格太低，低到连变动成本都无法收回，更别说巨额的固定投资成本了。在这种情况下，股价没有最低，只有更低。

第五种，财务报表存在瑕疵。净利润是财务报表中最容易被人为操纵的项目，账面净利润高，并不意味着净利润的含金量高。操纵而来的净利润不但没有任何含金量，还会为后续财务报表埋下隐患。

第六种，历史最低位不一定是最低估值，未来可能还有更低估值。我们经常听到卖方研究员推荐某只股票时说：“这家公司当前的估值已经处于历史低位，估值底已经来了，未来股价上涨的概率几乎为100%。”事实上，股票价格体现了投资者对宏观经济、行业和公司未来的预期，那么，估值也体现了投资者对这三者的预期。预期之下，现在是不是估值底，并不可知。历史估值代表了历史预期，现在估值代表了现在预期。历史预期不能用来衡量现在预期的高或低，因此，用历史低位来证明估值底本身就是伪命题。历史反倒反复证明了另外一件事，没有最低，只有更低。如果你认为现在是底部，那么很快就会发现，还有更低的底部；没过几天你又会发现，还有比更低底部更低的底部。所以说，这种低估值很不可靠。

我们都想成为投资大师，纵横股市，但不加甄别地买入低估值股票，不免会落入“低估值陷阱”的圈套——买入的股票不仅不安全，而且无法带来投资收益，甚至可能造成巨大的投资损失。

如何才能选到正确的低估值股票？关于这一点，巴菲特认为，“我们喜欢这样的城堡，它有很宽的护城河，河里游满了鲨鱼和鳄鱼，足以抵挡外来的侵入者”。拥有“很宽的护城河”的低估值股票（关于“护城河”优势的进一步讨论，详见第 10 章），才是我们心仪的低估值股票。

对投资者的启迪

1. 投资者要尽量选择市盈率较低的股票，规避市盈率较高的股票，一定要摒弃市盈率为负值的股票。
2. 很多人错误地认为“价值投资”不适用于中国股票市场。实证数据告诉我们，每股净利润与价格比率（市盈率的倒数）相对较高的股票能够获取不错的投资收益，这或许能够说明，较高的“隐含收益率”能够带来相对较高的年复合收益率，这就是“价值投资”的奥秘所在。

3. 无论是整体股票池，还是大盘股票池，市盈率前三分位表现相差不大，但后三分位相差很大，尤其是第十分位。从防范风险的角度看，市盈率后三分位，尤其第十分位是必须规避的股票。从某种意义上讲，本书中的第十分位都可以看作第 12 章讨论的“危险信号”。
4. 市盈率第十分位在滚动 N 年期绝对收益率、相对收益率、回撤幅度、回撤持续时长、回撤后净值修复期、夏普比率和索提诺比率等多个方面表现最差，因此，第十分位并不值得我们投资。
5. 由于市场定价机制的作用，某些市盈率极低的股票有可能在可见的未来持续保持极低的市盈率，因此市盈率第一分位的表现可能不如第二或第三分位。我们要警惕“低估值陷阱”。
6. 当市盈率为负值的股票的年复合收益率与整体股票的差额不断缩小，甚至转为正值时，我们就要警醒并反思，牛市是否要结束了，熊市是否要开始了。

第4章

低市净率股票更有魅力，而不是高市净率的“彩票股”

即使这个国家所有的人都成为证券分析师，背诵过本杰明·格雷厄姆《聪明的投资者》一书，并定期参加沃伦·巴菲特的年度股东大会，大多数人还是会发现自己不由自主地受到被热炒的IPO、趋势投资和各种投资热点的吸引。人们也会发现自己禁不起诱惑而参与日内交易，或者执着于各种基于股价图表的技术分析。一个全民都是证券分析师的国家也会反应过度。总之，即使是最训练有素的投资者，也会犯投资者一直在犯的错误，原因就一个——他们情不自禁。

——塞思·卡拉曼

市净率指标溯源

市净率用 M/B 表示，M 代表市场价值（Market Value），B 代表账面价值（Book Value）。M/B 最早出现在 1981 年罗尔夫·班次的论文《收益与普通股总市值之间的关系》中。虽然这是一篇专门研究“规模效应”的文献，但班次发现，股票收益还与其他市场价值有关的因素相关。

1992 年，尤金·法玛和肯尼思·弗兰奇发表了论文《股票预期收益的横截面因素》，他们发现，贝塔、股票市值和账面市值比（B/M）三个因素可以解释绝大部分的股票价格变动。1993 年，他们通过模拟市场因子、市值因子和账面市值比，构造了三因子模型，用于解释股票收益的变化。其后，市净率迅速被学术界和业界采纳。

段永平曾说：“投资的原则太简单，而简单的东西往往是最难的。这条‘简单’的‘投资’原则是：当你在买一只股票时，你就是在买这家公司！”这两句话包含的信息量非常大，单独展开就能写成一本书。本章只从企业财务报表资产负债表中净资产的角度解读这两句话。股价与净资产组合在一起，构成了市净率。

低市净率表现更优

图4-1显示，在整体股票池中，各个十分位的年复合收益率呈现几乎严格递减的走势。第一分位获取了12.32%的年复合收益率，超越了整体股票的10.07%，排在第一名。第十分位以5.57%的收益率排在最后一名。我们发现，相比市盈率因子，市净率因子更适合做多第一分位，做空第十分位。

上述递减趋势符合金融学的基本逻辑：市净率越高，估值越高，价格越昂贵，未来收益率越低；市净率越低，估值越低，价格越便宜，未来收益率越高。

图4-2显示，在大盘股票池中，各个十分位年复合收益率呈现V形走势。虽然最后两个分位呈现翘尾效应，但该两分位年复合收益率基本处于后五分位整体区间内。

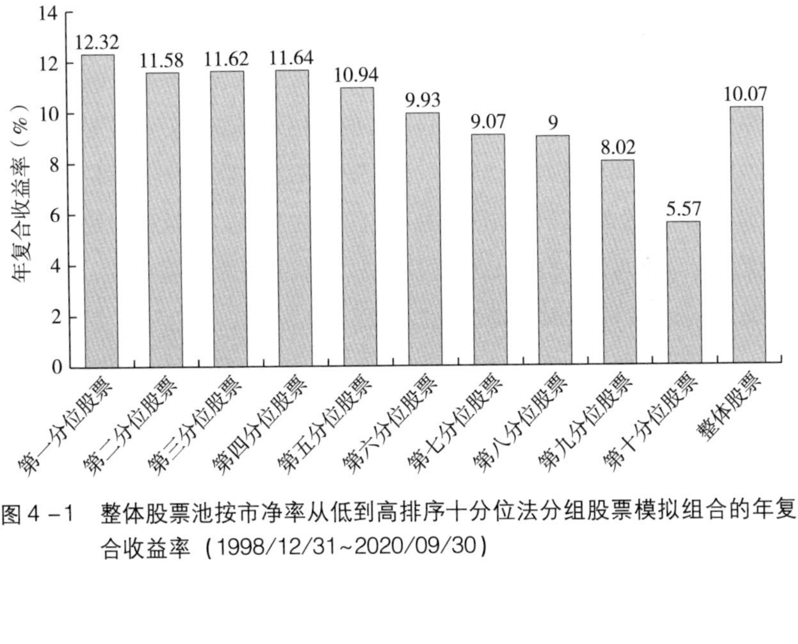

图4-1　整体股票池按市净率从低到高排序十分位法分组股票模拟组合的年复合收益率（1998/12/31~2020/09/30）

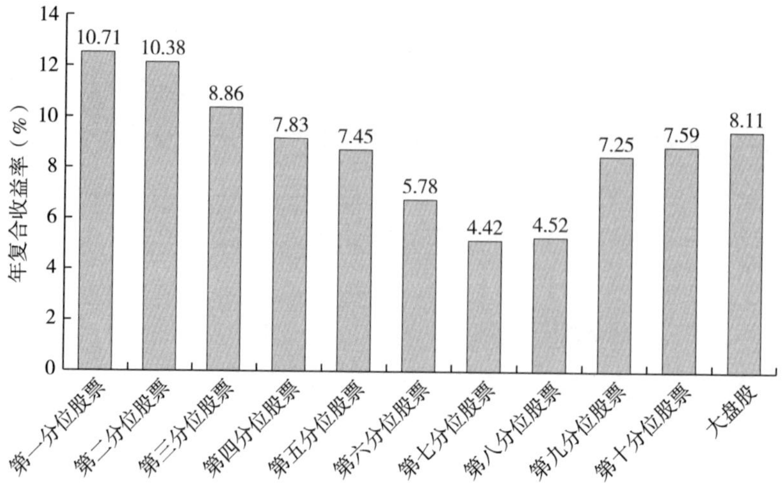

图4－2　大盘股票池按市净率从低到高排序十分位法分组股票模拟组合的年复合收益率（1998/12/31~2020/09/30）

表4－1显示，假如把市净率较低的股票定义为价值股，并把市净率较高的股票定义为成长股，那么在最近的一年期和两年期，无论是整体股票池还是大盘股票池，价值股的表现都弱于成长股，成长股表现都优于价值股。这些导致了图4－2的翘尾效应。

最近一年期大盘股票池第十分位与第一分位收益率差额的最大值为72.03%，远远大于整体股票池32.64%的差额；最近两年期大盘股票池第十分位与第一分位总收益率差额的最大值为114.52%，是整体股票53.93%差额的两倍多。我们可以得出结论，最近一年期和两年期，虽然大盘股票池和整体股票池中都展示了这种特征——成长股表现优于价值股，但是大盘股中该特征更加明显。

从表4－2可以看出，在整体股票池中，随着市净率从低到高变化，10万元初始投资的最终结果、年复合收益率、夏普比例和索提诺比率呈现递减的趋势。

从表4－3可以看出，在大盘股票池中，10万元初始投资的最终结果、年复合收益率、夏普比率和索提诺比率呈现翘尾效应，上述4个指标的最小数值出现在第七分位和第八分位。由于近期成长股带来的较好业绩，第九分位好于第七分位和第八分位；第十分位好于第九分位，但弱于前四分位。

表4－1　最近一年期和两年期大盘股票池与整体股票池按市净率从低到高排序十分位法分组的总收益率情况（%）

		第一分位股票	第二分位股票	第三分位股票	第四分位股票	第五分位股票	第六分位股票	第七分位股票	第八分位股票	第九分位股票	第十分位股票	整体股票
最近一年期总收益率	大盘股票池	−2.33	3.77	14.27	12.85	23.17	25.77	31.68	40.43	58.55	69.70	28.16
	整体股票池	8.15	15.73	19.07	24.10	24.40	29.27	25.86	32.53	34.94	40.79	25.61
最近两年期总收益率	大盘股票池	−2.17	5.32	24.74	21.27	30.72	31.93	40.47	64.98	82.51	112.35	40.25
	整体股票池	9.08	20.95	29.37	33.22	32.90	36.45	33.74	47.43	51.82	63.00	35.63

表4－2　整体股票池按市净率从低到高排序十分位法分组股票模拟组合的分析结果（1998/12/31~2020/09/30）

	10万元初始投资的最终结果（万元）	年复合收益率（%）	标准差（%）	下行标准差（%）	最大回撤（%）	夏普比率（无风险利率=5%）	索提诺比率（无风险利率=5%）
第一分位股票	125.27	12.32	32.03	18.75	−66.26	0.23	0.39
第二分位股票	108.33	11.58	32.16	19.06	−65.83	0.2	0.35

续表

	10万元初始投资的最终结果（万元）	年复合收益率（%）	标准差（%）	下行标准差（%）	最大回撤（%）	夏普比率（无风险利率=5%）	索提诺比率（无风险利率=5%）
第三分位股票	109.18	11.62	32.49	19.17	-66.17	0.2	0.35
第四分位股票	109.59	11.64	32.2	18.77	-65.92	0.21	0.35
第五分位股票	95.58	10.94	32.09	18.67	-67.53	0.19	0.32
第六分位股票	78.45	9.93	32.25	18.87	-69.04	0.15	0.26
第七分位股票	66.12	9.07	32.13	18.74	-69.33	0.13	0.22
第八分位股票	65.17	9	32.02	18.6	-70.18	0.12	0.22
第九分位股票	53.58	8.02	32.27	18.8	-70.72	0.09	0.16
第十分位股票	32.48	5.57	31.96	18.51	-75.75	0.02	0.03
整体股票	80.6	10.07	31.58	18.62	-67.64	0.16	0.27

表4-3　大盘股票池按市净率从低到高排序十分位法分组股票模拟组合的分析结果（1998/12/31~2020/09/30）

	10万元初始投资的最终结果（万元）	年复合收益率（%）	标准差（%）	下行标准差（%）	最大回撤（%）	夏普比率（无风险利率=5%）	索提诺比率（无风险利率=5%）
第一分位股票	91.41	10.71	31.04	18.21	-65.72	0.18	0.31
第二分位股票	85.62	10.38	28.96	17.08	-64.88	0.19	0.31
第三分位股票	63.41	8.86	29.54	17.75	-69.72	0.13	0.22
第四分位股票	51.56	7.83	30.47	18.49	-70.01	0.09	0.15
第五分位股票	47.74	7.45	29.99	18.12	-70.37	0.08	0.14
第六分位股票	33.97	5.78	30.01	18.6	-72.46	0.03	0.04

续表

	10 万元初始投资的最终结果（万元）	年复合收益率（%）	标准差（%）	下行标准差（%）	最大回撤（%）	夏普比率（无风险利率 =5%）	索提诺比率（无风险利率 =5%）
第七分位股票	25.62	4.42	30.22	18.93	-73.81	-0.02	-0.03
第八分位股票	26.13	4.52	30.72	19.64	-75.35	-0.02	-0.02
第九分位股票	45.85	7.25	31.64	18.9	-72.75	0.07	0.12
第十分位股票	49.12	7.59	32.27	18.95	-81.54	0.08	0.14
大盘股	54.49	8.11	28.74	17.88	-69.75	0.11	0.17

低市净率分组值得关注

从表 4 - 4 可以看出，从 1998 年 12 月 31 日至 2020 年 9 月 30 日，以每月为 1 期，总的投资期数为 261 期，总的投资时长为 21.75 年。假如我们在期初投资 10 万元，那么第一分位的期末总资产为 125.27 万元，超出整体股票的 80.6 万元，这或许为我们投资低市净率股票提供了依据。21.75 年间第一分位总收益率为 1152.66%，整体股票为 706.04%。第一分位年复合收益率为 12.32%，整体股票为 10.07%。

第一分位夏普比率为 0.23，高于整体股票的 0.16；索提诺比率为 0.39，远远高于整体股票的 0.27。在全部滚动 *N* 年期投资中（1、3、5、7 和 10 年期），第一分位的最高和最低年复合收益率都稳稳战胜了整体股票，这或许为我们投资低市净率股票提供了依据。

表 4 -4　整体股票池第一分位和整体股票模拟组合的基本统计数据
(1998/12/31~2020/09/30)

	第一分位	整体股票
总的投资期数（月）	261	261
总的投资时长（年）	21.75	21.75
10 万元初始投资的最终结果（万元）	125.27	80.6
期间总的增长率（%）	1152.66	706.04
简单算术平均值（%）	53.00	32.46
算术平均值（%）	16.66	14.54
几何平均值（%）	12.32	10.07
中位数（%）	8.01	8.45
标准差（%）	32.03	31.58
上行标准差（%）	24.71	23.05
下行标准差（%）	18.75	18.62
跟踪误差（%）	11.01	0.00
收益为正的投资期数（月）	140	139
收益为负的投资期数（月）	121	122
最大回撤（%）	-66.26	-67.64
相对于基准的 Beta 值	0.93	1
T 统计量（mean = 0）	2.43	2.15
夏普比率（无风险利率 = 5%）	0.23	0.16
索提诺比率（无风险利率 = 5%）	0.39	0.27
1 年期最低收益（%）	-60.11	-64.33
1 年期最高收益（%）	303.16	250.43
3 年期最低收益（%）	-19.49	-22.77
3 年期最高收益（%）	76.41	72.36
5 年期最低收益（%）	-14.54	-17.74
5 年期最高收益（%）	48.17	46.17
7 年期最低收益（%）	0.06	-3.02

续表

	第一分位	整体股票
7 年期最高收益（%）	28.94	28.58
10 年期最低收益（%）	4.30	3.26
10 年期最高收益（%）	32.50	32.39
最差情景预期收益（1 年期）（%）	-31.39	-32.84
最优情景预期收益（1 年期）（%）	64.70	61.91

从表 4-5 可以看出，第一分位表现不错，相对于整体股票的年平均超额收益率始终为正值。从滚动 1 年期到 10 年期，第一分位战胜整体股票的概率不断提升，从滚动 1 年期的 63% 提升至 5 年期的 87%，再提升至滚动 10 年期的 92%。

表 4-5　滚动投资 1、3、5、7 和 10 年期整体股票池第一分位年复合收益率战胜整体股票的期数和占比

	总的投资期数	第一分位战胜整体股票的期数	占比（%）	年平均超额收益率（%）
滚动 1 年期	250	157	63	3.25
滚动 3 年期	226	165	73	3.18
滚动 5 年期	202	175	87	2.86
滚动 7 年期	178	153	86	2.47
滚动 10 年期	142	131	92	2.33

第一分位共经历 7 次回撤幅度超过 20% 的最大回撤。幅度最大的发生在 2008 年 2 月至 2008 年 10 月，历时 8 个月，回撤值为 66.26%。该回撤已经于 2009 年 11 月修复，整个修复期持续 13 个月。距离当前时间最近的一次回撤发生在 2017 年 8 月至 2018 年 12 月，历时 16 个月，回撤值为 29.57%，迄今为止没有回到前期高点。

以滚动投资5年期的绝对收益为例，第一分位的最低年复合收益率为-14.54%，投资10万元的最终资产总值为4.56万元，这个最差情景发生在截至2005年7月的前5年。第一分位最高年复合收益率为48.17%，投资10万元的最终资产总值为71.42万元，这个最优情景发生在截至2010年10月的前5年。

第一分位刚刚经历过5年期最差情景，马上迎来了5年期最优情景。如果我们有幸遇见了低市净率分组的5年期较差情景，请记得在5年左右的时间提高投资金额。

看完整体股票池，再看大盘股票池。从表4-6可以看出，假如在期初投资10万元，那么第一分位的期末总资产为91.41万元，大盘股为54.49万元。第一分位年复合收益率为10.71%，大盘股为8.11%。

第一分位获取了0.18的夏普比率，高于大盘股的0.11；获得了0.31的索提诺比率，高于大盘股的0.17。第一分位滚动1、3、5、7和10年期的最高年复合收益率都高于大盘股。

表4-6　大盘股票池第一分位和大盘股模拟组合的基本统计数据（1998/12/31~2020/09/30）

	第一分位	大盘股
总的投资期数（月）	261	261
总的投资时长（年）	21.75	21.75
10万元初始投资的最终结果（万元）	91.41	54.49
期间总的增长率（%）	814.15	444.93
简单算术平均值（%）	37.43	20.46
算术平均值（%）	14.88	11.90
几何平均值（%）	10.71	8.11
中位数（%）	9.39	9.72
标准差（%）	31.04	28.74

续表

	第一分位	大盘股
上行标准差（%）	24.47	21.14
下行标准差（%）	18.21	17.88
跟踪误差（%）	13.25	0.00
收益为正的投资期数（月）	139	146
收益为负的投资期数（月）	122	115
最大回撤（%）	-65.72	-69.75
相对于基准的 Beta 值	0.84	1
T 统计量（mean =0）	2.24	1.93
夏普比率（无风险利率 =5%）	0.18	0.11
索提诺比率（无风险利率 =5%）	0.31	0.17
1 年期最低收益（%）	-62.25	-68.77
1 年期最高收益（%）	337.71	288.32
3 年期最低收益（%）	-17.52	-15.17
3 年期最高收益（%）	74.55	74.10
5 年期最低收益（%）	-14.89	-14.02
5 年期最高收益（%）	43.77	38.21
7 年期最低收益（%）	-8.31	-7.88
7 年期最高收益（%）	26.06	20.92
10 年期最低收益（%）	2.45	-1.74
10 年期最高收益（%）	23.47	22.50
最差情景预期收益（1 年期）（%）	-31.68	-31.21
最优情景预期收益（1 年期）（%）	61.43	55.01

从表 4-7 可以看出，第一分位相对于大盘股的年平均超额收益率始终为正值。随着投资时间的延长，第一分位战胜大盘股的概率逐步提升，从滚动 1 年期的 67% 提升为 10 年期的 92%。

即便是最优分位，也要面对局部时间跑输大盘股的窘境。如果投资者提前知晓了这一点，就可以在所投资的优质股票局部时间跑输时，心态平缓一些，不用火急火燎地调仓了。有时候太着急，反而更可能投错股票。

表 4－7　滚动投资 1、3、5、7 和 10 年期大盘股票池第一分位年复合收益率战胜大盘股的期数和占比

	总的投资期数	第一分位战胜大盘股的期数	占比（%）	年平均超额收益率（%）
滚动 1 年期	250	168	67	4.48
滚动 3 年期	226	161	71	4.43
滚动 5 年期	202	157	78	4.17
滚动 7 年期	178	144	81	3.46
滚动 10 年期	142	130	92	2.87

第一分位一共经历了 7 次回撤幅度超过 20% 的最大回撤。幅度最大的回撤发生在 2007 年 9 月至 2008 年 10 月，历时 13 个月，回撤值为 65.72%。该回撤已经于 2015 年 3 月修复，整个修复期持续 77 个月。距离当前时间最近的一次回撤发生在 2018 年 1 月至 2020 年 5 月，历时 28 个月，回撤值为 22.58%，迄今为止没有回到前期高点。

观察滚动投资 5 年期的绝对收益，第一分位的最低年复合收益率为 −14.89%，投资 10 万元的最终资产总值为 4.47 万元，这个最差情景发生在截至 2012 年 9 月的前 5 年。第一分位的最高年复合收益率为 43.77%，投资 10 万元的最终资产总值为 61.42 万元，这个最优情景发生在截至 2007 年 12 月的前 5 年。

一般来讲，迎接最佳 5 年期的，是未来较差的 5 年期；迎接最差 5 年期的，是未来较好的 5 年期。这种现象在各个模型中频频出现。

高市净率分组表现不佳

从表4-8可以看出，投资10万元于第十分位的期末总资产为32.48万元，远远小于整体股票的80.6万元，更小于第一分位的125.27万元，大约相当于第一分位的26%。第十分位的年复合收益率为5.57%，小于整体股票的10.07%。

第十分位获取超低的夏普比率，为0.02，大幅低于整体股票的0.16；获取超低的索提诺比率，为0.03，远远落后于整体股票的0.27。在全部滚动N年期（包含1、3、5、7和10年期）投资中，第十分位的最高和最低年复合收益率都跑输整体股票，这或许为我们避免投资高市净率股票提供了依据。

表4-8　整体股票池第十分位和整体股票模拟组合的基本统计数据（1998/12/31~2020/09/30）

	第十分位	整体股票
总的投资期数（月）	261	261
总的投资时长（年）	21.75	21.75
10万元初始投资的最终结果（万元）	32.48	80.6
期间总的增长率（%）	224.84	706.04
简单算术平均值（%）	10.34	32.46
算术平均值（%）	10.44	14.54
几何平均值（%）	5.57	10.07
中位数（%）	-0.17	8.45
标准差（%）	31.96	31.58
上行标准差（%）	23.52	23.05

续表

	第十分位	整体股票
下行标准差（%）	18.51	18.62
跟踪误差（%）	9.43	0.00
收益为正的投资期数（月）	130	139
收益为负的投资期数（月）	131	122
最大回撤（%）	-75.75	-67.64
相对于基准的 Beta 值	0.94	1
T 统计量（mean =0）	1.52	2.15
夏普比率（无风险利率 =5%）	0.02	0.16
索提诺比率（无风险利率 =5%）	0.03	0.27
1 年期最低收益（%）	-68.40	-64.33
1 年期最高收益（%）	218.74	250.43
3 年期最低收益（%）	-28.90	-22.77
3 年期最高收益（%）	65.31	72.36
5 年期最低收益（%）	-24.40	-17.74
5 年期最高收益（%）	37.73	46.17
7 年期最低收益（%）	-8.93	-3.02
7 年期最高收益（%）	24.60	28.58
10 年期最低收益（%）	-0.77	3.26
10 年期最高收益（%）	27.44	32.39
最差情景预期收益（1 年期）（%）	-37.50	-32.84
最优情景预期收益（1 年期）（%）	58.37	61.91

从表4－9可以看出，第十分位相对于整体股票的年平均超额收益率始终为高额的负值。随着投资时间的延长，第十分位战胜整体股票的概率不断下降，从滚动1年期的28%，下降至滚动7年期和10年期的0。在滚动7年期和10年期，第十分位全部跑输整体股票。

表4－9　滚动投资1、3、5、7和10年期整体股票池第十分位模拟组合年复合收益率战胜整体股票的期数和占比

	总的投资期数	第十分位战胜整体股票的期数	占比（%）	年平均超额收益率（%）
滚动1年期	250	69	28	－5.35
滚动3年期	226	31	14	－5.76
滚动5年期	202	3	1	－5.92
滚动7年期	178	0	0	－5.7
滚动10年期	142	0	0	－5.61

整体股票池第十分位模拟组合一共经历了4次回撤幅度超过20%的最大回撤，虽然次数小于第一分位的7次，但幅度平均值为64.48%，远远高于第一分位38.91%的平均值。幅度最大的回撤发生在2001年5月至2005年7月（贯穿整个第二轮熊市），历时50个月，回撤值为75.75%。该回撤已经于2007年5月修复，整个修复期持续22个月。距离当前时间最近的一次回撤发生在2015年5月至2019年1月（贯穿整个第三轮熊市），历时44个月，回撤幅度为68.92%，迄今为止没有修复本次回撤。

在第十分位距离当前时间最近一次回撤发生的44个月中，第一分位共经历了2015年5月至2016年1月和2017年8月至2018年12月的两次超过20%的回撤。第十分位的回撤幅度、下跌持续时间和修复持续期时常大于同时间段的第一分位，净值修复能力实在太差。因此，

在整体股票池中，我们应尽量规避高市净率的股票。

看完整体股票池，再看大盘股票池。从表 4 – 10 可以看出，投资 10 万元于第十分位的期末资产总值为 49.12 万元，第七分位为 25.62 万元，大盘股为 54.49 万元，这些都远远低于第一分位的 91.41 万元。第十分位的年复合收益率为 7.59%，第七分位为 4.42%，大盘股为 8.11%，这些都远远低于第一分位的 10.71%。

第七分位获取 –0.02 的夏普比率，低于第十分位的 0.08，更低于大盘股的 0.11。第七分位获得 –0.03 的索提诺比率，低于第十分位的 0.14，更低于大盘股的 0.17。

下跌幅度最大的回撤竟然不是年复合收益率最低的第七分位创造的，而是第十分位创造的。第七分位的最大回撤为 73.81%，远远低于第十分位的 81.54%，高于大盘股的 69.75%。

表 4 –10　大盘股票池第七分位、第十分位和大盘股模拟组合的基本统计数据（1998/12/31~2020/09/30）

	第七分位	第十分位	大盘股
总的投资期数（月）	261	261	261
总的投资时长（年）	21.75	21.75	21.75
10 万元初始投资的最终结果（万元）	25.62	49.12	54.49
期间总的增长率（%）	156.21	391.17	444.93
简单算术平均值（%）	7.18	17.98	20.46
算术平均值（%）	8.86	12.32	11.90
几何平均值（%）	4.42	7.59	8.11
中位数（%）	5.56	5.18	9.72
标准差（%）	30.22	32.27	28.74

续表

	第七分位	第十分位	大盘股
上行标准差（%）	22.23	26.13	21.14
下行标准差（%）	18.93	18.95	17.88
跟踪误差（%）	6.77	16.90	0.00
收益为正的投资期数（月）	139	136	146
收益为负的投资期数（月）	122	125	115
最大回撤（%）	-73.81	-81.54	-69.75
相对于基准的 Beta 值	0.93	0.76	1
T 统计量（mean =0）	1.37	1.78	1.93
夏普比率（无风险利率 =5%）	-0.02	0.08	0.11
索提诺比率（无风险利率 =5%）	-0.03	0.14	0.17
1 年期最低收益（%）	-73.20	-65.46	-68.77
1 年期最高收益（%）	283.67	229.41	288.32
3 年期最低收益（%）	-18.53	-30.19	-15.17
3 年期最高收益（%）	71.25	77.27	74.10
5 年期最低收益（%）	-16.18	-28.22	-14.02
5 年期最高收益（%）	34.52	40.96	38.21
7 年期最低收益（%）	-11.56	-10.09	-7.88
7 年期最高收益（%）	18.82	25.33	20.92
10 年期最低收益（%）	-5.48	-2.57	-1.74
10 年期最高收益（%）	18.04	26.88	22.50
最差情景预期收益（1 年期）（%）	-36.46	-36.08	-31.21
最优情景预期收益（1 年期）（%）	54.19	60.73	55.01

从表4－11可以看出，第七分位相对大盘股的年平均超额收益率始终为负值，该负值的绝对值远远大于第十分位。随着投资时间的延长，第七分位战胜大盘股的概率不断下降，从滚动1年期的28%下降至滚动7年期和10年期的0。

表4－11　滚动投资1、3、5、7和10年期大盘股票池第七分位模拟组合年复合收益率战胜大盘股的期数和占比

	总的投资期数	第七分位战胜大盘股的期数	占比（%）	年平均超额收益率（%）
滚动1年期	250	69	28	－3.23
滚动3年期	226	24	11	－3.66
滚动5年期	202	4	2	－3.77
滚动7年期	178	0	0	－3.75
滚动10年期	142	0	0	－3.55

大盘股票池第七分位一共经历了7次回撤幅度超过20%的最大回撤。迄今为止，还有两次回撤没有被修复，一次是幅度最大的，该回撤发生在2007年9月至2008年10月，历时13个月，回撤值为73.81%；另一次是距离当前时间最近的，该回撤发生在2015年5月至2018年12月，历时43个月，回撤值为54.42%。我们看到，第七分位的净值修复能力非常差。因此，我们除了要警惕高市净率股票，更要警惕增长动力不足、估值也偏高的“伪成长股”（第七分位被我归类为“伪成长股”，详见第9章）。

价值股与成长股的跷跷板效应

虽然价值股（第一分位）在21.75年的长周期内跑赢成长股（第

十分位），但在1~3年的短周期内，成长股的表现可能屡次优于价值股。实证研究发现，价值股与成长股之间存在跷跷板效应，尤其是在大盘股票池中。当价值股表现相对优异时，成长股表现较弱；当成长股表现相对优异时，价值股表现较弱。

从图4-3可以看出，在相对整体股票的3年期年复合收益率差额方面，第一分位和第十分位存在明显的跷跷板效应。当第一分位表现相对较好时，第十分位表现相对较差；当第一分位表现相对较差时，第十分位表现相对较好。

从图4-4可以看出，在相对大盘股的3年期年复合收益率差额方面，大盘股票池第一分位和第十分位的跷跷板效应更加明显。当第一分位表现较好时，第十分位表现非常差；当第十分位表现相对较好时，第一分位表现非常差。

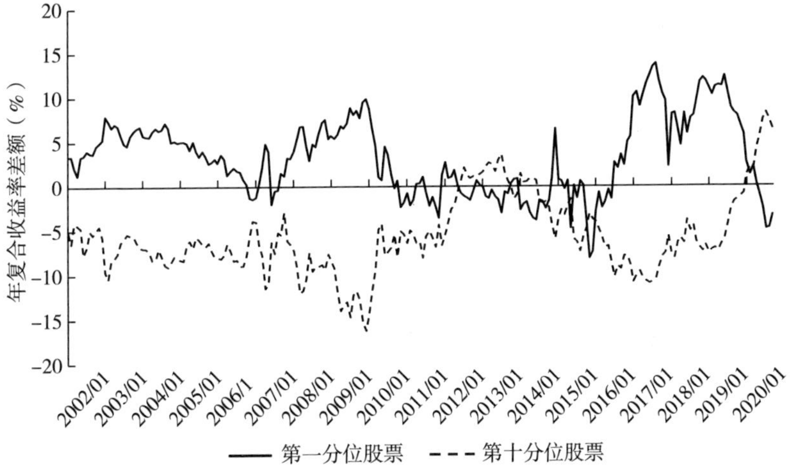

图4-3 整体股票池第一分位和第十分位滚动投资3年期相对于整体股票的年复合收益率差额

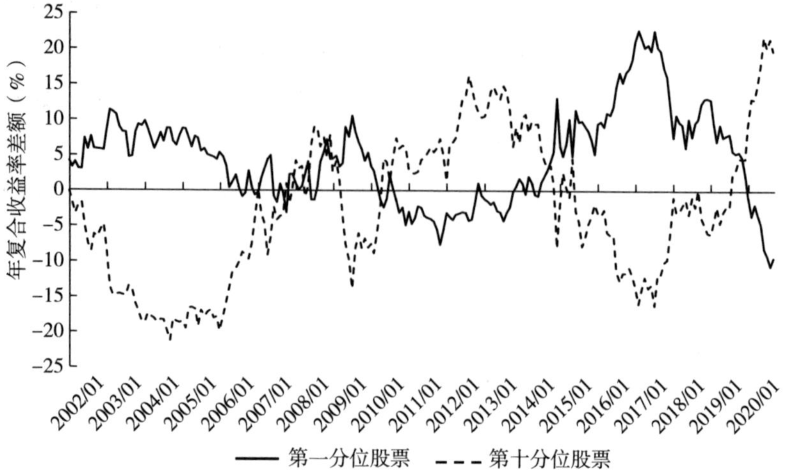

图4－4　大盘股票池第一分位和第十分位滚动投资3年期相对于大盘股的年复合收益率差额

在以大盘股票池以及3年期收益率差额为衡量标准，启动于2015年6月、结束于2019年1月、高峰出现在2017年2月的“漂亮50”的行情中，价值股表现非常抢眼。这场持续3年7个月的行情可能让投资者产生一种错觉，“这次不一样了”“市场就是这样”“价值股行情会永续下去”……时日一长，投资者甚至“故意”忘记了成长股的存在。但是，启动于2019年8月的成长股行情来势汹涌，以迅雷不及掩耳之势把相对超额收益率推高至2020年8月的21.3%，超过了上一轮成长股行情16.24%（2012年8月）的高峰值，距离近期价值股行情22.67%（2017年2月）的高峰值仅仅一步之遥。

古罗马帝国诗人贺拉斯在其著作《诗艺》中阐述：“现在已然衰朽者，将来可能重放异彩。现在备受青睐者，将来可能黯然失色。”放在今天股市中，大盘成长股的春天来了，价值股的春天还会远吗？

遗憾的是，在美国股市中，还真有一位美国人，即便花了36年时间，也可能等不来春天了。他叫泰德·阿伦森，是 AJO Partners 对冲基金公司的创始人。AJO Partners 是跟踪价值股的纯量化基金公司之一，管理着 106 亿美元资产。2020 年 10 月中旬，泰德·阿伦森发出备忘录："我们仍然相信价值投资是有未来的，可悲的是，未来没有那么快到来，至少对于我们来说是这样。因此，现在最好的做法是归还资金，然后就这样告别。我们的客户都是成熟的大型机构客户，他们还有更好的选择。"

泰德·阿伦森表示，所有对冲基金将在 11 月 30 日停止交易，公司将在 12 月 31 日结束营业，这家运营了 36 年的公司至此画上句号。除此以外，泰德·阿伦森宣布退休，不再"蹚价值投资的浑水"。

2021 年以来截至 9 月 30 日，美股价值股表现非常差，罗素 1000 价值指数跌 13.35%。市场的另一面却是不断高涨的成长股，苹果公司涨幅达到 60%，特斯拉涨约 400%，罗素 1000 成长指数涨 23.35%。罗素 1000 价值指数和成长指数业绩相差 36.7%，一跌一涨形成鲜明对比，对价值投资拥护者来说简直是一场灾难。很多坚守价值投资策略的管理人经历了业绩和规模的"双杀"，熬不过去的，就像 AJO Partners 一样选择关门了事。

美国市场到底发生了什么？

从图 4－5 可以看出，美国股票市场与中国一样，价值股与成长股表现出非常强烈的跷跷板效应。当价值股表现优异时，成长股表现非常差劲；当成长股格外优秀时，价值股表现非常差劲。与中国价值股和成长股风格切换速度较快相比，美国股票市场切换速度非常慢。从 2002 年 1 月至 2021 年 9 月共 18 年 9 个月，中国大盘股票池共经历了 4 轮价值股与成长股的切换，而美国大盘股仅仅经历了 1 轮价值股与成长股的切换。

以滚动 3 年期总收益率为计量单位，截至 2020 年 9 月，成长

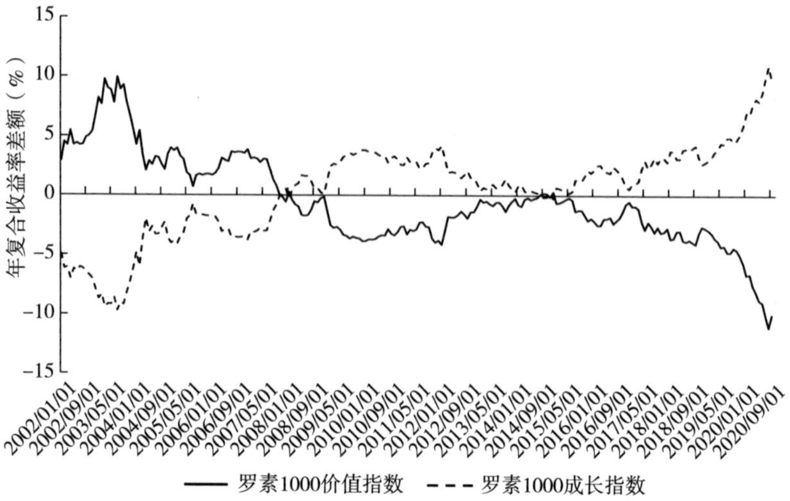

图4－5　罗素1000价值指数和成长指数滚动投资3年期相对于罗素1000指数的年复合收益率差额

股总收益率为75.69%，价值股仅仅为可怜的2.75%，成长股以72.94%的优势遥遥领先价值股。最近3年，价值股只能拿着望远镜遥望成长股项背。这么大的业绩差距迫使坚守价值股投资的管理人不得不面临业绩和管理规模的“双杀”，不得不在坚守与离去中艰难抉择。

泰德·阿伦森被迫关闭的教训可能在提醒我们，市场的确存在周期变化，的确存在成长股与价值股的跷跷板效应，但有时候，跷跷板的一头死活不下来，占据了自2008年2月以来的绝大部分时间，最后还越翘越高，根本不给底下那头任何希望。假如有一天，我们也要面对这样的市场，应该怎么办？是坚守自己的价值观，还是唯变所适？“沉舟侧畔千帆过，病树前头万木春”，无论如何，先“活着”，才有资格谈希望，才有资格谈未来。

对投资者的启迪

1. 无论是整体股票池，还是大盘股票池，投资者都尽量选择市净率较低的股票，规避市净率较高的股票。除非属于货真价实的成长股，否则没必要投资高市净率股票。
2. 即便是最优分位，也要面对局部时间跑输大盘股的窘境。如果投资者提前知晓了这一点，就可以在所投资的优质股票局部时间跑输时，心态平缓一些，不用火急火燎地调仓了。有时候太着急，反而更可能投错股票。
3. 千万不要轻易做空市净率较高的股票。看看最近两年期这些股票的表现，你就会知道我为什么会有此忠告。
4. 大盘股票池第七分位长期表现最差，这可能是因为第七分位既没有价值概念，也没有成长概念，属于经历过高速成长期之后增长速度不如预期但估值还相对偏高的“伪成长股”。在投资中，我们要警惕这种披着成长外衣的“伪成长股”。
5. 从长周期的角度来看，优质标的的每次大幅回撤都是进场的较佳时机。
6. 价值股与成长股存在跷跷板效应：价值股流行的时候，成长股可能表现不佳；成长股流行的时候，价值股可能表现不佳。

第5章

更低的企业价值倍数，更高的投资收益

危机大概5~8年来一次，希望下一次来的时候你记得来这里看一眼，然后擦擦冷汗，把能投进去的钱全投进去。千万别借钱，因为没人知道市场疯狂起来到底有多疯狂。

——段永平

神奇公式与企业价值倍数

借《股市稳赚》和神奇公式的东风，企业价值倍数似乎尽人皆知。

2005 年，乔尔·格林布拉特在所著的《股市稳赚》一书中展示了神奇公式，该公式通过高资本回报率（投入资本回报率）和低估值（企业价值倍数）多因子模型筛选股票。在测试的 17 年间，神奇公式每年挑选出 30 只股票构建组合，模拟组合年收益率的平均值（算术平均值）为 23.7%，远远超出股票市场 12.4% 的平均水平。

《证券市场周刊》在中国股票市场上（不包含金融股）测试了神奇公式，发现该投资方法非常有效。根据神奇公式构建的投资组合，在 2000 年 5 月至 2009 年 11 月之间，年复合收益率为 17.55%，远远超出同期上证综指的 5.29%。

“便宜买好生意是神奇公式的核心理念。”格林布拉特如此评价自己发明的神奇公式。神奇公式把投资流程简化成两部分：一是寻找优质企业（高投入资本回报率）；二是寻找便宜股票（低企业价值倍数）。

我认为，神奇公式对全球投资者做出了两项重大贡献。第一项，投资流程标准化，简单地说，就是建立了先选择质量高的股票再挑选估值低的股票的投资流程。第二项，让全球投资者都迅速了解了企业价值倍数这一指标。

企业价值倍数衡量企业总价值（EV，股权 + 债权）创造全部收益的能力。很多公开发表的研究报告提及，企业价值倍数指标在美国股票市场中的表现优于市盈率、市净率和市销率等其他单因子指标，是单因子指标中表现最好的一个。这不禁引发了我的好奇，在美国市场中表现优异的企业价值倍数，放到中国股票市场中会如何呢？我们一起看看结果。

低企业价值倍数表现更优

由于数据限制，本章起始日为 1999 年 4 月 30 日。从图 5 - 1 可以看出，在以整体股票构建的股票池中，从起始日至 2020 年 9 月 30 日共 21 年 5 个月的数据显示，第一分位获取了 12. 67% 的年复合收益率，超越了整体股票的 10. 31% ，排在第一名；前七分位股票年复合收益率都超越了整体股票；第十分位以 6. 06% 的年复合收益率排在最后一名。

各个十分位分组股票年复合收益率呈现阶梯形递减的趋势，第一分位遥遥领先于前五分位其他分组，第十分位遥遥落后于后五分位其他分组。因此，企业价值倍数更适合于做多第一分位、做空第十分位，这一点类似于市净率因子。

从图 5 - 2 可以看出，过去 21 年 5 个月，在以大盘股构建的股票池中，第一分位获取了 10. 37% 的年复合收益率，排在第一名。第十分位获取了 4. 15% 的年复合收益率，排在最后一名。

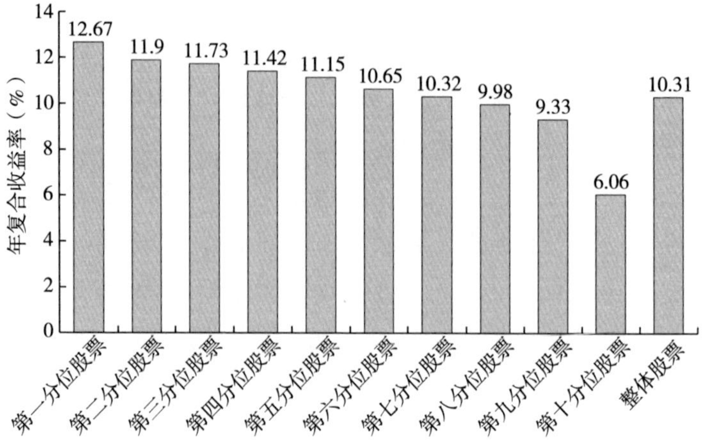

图5－1　整体股票池按企业价值倍数从小到大排序十分位法分组模拟组合的年复合收益率（1999/04/30～2020/09/30）

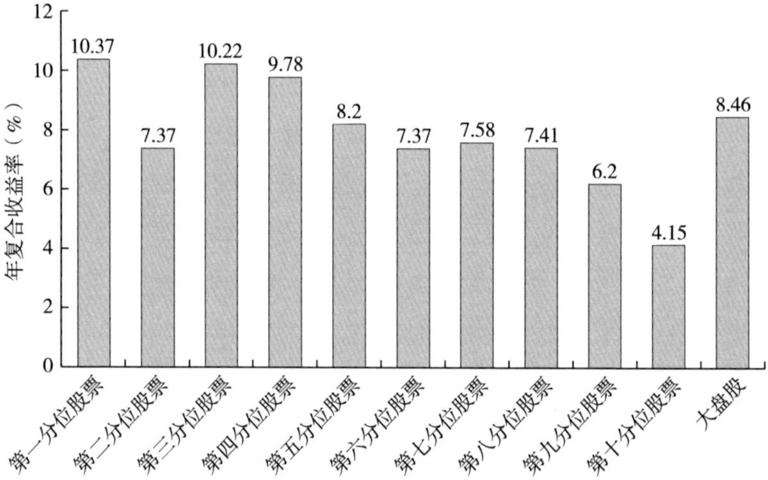

图5－2　大盘股票池按企业价值倍数从小到大排序十分位法分组模拟组合的年复合收益率（1999/04/30～2020/09/30）

从图5－1和图5－2可以看出，随着企业价值倍数由小到大变化，各个十分位分组股票的年复合收益率呈现递减的趋势。上述递减趋势符合金融学的基本逻辑，企业价值倍数越高，未来收益率走低；企业价值倍数越低，未来收益率走高。

从表5－1可以看出，在整体股票池中，随着企业价值倍数从小到大变化，10万元初始投资的最终结果、年复合收益率、夏普比率和索提诺比率呈现递减的趋势，标准差和最大回撤呈现递增的趋势。

对照詹姆斯·奥肖内西对美国股票市场从1964年1月1日至2009年12月31日的统计数据，我们可以得出如下结论：第一，无论是中国还是美国，表现最优的都是企业价值倍数最小分组；第二，中国股票市场中表现最差的是企业价值倍数最大分组，美国表现最差的是第九分位；第三，中国各个十分位年复合收益率差额的最大值为6.61%，远远小于美国的11.3%。从这个角度上看，企业价值倍数指标在美国市场的有效性远远高于中国。

从表5－2可以看出，在大盘股票构建的股票池中，随着企业价值倍数从小到大变化，各个指标呈现相应的总体递增或者递减趋势。

表5－1 整体股票池按照企业价值倍数从小到大排序十分位法分组股票模拟组合的分析结果（1999/04/30~2020/09/30）

	10万元初始投资的最终结果（万元）	年复合收益率（%）	标准差（%）	下行标准差（%）	最大回撤（%）	夏普比率（无风险利率=5%）	索提诺比率（无风险利率=5%）
第一分位股票	128.72	12.67	31.55	18.73	-66.66	0.24	0.41
第二分位股票	111.01	11.9	31.1	18.76	-66.81	0.22	0.37
第三分位股票	107.62	11.73	31.77	19.01	-66.79	0.21	0.35
第四分位股票	101.27	11.42	32	19.01	-67.87	0.2	0.34

续表

	10万元初始投资的最终结果（万元）	年复合收益率（%）	标准差（%）	下行标准差（%）	最大回撤（%）	夏普比率（无风险利率=5%）	索提诺比率（无风险利率=5%）
第五分位股票	96.12	11.15	31.91	18.93	-68.04	0.19	0.32
第六分位股票	87.3	10.65	32.23	18.88	-67.23	0.18	0.3
第七分位股票	82.01	10.32	32.02	18.46	-67.96	0.17	0.29
第八分位股票	76.74	9.98	32.66	18.24	-73.49	0.15	0.27
第九分位股票	67.52	9.33	33.7	18.9	-74.42	0.13	0.23
第十分位股票	35.28	6.06	34.69	19.38	-77.82	0.03	0.05
整体股票	81.86	10.31	31.75	18.76	-67.64	0.17	0.28

表5-2　大盘股票池按企业价值倍数从小到大排序十分位法分组股票模拟组合的分析结果（1999/04/30~2020/09/30）

	10万元初始投资的最终结果（万元）	年复合收益率（%）	标准差（%）	下行标准差（%）	最大回撤（%）	夏普比率（无风险利率=5%）	索提诺比率（无风险利率=5%）
第一分位股票	82.8	10.37	33.07	20.03	-69.34	0.16	0.27
第二分位股票	45.83	7.37	30.61	18.33	-71.28	0.08	0.13
第三分位股票	80.31	10.22	29.77	18.08	-68.09	0.18	0.29
第四分位股票	73.82	9.78	30.27	19.31	-70.62	0.16	0.25
第五分位股票	54.12	8.2	29.94	18.8	-71.2	0.11	0.17
第六分位股票	45.86	7.37	30.03	19.06	-71.81	0.08	0.12
第七分位股票	47.83	7.58	29.17	17.74	-67.54	0.09	0.15
第八分位股票	46.2	7.41	29.99	17.74	-70.34	0.08	0.14
第九分位股票	36.24	6.2	32.06	18.99	-73.68	0.04	0.06
第十分位股票	23.89	4.15	31.62	18.36	-77.66	-0.03	-0.05
大盘股	56.9	8.46	28.92	18.02	-69.75	0.12	0.19

低企业价值倍数分组值得关注

从表5-3可以看出，从1999年4月30日至2020年9月30日，总的投资时长为21.42年，以每月为1期，总的投资期数为257期。假如我们在期初投资10万元，那么投资第一分位的期末总资产为128.72万元，超出整体股票的81.86万元。其间第一分位的总收益率为1187.18%，整体股票为718.57%。第一分位的年复合收益率为12.67%，整体股票为10.31%。

第一分位的标准差为31.55%，略低于整体股票的31.75%；夏普比率为0.24，高于整体股票的0.17。第一分位的下行标准差为18.73%，微微低于整体股票的18.76%；索提诺比率为0.41，远远高于整体股票的0.28。在全部的257期，第一分位投资收益为正的期数为146期，高于整体股票的138期。

总体来看，企业价值倍数较低的股票值得投资。

表5-3　整体股票池第一分位和整体股票模拟组合的基本统计数据（1999/04/30~2020/09/30）

	第一分位	整体股票
总的投资期数（月）	257	257
总的投资时长（年）	21.42	21.42
10万元初始投资的最终结果（万元）	128.72	81.86
期间总的增长率（%）	1187.18	718.57
简单算术平均值（%）	55.43	33.55
算术平均值（%）	16.84	14.81
几何平均值（%）	12.67	10.31
中位数（%）	12.41	10.34
标准差（%）	31.55	31.75

续表

	第一分位	整体股票
上行标准差（%）	23.98	23.15
下行标准差（%）	18.73	18.76
跟踪误差（%）	11.07	0.00
收益为正的投资期数（月）	146	138
收益为负的投资期数（月）	111	119
最大回撤（%）	-66.66	-67.64
相对于基准的 Beta 值	0.94	1
T 统计量（mean =0）	2.47	2.16
夏普比率（无风险利率 =5%）	0.24	0.17
索提诺比率（无风险利率 =5%）	0.41	0.28
1 年期最低收益（%）	-63.77	-64.33
1 年期最高收益（%）	345.84	250.43
3 年期最低收益（%）	-12.88	-22.77
3 年期最高收益（%）	83.76	72.36
5 年期最低收益（%）	-9.50	-17.74
5 年期最高收益（%）	48.75	46.17
7 年期最低收益（%）	-1.30	-0.89
7 年期最高收益（%）	29.86	28.58
10 年期最低收益（%）	2.87	3.26
10 年期最高收益（%）	30.95	32.39
最差情景预期收益（1 年期）（%）	-30.48	-32.82
最优情景预期收益（1 年期）（%）	64.17	62.44

从表 5-4 可以看出，第一分位相对于整体股票的年平均超额收益率始终为正值。从滚动 1 年期到 7 年期，第一分位战胜整体股票的概率不断提升，从 1 年期的 60% 上升至 7 年期的 75%。但遗憾的是，滚动 10 年期的概率下降为 62%。

表5-4　滚动投资1、3、5、7和10年期整体股票池第一分位模拟组合年复合收益率战胜整体股票的期数和占比

	总的投资期数	第一分位战胜整体股票的期数	占比（%）	年平均超额收益率（%）
滚动1年期	246	148	60	4.13
滚动3年期	222	143	64	3.66
滚动5年期	198	140	71	3.19
滚动7年期	174	130	75	2.58
滚动10年期	138	86	62	2.17

第一分位滚动投资10年期战胜整体股票的概率低于7年期，在本书中极为罕见。幸运的是，10年期战胜的概率明显优于随机抛硬币的结果，并且，年平均超额收益率为显著的2.17%。为了进一步观察滚动10年期发生了什么，我制作了第一分位滚动10年期超额年复合收益率的图表，如图5-3所示，2013—2014年是第一分位滚动10年期超额收益率特征明显与否的重要分界线。在2013年之前，第一分位遥遥领先于整体股票，动辄都是10%以上的大幅度领先，领先特征明显。在2014年以后，第一分位越来越没有表现出显著领先的特征，反而时常陷入与整体股票年复合收益率胶着的状态。第一分位显著领先于整体股票的特性逐步消失，换句话说，企业价值倍数的有效性逐渐降低。

因子有效性的下降，在美国股票市场中时常发生。进入21世纪，美国股票市场的价格比自由现金流（衡量每1元自由现金流需要花多少钱才能买到）因子的有效性迅速下降，理查德·托托里罗和詹姆斯·奥肖内西在不同的场合给出了几乎相同的解释：随着越来越多的投资者意识到价格比自由现金流因子能够显著地把优秀股票从其他股票中区分出来，他们就会把该因子运用到投资框架中。随着全市场太

多投资者采纳该因子，该因子的有效性就会显著下降。依照两位前辈的解释，我不禁认为，在2013年前后，企业价值倍数指标由于突出表现而赢得了众多专业投资者的关注；当越来越多的投资者把该指标加入投资体系时，该指标的有效性就会迅速下降。

在量化投资领域经常发生因子有效性下降的情况。一般情况下，因子都会经历随着时间推移，有效性下降与修复的“轮回”周期：第一阶段，某个因子不被关注，有效性极好；第二阶段，该因子被少数敏锐的投资者发现，赚取大量超额收益；第三阶段，因子被学术界“捕获”，大量学术研究报告铺天盖地，该因子很快被大众熟知；第四阶段，多数投资者把该因子应用在选股框架中，因子有效性迅速变差，极端情况下还不如“扔飞镖”选股票；第五阶段，投资者弃用该因子，因子有效性逐步修复，直到引起下一轮的关注与应用。

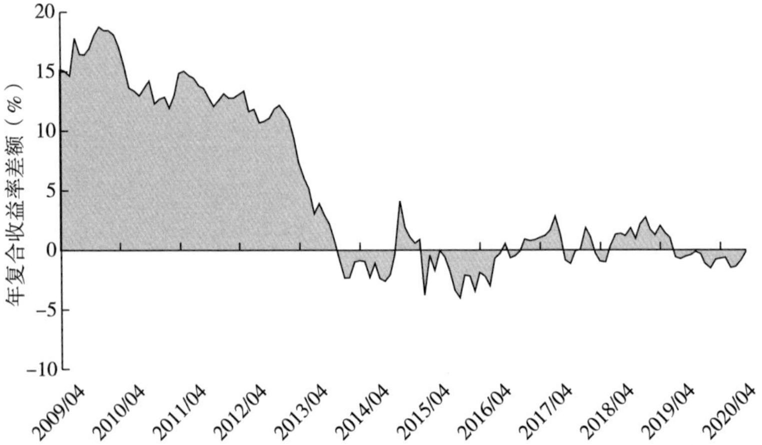

图5-3　整体股票池第一分位模拟组合滚动投资10年期相对于整体股票的年复合收益率差额（1999/04/30~2020/09/30）

第一分位一共经历了7次回撤幅度超过20%的最大回撤，次数与跌幅平均值和市净率整体股票池第一分位相当，但修复持续期的平均值远远大于市净率整体股票池第一分位。跌幅最大的回撤发生在2007年9月至2008年10月，历时13个月，回撤值为66.66%。该回撤已经于2014年11月修复，整个修复期持续73个月。距离当前时间最近的一次回撤发生在2017年8月至2018年12月，历时16个月，回撤值为29.97%，迄今为止没有回到前期高点。

另外，第一分位刚刚经历过5年期最差情景，马上迎来了5年期最优情景。所以，经过5年的低迷，当全市场都弥漫着恐慌的气氛时，记得来投资企业价值倍数较低的股票，正如本章引言中段永平提醒的那样。因篇幅有限，此处未列出图表，仅提示结论，且这一结论在各个模型中都适用。

看完整体股票池，再看大盘股票池。从表5-5可以看出，第一分位的期末总资产为82.8万元，高于大盘股的56.9万元。第一分位年复合收益率为10.37%，高于大盘股的8.46%。

第一分位的标准差为33.07%，大于大盘股的28.92%。较高的收益为第一分位带来了0.16的夏普比率，略高于大盘股的0.12。第一分位的下行标准差为20.03%，高于大盘股的18.02%。较高的收益使得第一分位获得了0.27的索提诺比率，高于大盘股的0.19。

表5-5　大盘股票池第一分位和大盘股模拟组合的基本统计数据（1999/04/30~2020/09/30）

	第一分位	大盘股
总的投资期数（月）	257	257
总的投资时长（年）	21.42	21.42
10万元初始投资的最终结果（万元）	82.8	56.9

续表

	第一分位	大盘股
期间总的增长率（%）	728.00	469.04
简单算术平均值（%）	33.99	21.90
算术平均值（%）	15.21	12.28
几何平均值（%）	10.37	8.46
中位数（%）	12.35	9.99
标准差（%）	33.07	28.92
上行标准差（%）	26.43	21.23
下行标准差（%）	20.03	18.02
跟踪误差（%）	13.88	0.00
收益为正的投资期数（月）	143	145
收益为负的投资期数（月）	114	112
最大回撤（%）	-69.34	-69.75
相对于基准的 Beta 值	0.79	1
T 统计量（mean =0）	2.13	1.96
夏普比率（无风险利率 =5%）	0.16	0.12
索提诺比率（无风险利率 =5%）	0.27	0.19
1 年期最低收益（%）	-67.01	-68.77
1 年期最高收益（%）	402.90	288.32
3 年期最低收益（%）	-20.34	-15.17
3 年期最高收益（%）	80.48	74.10
5 年期最低收益（%）	-17.90	-14.02
5 年期最高收益（%）	46.82	38.21
7 年期最低收益（%）	-11.26	-7.88
7 年期最高收益（%）	28.22	20.92
10 年期最低收益（%）	-0.33	-1.74
10 年期最高收益（%）	23.54	22.50
最差情景预期收益（1 年期）（%）	-34.40	-31.11
最优情景预期收益（1 年期）（%）	64.82	55.66

从表5－6可以看出，第一分位相对于大盘股的年平均超额收益率始终为正值。随着投资时间的延长，第一分位战胜大盘股的概率逐步提升，从滚动1年期的59%上升至10年期的82%。

表5－6 滚动投资1、3、5、7和10年期大盘股票池第一分位模拟组合年复合收益率战胜大盘股的期数和占比

	总的投资期数	第一分位战胜大盘股的期数	占比（%）	年平均超额收益率（%）
滚动1年期	246	145	59	5.35
滚动3年期	222	142	64	3.49
滚动5年期	198	136	69	2.94
滚动7年期	174	113	65	2.17
滚动10年期	138	113	82	1.46

第一分位模拟组合一共经历了7次回撤幅度超过20%的最大回撤。幅度最大的回撤发生在2007年9月至2008年10月，历时13个月，回撤值为69.34%。该回撤已经于2015年4月修复，整个修复期持续78个月。距离当前时间最近的一次回撤发生在2018年1月至2020年5月，历时28个月，回撤值为28.99%，迄今为止没有回到前期高点。

高企业价值倍数分组表现不佳

从表5－7可以看出，投资10万元于第十分位的期末总资产为35.28万元，远远低于整体股票的81.86万元，更加小于第一分位的128.72万元。第十分位的年复合收益率为6.06%，低于整体股票的10.31%，更低于第一分位的12.67%。数据初步表明，我们应该规避

高企业价值倍数的股票。

第十分位的标准差为34.69%，高于整体股票的31.75%；夏普比率为0.03，远远低于整体股票的0.17，更低于第一分位的0.24。第十分位的下行标准差为19.38%，高于整体股票的18.76%；索提诺比率为0.05，低于整体股票的0.28，更低于第一分位的0.41。

表5-7　整体股票池第十分位和整体股票模拟组合的基本统计数据(1999/04/30~2020/09/30)

	第十分位	整体股票
总的投资期数（月）	257	257
总的投资时长（年）	21.42	21.42
10万元初始投资的最终结果（万元）	35.28	81.86
期间总的增长率（%）	252.75	718.57
简单算术平均值（%）	11.80	33.55
算术平均值（%）	11.82	14.81
几何平均值（%）	6.06	10.31
中位数（%）	4.84	10.34
标准差（%）	34.69	31.75
上行标准差（%）	24.73	23.15
下行标准差（%）	19.38	18.76
跟踪误差（%）	7.62	0.00
收益为正的投资期数（月）	132	138
收益为负的投资期数（月）	125	119
最大回撤（%）	-77.82	-67.64
相对于基准的Beta值	0.89	1
T统计量（mean=0）	1.58	2.16
夏普比率（无风险利率=5%）	0.03	0.17
索提诺比率（无风险利率=5%）	0.05	0.28
1年期最低收益（%）	-68.01	-64.33
1年期最高收益（%）	245.10	250.43

续表

	第十分位	整体股票
3 年期最低收益（%）	-32.37	-22.77
3 年期最高收益（%）	57.99	72.36
5 年期最低收益（%）	-24.59	-17.74
5 年期最高收益（%）	38.55	46.17
7 年期最低收益（%）	-9.22	-0.89
7 年期最高收益（%）	30.27	28.58
10 年期最低收益（%）	-0.20	3.26
10 年期最高收益（%）	29.81	32.39
最差情景预期收益（1 年期）（%）	-40.22	-32.82
最优情景预期收益（1 年期）（%）	63.85	62.44

从表 5-8 可以看出，第十分位相对于整体股票的年复合收益率差额的均值始终为负值。随着投资时间的延长，第十分位战胜整体股票的概率不断下降，从滚动 1 年期的 25% 下降至 10 年期的 0。在滚动投资 10 年期的 138 个样本点中，第十分位从来没有一次跑赢整体股票。这或许再次说明了规避高企业价值倍数股票的必要性。

表 5-8　滚动投资 1、3、5、7 和 10 年期整体股票池第十分位模拟组合年复合收益率战胜整体股票的期数和占比

	总的投资期数	第十分位战胜整体股票的期数	占比（%）	年平均超额收益率（%）
滚动 1 年期	246	62	25	-4.14
滚动 3 年期	222	43	19	-4.77
滚动 5 年期	198	41	21	-4.87
滚动 7 年期	174	20	11	-4.67
滚动 10 年期	138	0	0	-4.56

第十分位一共经历了5次回撤幅度超过20%的最大回撤。幅度最大的发生在2001年5月至2005年7月（贯穿整个第二轮熊市），历时50个月，回撤值为77.82%。该回撤已经于2007年4月修复，整个修复期持续21个月。距离当前时间最近的一次回撤发生在2015年5月至2019年1月（贯穿整个第三轮熊市），历时44个月，回撤幅度为70.74%。迄今为止没有修复本次回撤。与第一分位的回撤情况相比，第十分位的回撤幅度、下跌持续时间与修复持续期都大于同时间段的第一分位。

一般情况下，我们要规避企业价值倍数最高分组的“垃圾股”。该分组往往在牛市末期表现最好。在所有股票都轮番“上演”上涨行情之后，“垃圾股”迎来了“最后的疯狂”。在牛市末期，该分组大幅跑赢业绩比较基准和其他分位分组，这种疯狂大概持续半年至一年。紧接着，该分组就要面对贯穿整个下一轮熊市的最大回撤。如果投资者来不及在牛市顶部卖掉该分组股票（更可笑且可悲的是，很多经不起诱惑的投资者义无反顾在这个时间大量买入“垃圾股”），就要经受超过70%的最大回撤和整整一轮的熊市煎熬。想想看，初始投资本金为10万元，满心希望多赚些钱，结果接连3次在暗无天日的“漫漫熊途”中“钝刀子”割掉了7万元的“心头肉”。所以，千万不要为了追逐该分组股票在牛市末期的脉冲式效应，而承担巨大的投资本金亏损的风险。

看完整体股票池，再看大盘股票池。从表5-9可以看出，投资10万元于第十分位的期末总资产为23.89万元，低于大盘股的56.9万元，更低于第一分位的82.8万元。第十分位的年复合收益率为4.15%，低于大盘股的8.46%，更低于第一分位的10.37%。

第十分位的标准差为31.62%，高于大盘股的28.92%；夏普比率为-0.03，低于大盘股的0.12，更低于第一分位的0.16。第十分位的下行标准差为 18.36%，略微高于大盘股的 18.02%；索提诺比率为 -0.05，低于大盘股的 0.19，更低于第一分位的 0.27。

表5-9 大盘股票池第十分位和大盘股模拟组合的基本统计数据(1999/04/30~2020/09/30)

	第十分位	大盘股
总的投资期数（月）	257	257
总的投资时长（年）	21.42	21.42
10 万元初始投资的最终结果（万元）	23.89	56.9
期间总的增长率（%）	138.89	469.04
简单算术平均值（%）	6.49	21.90
算术平均值（%）	9.00	12.28
几何平均值（%）	4.15	8.46
中位数（%）	4.66	9.99
标准差（%）	31.62	28.92
上行标准差（%）	22.42	21.23
下行标准差（%）	18.36	18.02
跟踪误差（%）	14.01	0.00
收益为正的投资期数（月）	131	145
收益为负的投资期数（月）	126	112
最大回撤（%）	-77.66	-69.75
相对于基准的 Beta 值	0.82	1
T 统计量（mean=0）	1.32	1.96
夏普比率（无风险利率=5%）	-0.03	0.12
索提诺比率（无风险利率=5%）	-0.05	0.19
1 年期最低收益（%）	-71.47	-68.77
1 年期最高收益（%）	220.84	288.32
3 年期最低收益（%）	-31.76	-15.17

续表

	第十分位	大盘股
3 年期最高收益（%）	60.42	74.10
5 年期最低收益（%）	-25.24	-14.02
5 年期最高收益（%）	30.72	38.21
7 年期最低收益（%）	-9.98	-7.88
7 年期最高收益（%）	17.39	20.92
10 年期最低收益（%）	-4.31	-1.74
10 年期最高收益（%）	22.06	22.50
最差情景预期收益（1 年期）（%）	-38.42	-31.11
最优情景预期收益（1 年期）（%）	56.42	55.66

从表 5-10 可以看出，第十分位相对于大盘股的年复合收益率差额的平均值始终为负值。从滚动投资 1 年期到 10 年期，第十分位跑赢大盘股的概率呈现下降趋势，从 1 年期的 35% 下降为 10 年期的 7%。

表 5-10　滚动投资 1、3、5、7 和 10 年期大盘股票池第十分位模拟组合年复合收益率战胜大盘股的期数和占比

	总的投资期数	第十分位战胜大盘股的期数	占比（%）	年平均超额收益率（%）
滚动 1 年期	246	87	35	-4.46
滚动 3 年期	222	56	25	-5.83
滚动 5 年期	198	44	22	-6.21
滚动 7 年期	174	32	18	-5.42
滚动 10 年期	138	9	7	-4.89

在大盘股票池中，第十分位一共经历了 6 次回撤幅度超过 20% 的最大回撤，有 3 次跌幅超过 50%。相较于第一分位，第十分位的回撤

幅度更大，下跌风险更大；回撤持续期更长，投资者将受到更多煎熬；修复持续期更长，模拟净值更难走出前期的低谷。

跌幅最大的回撤发生在2000年11月至2005年7月（贯穿整个第二轮熊市，比该熊市还多9个月），历时56个月，回撤值为77.66%。该回撤已经于2007年5月修复，整个修复期持续22个月。距离当前时间最近的一次回撤发生于2015年5月至2018年12月（贯穿整个第三轮熊市），历时43个月，回撤值为66.52%，迄今为止没有修复本次回撤。

一定要回避企业价值倍数为负值的股票

从表5－11可知，投资10万元于企业价值倍数为负值股票模拟组合的期末总资产为17.57万元，远远低于第十分位的35.28万元，更别说整体股票池的81.86万元和第一分位的128.72万元。该分组股票的年复合收益率为2.67%，小于整体股票池全部十分位。请注意，2.67%为名义收益率，扣除通货膨胀（保守估计为3%）之后，该分组股票的实际收益率为负值。除非投资者并不是为了战胜通货膨胀和资产增值，否则，我看不到任何投资该分组股票的理由。

企业价值倍数为负值股票的最大回撤为81.29%，大幅度超越了全部十分位分组股票。

滚动投资1年期最高年复合收益率为309.54%，大幅度超越整体股票的250.43%，该情景发生在截至2007年4月的前一年，正好在第二轮牛市的尾巴上。紧接着，该分组股票经历了72.08%的最大回撤。

表 5-11 整体股票池中企业价值倍数为负值和整体股票模拟组合的基本统计数据（1999/04/30~2020/09/30）

	企业价值倍数为负值	整体股票
总的投资期数（月）	257	257
总的投资时长（年）	21.42	21.42
10 万元初始投资的最终结果（万元）	17.57	81.86
期间总的增长率（%）	75.67	718.57
简单算术平均值（%）	3.53	33.55
算术平均值（%）	8.86	14.81
几何平均值（%）	2.67	10.31
中位数（%）	-0.48	10.34
标准差（%）	35.51	31.75
上行标准差（%）	25.15	23.15
下行标准差（%）	20.85	18.76
跟踪误差（%）	10.68	0.00
收益为正的投资期数（月）	127	138
收益为负的投资期数（月）	130	119
最大回撤（%）	-81.29	-67.64
相对于基准的 Beta 值	0.85	1
T 统计量（mean=0）	1.15	2.16
夏普比率（无风险利率=5%）	-0.07	0.17
索提诺比率（无风险利率=5%）	-0.11	0.28
1 年期最低收益（%）	-67.70	-64.33
1 年期最高收益（%）	309.54	250.43
3 年期最低收益（%）	-34.40	-22.77
3 年期最高收益（%）	56.34	72.36
5 年期最低收益（%）	-25.69	-17.74
5 年期最高收益（%）	37.80	46.17
7 年期最低收益（%）	-11.26	-0.89

续表

	企业价值倍数为负值	整体股票
7 年期最高收益（%）	22.55	28.58
10 年期最低收益（%）	-3.97	3.26
10 年期最高收益（%）	23.46	32.39
最差情景预期收益（1 年期）（%）	-44.41	-32.82
最优情景预期收益（1 年期）（%）	62.13	62.44

从表 5-12 可以看出，企业价值倍数为负值股票相对于整体股票的收益率差额的平均值都为负值。随着投资时间的延长，企业价值倍数为负值股票战胜整体股票的概率迅速下降，从 1 年期的 16% 下降为 5、7 和 10 年期的 0。在滚动投资 5、7 和 10 年期的全部投资期（分别为 198 期、174 期和 138 期）中，该分组股票没有一次战胜整体股票。

表 5-12　滚动投资 1、3、5、7 和 10 年期整体股票池企业价值倍数为负值股票模拟组合年复合收益率战胜整体股票的期数和占比

	总的投资期数	企业价值倍数为负值战胜整体股票的期数	占比（%）	年平均超额收益率（%）
滚动 1 年期	246	40	16	-5.65
滚动 3 年期	222	11	5	-7.69
滚动 5 年期	198	0	0	-8.15
滚动 7 年期	174	0	0	-8.34
滚动 10 年期	138	0	0	-8.14

负值股票一共经历了 6 次回撤幅度超过 20% 的最大回撤，比第十分位还多了 1 次。额外的一次发生于 2007 年 5 月至 2007 年 6 月，单月回撤幅度为 23.65%。另外，在相同的回撤时段，企业价值倍数为负值股票的回撤幅度远高于第十分位，在所有分组中表现最差。

我们看到，除了要规避企业价值倍数较高分组，还要规避企业价值倍数为负值的股票。如果不是为了追求钝刀子割肉（50 个月回撤 81.29%）的疼痛感，或单月回撤 23.65% 的心惊肉跳的刺激感，我们离这些股票越远越好。

负值股票还有一个妙用，当其表现越来越好时，我们要警醒并反思，牛市是否要结束了，“漫漫熊途”是否要开始了。

对投资者的启迪

1. 我们要选择企业价值倍数较低的股票，这些股票能够带来不错的投资收益率；规避企业价值倍数较高的股票，更要规避企业价值倍数为负值的股票，通常情况下，这些股票的收益率不佳。
2. 企业价值倍数指标除了考量净利润，还考量利息、所得税、折旧和摊销等能够衡量企业盈利能力的会计项目；除了考量股权价值，还考量债券价值对企业经营的影响。
3. 同样的估值指标在不同的股票池中将会有不同的业绩表现，看看市盈率、市净率以及企业价值倍数在整体股票池与大盘股票池中年复合收益率柱状图的差异就能明白。其实，在不同的行业中，同样的选股指标也会有不同的业绩表现。
4. 因子（或称选股指标）的有效性存在一定的周期性变化，随着时间的推移，从不被关注但有效性极好，慢慢演化到被大量使用但实际效果还不如“扔飞镖”。被弃用之后，该因子有效性逐步恢复，直到引起下一轮的关注与周期性变化。
5. 在 2013 年之前，企业价值倍数指标属于中国市场中一个非常有效的单因子选股指标，能够显著性地筛选出业绩优异的股票。2014

年之后，该指标逐渐失效，所选出股票的业绩表现几乎与被动投资整体股票相当。

6. 企业价值倍数最高或负值分组股票表现最好的时间往往是在牛市末期。经历半年左右急速拉升之后，该分组股票马上要经历贯穿整个下一轮熊市的回撤。如果看明白了这一点，投资者就没必要为了追求该分组股票在牛市尾巴上的脉冲效应而承担幅度较大且持续时间较长的回撤。

第6章

千万别小看低市销率股票

我屡次失眠都是在牛市中，不知道未来怎么办。但是在熊市中我特别踏实，虽然意味着股票价格可能会下跌，意味着买进去后股价不会涨，但是我不担心。

——陈光明

让人又爱又恨的市销率

本章主要讨论市销率指标。相对其他指标，该指标有3个优点。第一，不会出现负值，或者出现负值的概率非常低。从1998年12月31日至2020年10月30日共21年10个月的月末交易日，市销率为负值股票约占整体股票池总量的0.12%。由此可见，市销率出现负值的概率非常低，便于比较。第二，相对于以净利润、息税前利润（EBIT）或者息税折旧摊销前利润（EBITDA）等构建的估值指标，市销率更加稳定可靠，更不容易被会计操纵。第三，市销率对企业产品的定价政策和战略导向非常敏感，可以快速反映这些变化的结果。

市销率在衡量成熟公司或者开始衰退的公司时会失效，但是在衡量初创公司、正在进行转型或开发新产品的公司时会非常有效。

也有人对市销率这种估值方式不屑一顾。2002年，太阳微系统首席执行官斯科特·麦克尼利在《商业周刊》上公开斥责了投资者，尤其是愿意以10倍或更高市销率购买其公司股票的投资者，“投资者对市销率的隐含假设简直是个笑话。难道我无须支付员工工资？难道我无须缴税？……你们知道这些基本假设是多么荒谬吗？你们不需要透明度，不需要更多补充信息，你们到底在想什么？”

低市销率表现更优

从图6－1可知，在整体股票池中，从1998年12月31日至2020年10月30日共21年10个月的数据显示，第一分位模拟组合获取了12.94%的年复合收益率，超越了整体股票的10.03%，排在第一名。第十分位以5.3%的收益率排在最后一名。

从图6－2可知，在大盘股票池中，从1998年12月31日至2020年10月30日共21年10个月的数据显示，第一分位获取了10.87%的年复合收益率，超越了大盘股的8.1%，排在第一名。第十分位以4.25%的收益率排在最后一名。

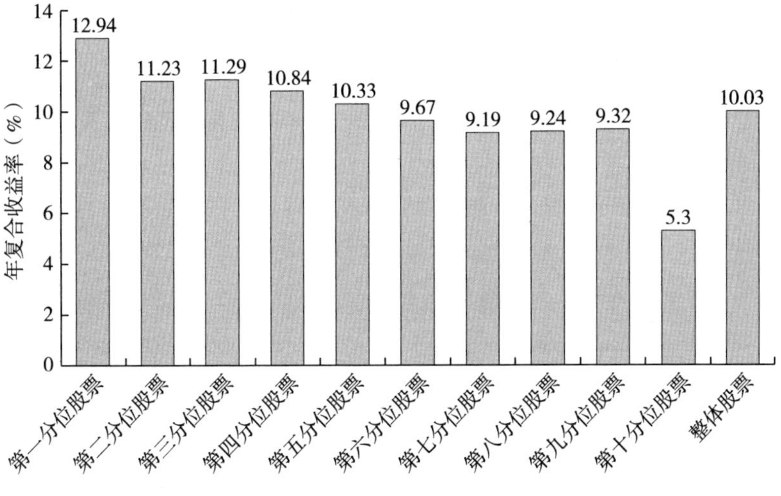

图6－1　整体股票池按市销率从小到大排序十分位法分组股票模拟组合的年复合收益率（1998/12/31~2020/10/30）

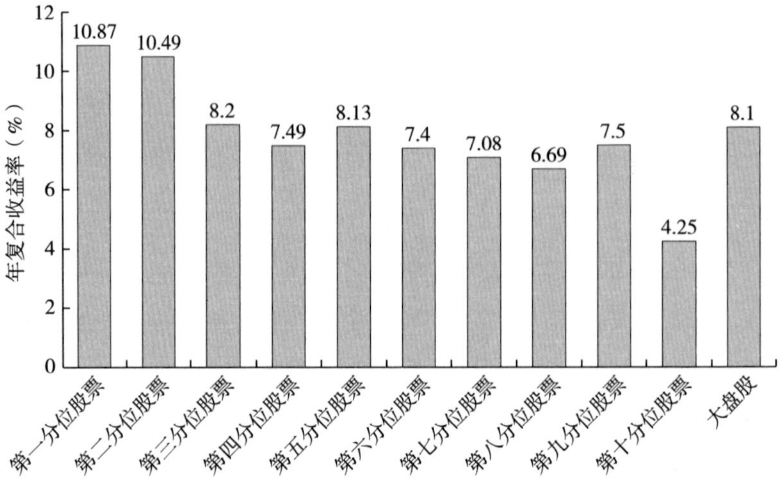

图6－2　大盘股票池按市销率从小到大排序十分位法分组股票模拟组合的年复合收益率（1998/12/31~2020/10/30）

从表6－1可以看出，在整体股票池中，随着市销率从小到大变化，各个十分位分组投资10万元的最终结果、年复合收益率、夏普比率以及索提诺比率呈现递减的趋势。从第一分位到第十分位，标准差和最大回撤呈现递增的趋势。比较奇怪的是，后五分位的下行标准差整体低于前五分位。

从表6－2可以看出，第一分位虽然拥有最高的年复合收益率，但创造了73.64%的最大回撤，该回撤在十分位分组中排名第一。另外，第一分位的标准差与下行标准差都在十分位分组中排名第一。由此可见，虽然第一分位的收益率最高，但其下跌风险与波动风险不容小觑。虽然第二分位股票的年复合收益率低于第一分位，但较低的标准差使得第二分位获取了最高的夏普比率，为0.19。

表6－1　整体股票池按市销率从小到大排序十分位法分组股票模拟组合的分析结果（1998/12/31~2020/10/30）

	10万元初始投资的最终结果（万元）	年复合收益率（%）	标准差（%）	下行标准差（%）	最大回撤（%）	夏普比率（无风险利率=5%）	索提诺比率（无风险利率=5%）
第一分位股票	142.4	12.94	31.24	18.38	-67.58	0.25	0.43
第二分位股票	102.15	11.23	31.24	19.1	-67.45	0.2	0.33
第三分位股票	103.31	11.29	31.59	19.22	-67.53	0.2	0.33
第四分位股票	94.52	10.84	31.98	19.41	-68.71	0.18	0.3
第五分位股票	85.57	10.33	32.12	19.1	-67.92	0.17	0.28
第六分位股票	74.99	9.67	31.66	18.59	-67.07	0.15	0.25
第七分位股票	68.15	9.19	32	18.66	-68.22	0.13	0.22
第八分位股票	68.89	9.24	32.13	18.17	-70.28	0.13	0.23
第九分位股票	69.91	9.32	32.25	18.05	-68.88	0.13	0.24
第十分位股票	30.89	5.3	32.59	18.42	-74.74	0.01	0.02
整体股票	80.52	10.03	31.52	18.63	-67.64	0.16	0.27

表6－2　大盘股票池按市销率从小到大排序十分位法分组股票模拟组合的分析结果（1998/12/31~2020/10/30）

	10万元初始投资的最终结果（万元）	年复合收益率（%）	标准差（%）	下行标准差（%）	最大回撤（%）	夏普比率（无风险利率=5%）	索提诺比率（无风险利率=5%）
第一分位股票	95.24	10.87	32.46	19.56	-73.64	0.18	0.3
第二分位股票	88.32	10.49	29.44	18.08	-72.35	0.19	0.3
第三分位股票	55.89	8.2	29.83	18.23	-67.86	0.11	0.18
第四分位股票	48.44	7.49	29.81	18.65	-71.37	0.08	0.13
第五分位股票	55.12	8.13	28.99	17.74	-69.6	0.11	0.18
第六分位股票	47.57	7.4	29.26	18.33	-71.07	0.08	0.13

续表

	10万元初始投资的最终结果（万元）	年复合收益率（%）	标准差（%）	下行标准差（%）	最大回撤（%）	夏普比率（无风险利率=5%）	索提诺比率（无风险利率=5%）
第七分位股票	44.52	7.08	28.82	17.59	-71.02	0.07	0.12
第八分位股票	41.09	6.69	28.84	17.32	-68.86	0.06	0.1
第九分位股票	48.46	7.5	29.71	17.75	-65.8	0.08	0.14
第十分位股票	24.79	4.25	30.43	19.22	-70.94	-0.02	-0.04
大盘股	54.77	8.1	28.69	17.88	-69.75	0.11	0.17

低市销率分组值得期待

从表6-3可以看出，投资10万元于第一分位的最终资产总值为142.4万元，整体股票为80.52万元。第一分位的年复合收益率为12.94%，整体股票为10.03%。

第一分位的标准差为31.24%，低于整体股票的31.52%；夏普比率为0.25，高于整体股票的0.16。第一分位的下行标准差为18.38%，低于整体股票的18.63%；索提诺比率为0.43，高于整体股票的0.27。

表6-3　整体股票池第一分位和整体股票模拟组合的基本统计数据（1998/12/31~2020/10/30）

	第一分位	整体股票
总的投资期数（月）	262	262
总的投资时长（年）	21.83	21.83
10万元初始投资的最终结果（万元）	142.4	80.52
期间总的增长率（%）	1324.05	705.23

续表

	第一分位	整体股票
简单算术平均值（%）	60.64	32.30
算术平均值（%）	17.00	14.48
几何平均值（%）	12.94	10.03
中位数（%）	12.76	7.52
标准差（%）	31.24	31.52
上行标准差（%）	23.25	23.05
下行标准差（%）	18.38	18.63
跟踪误差（%）	7.88	0.00
收益为正的投资期数（月）	144	139
收益为负的投资期数（月）	118	123
最大回撤（%）	-67.58	-67.64
相对于基准的 Beta 值	0.98	1
T 统计量（mean =0）	2.54	2.15
夏普比率（无风险利率 =5%）	0.25	0.16
索提诺比率（无风险利率 =5%）	0.43	0.27
1 年期最低收益（%）	-63.46	-64.33
1 年期最高收益（%）	295.82	250.43
3 年期最低收益（%）	-15.58	-22.77
3 年期最高收益（%）	83.25	72.36
5 年期最低收益（%）	-12.17	-17.74
5 年期最高收益（%）	51.33	46.17
7 年期最低收益（%）	0.65	-3.02
7 年期最高收益（%）	30.48	28.58
10 年期最低收益（%）	3.83	3.26
10 年期最高收益（%）	33.27	32.39
最差情景预期收益（1 年期）（%）	-29.87	-32.81
最优情景预期收益（1 年期）（%）	63.86	61.76

从表6－4可以看出，第一分位相对于整体股票的年平均超额收益率始终为正值。从滚动1年期到10年期，第一分位战胜整体股票的概率呈现上升趋势，其中滚动1年期战胜的概率为69%，10年期为100%。对我们的启发是，只要坚持正确的投资策略——买入市销率倍数最低分组股票，投资时间越长，胜率就越高。

表6－4 滚动1、3、5、7和10年期整体股票池第一分位模拟组合年复合收益率战胜整体股票的期数和占比

	总的投资期数	第一分位战胜整体股票的期数	占比（%）	年平均超额收益率（%）
滚动1年期	251	173	69	4.45
滚动3年期	227	172	76	3.82
滚动5年期	203	152	75	3.58
滚动7年期	179	146	82	3.21
滚动10年期	143	143	100	2.99

第一分位一共经历了5次回撤幅度超过20%的最大回撤，有2次跌幅超过50%。跌幅最大的回撤发生在2008年2月至2008年10月，历时8个月，回撤值为67.58%。该回撤已经于2009年11月修复，整个修复期持续13个月。距离当前时间最近的一次回撤发生在2015年5月至2018年12月（贯穿整个第三轮熊市），历时43个月，回撤值为42.02%，迄今为止没有回到前期高点。

看完整体股票池，再看大盘股票池。从表6－5可以看出，投资10万元于第一分位的期末总资产为95.24万元，大盘股为54.77万元。第一分位年复合收益率为10.87%，高于大盘股的8.10%。

第一分位的标准差为32.46%，高于大盘股的28.69%；获取了0.18的夏普比率，高于大盘股的0.11。第一分位的下行标准差为

19. 56%，高于大盘股的 17. 88%；获取了 0. 3 的索提诺比率，高于大盘股的 0. 17。

表 6 -5 大盘股票池第一分位和大盘股模拟组合的基本统计数据（1998/12/31~2020/10/30）

	第一分位	大盘股
总的投资期数（月）	262	262
总的投资时长（年）	21. 83	21. 83
10 万元初始投资的最终结果（万元）	95. 24	54. 77
期间总的增长率（%）	852. 41	447. 68
简单算术平均值（%）	39. 04	20. 50
算术平均值（%）	15. 50	11. 88
几何平均值（%）	10. 87	8. 10
中位数（%）	7. 99	9. 41
标准差（%）	32. 46	28. 69
上行标准差（%）	25. 49	21. 13
下行标准差（%）	19. 56	17. 88
跟踪误差（%）	11. 32	0. 00
收益为正的投资期数（月）	142	147
收益为负的投资期数（月）	120	115
最大回撤（%）	-73. 64	-69. 75
相对于基准的 Beta 值	0. 83	1
T 统计量（mean =0）	2. 23	1. 93
夏普比率（无风险利率 =5%）	0. 18	0. 11
索提诺比率（无风险利率 =5%）	0. 3	0. 17
1 年期最低收益（%）	-71. 40	-68. 77
1 年期最高收益（%）	445. 81	288. 32
3 年期最低收益（%）	-19. 09	-15. 17

续表

	第一分位	大盘股
3 年期最高收益（%）	91.49	74.10
5 年期最低收益（%）	-16.55	-14.02
5 年期最高收益（%）	53.56	38.21
7 年期最低收益（%）	-10.70	-7.88
7 年期最高收益（%）	32.50	20.92
10 年期最低收益（%）	-0.69	-1.74
10 年期最高收益（%）	25.24	22.50
最差情景预期收益（1 年期）（%）	-33.20	-31.15
最优情景预期收益（1 年期）（%）	64.19	54.91

从表 6-6 可以看出，第一分位相对于大盘股的年平均超额收益率始终为正值。随着投资时间的延长，第一分位战胜大盘股的概率逐步提升，从滚动 1 年期的 62% 提升至 10 年期的 96%。

表 6-6　滚动投资 1、3、5、7 和 10 年期大盘股票池第一分位模拟组合年复合收益率战胜大盘股的期数和占比

	总的投资期数	第一分位战胜大盘股的期数	占比（%）	年平均超额收益率（%）
滚动 1 年期	251	156	62	7.37
滚动 3 年期	227	170	75	4.85
滚动 5 年期	203	161	79	4.62
滚动 7 年期	179	164	92	4.05
滚动 10 年期	143	137	96	3.56

第一分位模拟组合一共经历了 7 次回撤幅度超过 20% 的最大回撤，有 2 次跌幅超过 50%。幅度最大的回撤发生在 2007 年 9 月至 2008 年 10 月，历时 13 个月，回撤值为 73.64%。该回撤已经于 2015 年 4 月修

复，整个修复期持续 78 个月。距离当前时间最近的一次回撤发生在 2018 年 1 月至 2020 年 5 月，历时 28 个月，回撤值为 27.62%。迄今为止没有回到前期高点。还有一个回撤没有得到修复，该回撤发生于 2015 年 4 月至 2016 年 2 月，历时 10 个月，回撤值为 46.97%。

高市销率分组表现最差

从表 6 – 7 可以看出，投资 10 万元于第十分位的期末总资产为 30.89 万元，远远低于整体股票的 80.52 万元。第十分位的年复合收益率为 5.30%，远远低于整体股票的 10.03%。简而言之，高市销率策略不值得长期投资。

第十分位的标准差为 32.59%，高于整体股票的 31.52%；夏普比率为极低的 0.01，远远低于整体股票的 0.16。第十分位的下行标准差为 18.42%，低于整体股票的 18.63%；索提诺比率为 0.02，远远低于整体股票的 0.27。

表 6 –7　整体股票池第十分位和整体股票模拟组合基本统计数据（1998/12/31~2020/10/30）

	第十分位	整体股票
总的投资期数（月）	262	262
总的投资时长（年）	21.83	21.83
10 万元初始投资的最终结果（万元）	30.89	80.52
期间总的增长率（%）	208.88	705.23
简单算术平均值（%）	9.57	32.30
算术平均值（%）	10.41	14.48
几何平均值（%）	5.30	10.03

续表

	第十分位	整体股票
中位数（%）	4.51	7.52
标准差（%）	32.59	31.52
上行标准差（%）	23.33	23.05
下行标准差（%）	18.42	18.63
跟踪误差（%）	6.72	0.00
收益为正的投资期数（月）	136	139
收益为负的投资期数（月）	126	123
最大回撤（%）	-74.74	-67.64
相对于基准的 Beta 值	0.95	1
T 统计量（mean =0）	1.49	2.15
夏普比率（无风险利率 =5%）	0.01	0.16
索提诺比率（无风险利率 =5%）	0.02	0.27
1 年期最低收益（%）	-66.25	-64.33
1 年期最高收益（%）	226.48	250.43
3 年期最低收益（%）	-28.91	-22.77
3 年期最高收益（%）	62.49	72.36
5 年期最低收益（%）	-23.36	-17.74
5 年期最高收益（%）	35.20	46.17
7 年期最低收益（%）	-8.79	-3.02
7 年期最高收益（%）	26.04	28.58
10 年期最低收益（%）	-0.41	3.26
10 年期最高收益（%）	28.83	32.39
最差情景预期收益（1 年期）（%）	-38.48	-32.81
最优情景预期收益（1 年期）（%）	59.30	61.76

从表 6-8 可以看出，第十分位相对于整体股票的年复合收益率差额的均值始终为负值。随着投资时间的延长，第十分位战胜整体股票的概率不断下降，从滚动 1 年期的 21% 下降为滚动 7 年期和 10 年期的

0。在你打算投资高市销率股票时，一定要仔细看看表中始终为负值的收益率差额以及长期降低为零的胜率，这或许有助于你把冲动扼杀在摇篮里。如果没有非常扎实的理由，就尽量规避高市销率股票。

表6－8 滚动投资1、3、5、7和10年期整体股票池第十分位模拟组合年复合收益率战胜整体股票的期数和占比

	总的投资期数	第十分位战胜整体股票的期数	占比（%）	年平均超额收益率（%）
滚动1年期	251	52	21	－4.97
滚动3年期	227	42	19	－5.18
滚动5年期	203	21	10	－5.35
滚动7年期	179	0	0	－5.18
滚动10年期	143	0	0	－5.26

整体股票池第十分位一共经历了5次回撤幅度超过20%的最大回撤。回撤次数与第一分位相等，但回撤幅度的平均值为57.94%，远远超过第一分位的45.36%；修复持续期为28.8个月，远远超过第一分位的14个月。恐怖的是，前3次最大回撤都接近或超过了70%，亏起钱来“哗哗的”，不能轻易言底。

幅度最大的回撤发生在2001年5月至2005年7月，贯穿整个第二轮熊市，历时50个月，回撤值为74.74%。该回撤已经于2007年4月修复，整个修复期持续21个月。距离当前时间最近的一次回撤发生在2015年5月至2019年1月，贯穿整个第三轮熊市，历时44个月，回撤值为70.85%。迄今为止没有修复本次回撤。

第十分位一旦回撤，动辄就要贯穿整整一轮熊市。因此，我不认为高市销率股票是值得向往的投资标的。

看完整体股票池，再看大盘股票池。从表6－9可以看出，投资10

万元于第十分位的最终资产总值为 24.79 万元，远远低于大盘股的 54.77 万元；年复合收益率为 4.25%，远远低于大盘股的 8.10%。

第十分位的标准差为 30.43%，高于大盘股的 28.69%。由于年复合收益率低于 5%，第十分位获取 -0.02 的夏普比率，远远低于大盘股的 0.11。第十分位的下行标准差为 19.22%，高于大盘股的 17.88%。低于 5% 的年复合收益率使得第十分位获取了 -0.04 的索提诺比率，远远低于大盘股的 0.17。在 262 个观察期中，第十分位一共有 135 期收益为正，低于大盘股的 147 期。

表 6-9 大盘股票池第十分位和大盘股模拟组合的基本统计数据 (1998/12/31~2020/10/30)

	第十分位	大盘股
总的投资期数（月）	262	262
总的投资时长（年）	21.83	21.83
10 万元初始投资的最终结果（万元）	24.79	54.77
期间总的增长率（%）	147.90	447.68
简单算术平均值（%）	6.77	20.50
算术平均值（%）	8.77	11.88
几何平均值（%）	4.25	8.10
中位数（%）	3.60	9.41
标准差（%）	30.43	28.69
上行标准差（%）	21.76	21.13
下行标准差（%）	19.22	17.88
跟踪误差（%）	11.30	0.00
收益为正的投资期数（月）	135	147

续表

	第十分位	大盘股
收益为负的投资期数（月）	127	115
最大回撤（%）	-70.94	-69.75
相对于基准的 Beta 值	0.88	1
T 统计量（mean=0）	1.35	1.93
夏普比率（无风险利率=5%）	-0.02	0.11
索提诺比率（无风险利率=5%）	-0.04	0.17
1 年期最低收益（%）	-67.29	-68.77
1 年期最高收益（%）	247.38	288.32
3 年期最低收益（%）	-23.33	-15.17
3 年期最高收益（%）	66.47	74.10
5 年期最低收益（%）	-20.29	-14.02
5 年期最高收益（%）	28.03	38.21
7 年期最低收益（%）	-11.54	-7.88
7 年期最高收益（%）	13.44	20.92
10 年期最低收益（%）	-7.26	-1.74
10 年期最高收益（%）	17.50	22.50
最差情景预期收益（1 年期）（%）	-36.87	-31.15
最优情景预期收益（1 年期）（%）	54.42	54.91

从表 6-10 可以看出，第十分位相对于大盘股的年复合收益率差额的平均值始终为负值。随着投资时间的延长，第十分位跑赢大盘股的概率呈现下降趋势，其中 1 年期的概率为 32%，7 年期和 10 年期的概率为 0。在滚动 7 年期的 179 个观察期和滚动 10 年期的 143 个观察期中，第十分位都跑输大盘股。

表6－10　滚动投资1、3、5、7和10年期大盘股第十分位模拟组合年复合收益率战胜大盘股的期数和占比

	总的投资期数	第十分位战胜大盘股的期数	占比（%）	年平均超额收益率（%）
滚动1年期	251	80	32	－4.85
滚动3年期	227	39	17	－5.33
滚动5年期	203	9	4	－5.64
滚动7年期	179	0	0	－5.49
滚动10年期	143	0	0	－5.76

大盘股票池第十分位一共经历了3次回撤幅度超过20%的最大回撤，虽然次数小于第一分位的7次，但回撤幅度平均值（65.53%）远远大于第一分位的41.11%，下跌持续期平均值（54.3个月）远远大于第一分位的19个月。

3次回撤下跌持续期之和为163，约占总的观察期数（262）的62%。如果投资者只投资大盘股票池中市销率最高分组股票，那么过往21年10个月中，有62%（约2/3）的时间都在经历回撤超过50%的最大回撤。这真令人心焦，我实在想不出投资该策略的理由。

3次回撤分别贯穿三轮熊市。幅度最大的回撤发生在2007年10月至2012年11月。该回撤从第二轮熊市起点开始，穿越2008年10月的局部最低点以及2009年7月的局部最高点，还差半年就延续到第二轮熊市终点，历时61个月，回撤值为70.94%。迄今为止没有修复本次回撤。

跌幅第二大的回撤发生在2015年5月至2019年1月，贯穿整个第三轮熊市，还多了1个月，历时44个月，回撤幅度为67.64%。迄今为止没有回到前期高点。

跌幅第三大的回撤发生在2000年7月至2005年5月，贯穿整个第

一轮熊市，还多了11个月，历时58个月，回撤值为58%。该回撤是唯一净值得到修复的回撤，修复时间为2007年1月，整个修复期持续20个月。

3次超过20%的最大回撤分别对应过往21年10个月的3次熊市，下跌持续期分别对应每轮熊市的持续期，甚至有时还多几个月。根据该分位的特性，我大胆猜测，如果未来发生第4轮熊市，那么第十分位一定会经历第四次贯穿整个熊市的最大回撤。如果投资者看清楚了这一点，就不该轻易投资大盘股票池市销率估值最高分组股票。

企业价值比销售额，又一个与销售额相关的估值指标

图6-3和表6-11的实证数据显示，从第一分位到第十分位，随着企业价值比销售额倍数的提升，10万元初始投资的最终结果与年复合收益率呈现下降的趋势。由此可见，企业价值比销售额也可以有效地筛选股票。

第一分位的最大回撤为67.59%，略低于整体股票的67.64%。第十分位的最大回撤为恐怖的75.47%。

第一分位相对于整体股票的年平均超额收益率始终为正值，这为选择低估值股票提供了依据。从滚动1年期到10年期，第一分位战胜整体股票的概率不断提升，其中，滚动1年期为70%，滚动10年期达到100%。

第十分位相对于整体股票年复合收益率差额的平均值始终为负值，这说明了避免投资第十分位的必要性。从滚动1年期到10年期，第十分位跑赢整体股票的概率不断下降。在滚动7年期的179期和滚动10年期的143期中，第十分位没有一次跑赢整体股票。

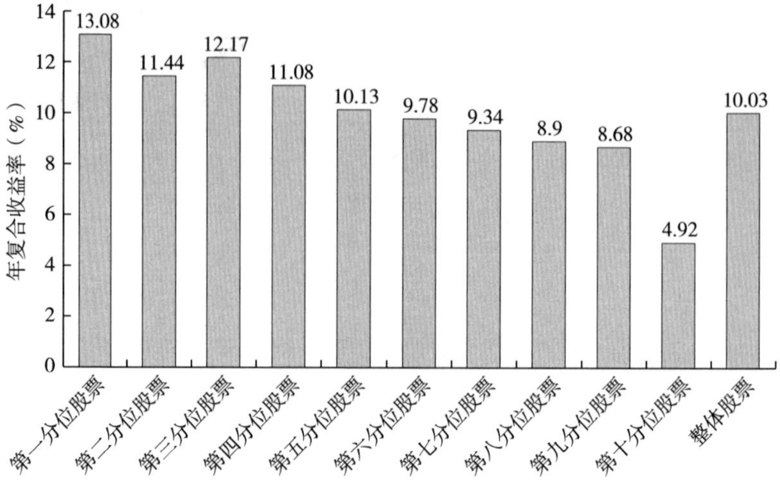

图6－3　整体股票池按企业价值比销售额从小到大排序十分位法分组模拟组合的年复合收益率（1998/12/31～2020/10/30）

表6－11　整体股票池按企业价值比销售额从小到大排序十分位法分组股票模拟组合的分析结果（1998/12/31～2020/10/30）

	10万元初始投资的最终结果（万元）	年复合收益率（%）	标准差（%）	下行标准差（%）	最大回撤（%）	夏普比率（无风险利率=5%）	索提诺比率（无风险利率=5%）
第一分位股票	146.32	13.08	30.84	18.37	－67.59	0.26	0.44
第二分位股票	106.37	11.44	31.07	19.09	－67.97	0.21	0.34
第三分位股票	122.85	12.17	31.86	19.34	－67.8	0.23	0.37
第四分位股票	99.13	11.08	31.95	19.26	－67.78	0.19	0.32
第五分位股票	82.21	10.13	32.23	18.91	－67.64	0.16	0.27
第六分位股票	76.62	9.78	31.82	18.66	－67.1	0.15	0.26
第七分位股票	70.19	9.34	32.31	18.84	－69.55	0.13	0.23
第八分位股票	64.38	8.9	32.78	18.52	－72.03	0.12	0.21
第九分位股票	61.54	8.68	32.07	18.13	－69.26	0.11	0.2
第十分位股票	28.53	4.92	32.47	18.39	－75.47	0	0
整体股票	80.52	10.03	31.52	18.63	－67.64	0.16	0.27

图 6－4 和表 6－12 的实证数据显示，从第一分位到第十分位，随着企业价值比销售额倍数的增加，大盘股票池中各个十分位分组的 10 万元初始投资最终结果与年复合收益率呈现递减的趋势。该趋势表明，企业价值比销售额指标在大盘股中有效。

无论是市销率还是企业价值比销售额，大盘股票池第一分位的最大回撤都高于大盘股。

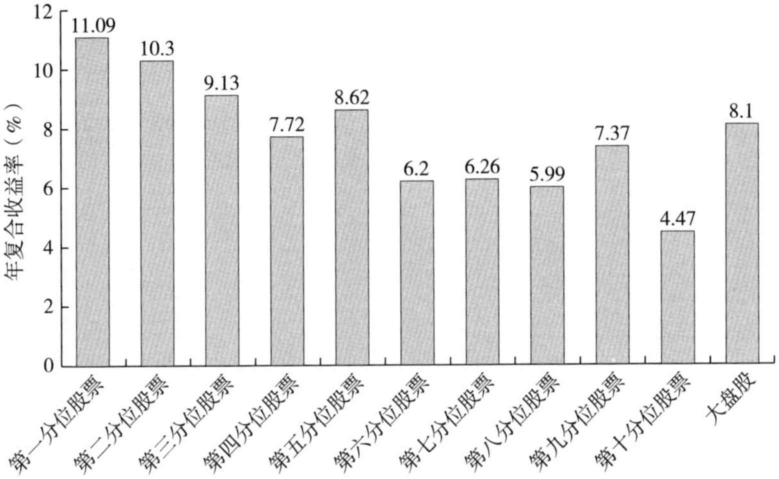

图 6－4　大盘股票池按企业价值比销售额从小到大排序十分位法分组模拟组合的年复合收益率（1998/12/31～2020/10/30）

表 6－12　大盘股票池按企业价值比销售额从小到大排序十分位法分组股票模拟组合的分析结果（1998/12/31～2020/10/30）

	10 万元初始投资的最终结果（万元）	年复合收益率（%）	标准差（%）	下行标准差（%）	最大回撤（%）	夏普比率（无风险利率 =5%）	索提诺比率（无风险利率 =5%）
第一分位股票	99. 4	11. 09	31	19. 21	－73. 68	0. 2	0. 32
第二分位股票	84. 97	10. 3	30. 57	18. 89	－73. 92	0. 17	0. 28

续表

	10万元初始投资的最终结果（万元）	年复合收益率（%）	标准差（%）	下行标准差（%）	最大回撤（%）	夏普比率（无风险利率=5%）	索提诺比率（无风险利率=5%）
第三分位股票	67.32	9.13	29.62	18.27	-68.8	0.14	0.23
第四分位股票	50.67	7.72	29.96	18.78	-71.44	0.09	0.14
第五分位股票	60.86	8.62	29.77	18.45	-68.2	0.12	0.2
第六分位股票	37.21	6.2	29.79	18.52	-71.38	0.04	0.06
第七分位股票	37.67	6.26	29.86	18.24	-73.08	0.04	0.07
第八分位股票	35.62	5.99	28.46	17.26	-69.36	0.03	0.06
第九分位股票	47.21	7.37	28.28	17.63	-66.17	0.08	0.13
第十分位股票	25.98	4.47	30.15	18.58	-67.93	-0.02	-0.03
大盘股	54.77	8.1	28.69	17.88	-69.75	0.11	0.17

对投资者的启迪

1. 市销率和企业价值比销售额都是有效的区分股票好坏的单因子指标。投资者应该选择低市销率或低企业价值比销售额的股票，规避高市销率或高企业价值比销售额的股票。
2. 市销率不容易被会计操纵，相对比较稳定，出现负值的概率非常低，在整体股票池中出现的概率为0.12%。
3. 市销率对企业的定价政策和战略导向非常敏感，非常适合衡量初创公司、正在转型或者正在开发新产品的公司，但不太适合衡量成熟或衰退的公司。

4. 任何投资策略都会碰到“逆风期”，最优投资策略也一样。如果本书中任意最优策略或第一分位策略遭遇了较长时间的“逆风期”，一定要记得该策略在长周期中的优异表现并坚持下去，如果有可能，记得追加更多资金进去。
5. 在整体股票池中，大部分估值最高（第十分位）或绩效为负的分组滚动投资 5 年期战胜整体股票的现象正好发生在牛市终点附近。如果实战中看到了这种现象，一定要谨慎地思考一下，市场是不是过于疯狂了。
6. 如果在大盘股票池中采用市销率最高分组的投资策略，在过往 21 年 10 个月中，投资者将有 62% 的时间经历回撤超过 50% 的最大回撤，这是多么让人痛苦的投资经历啊！

第7章

低市现率，不低的投资收益率

卖出有盈利的股票，保留亏损股票，就像把花园中的花拔掉，而去灌溉野草一样。股市就像玩扑克牌，只要手里的牌有可能赢，就要紧紧握住。

——彼得・林奇

收付实现制与权责发生制的相扶相杀

既然有了会计利润，为什么还要统计现金流？这是因为，企业有利润，并不一定会有现金流入；反之，企业有大量现金流入，但不一定会有利润。因此，在投资实战中，仅仅依靠会计利润是不够的，还需要观察现金流，以便全面地了解企业。

会计利润不完全同步于现金流，产生这种现象的主要原因是财务报表拥有不同的会计核算方式，资产负债表和利润表采用权责发生制，而现金流量表采用收付实现制。

收付实现制比较容易理解，是指以现金的实际收付为特征来确定某个会计期间的收入与支出的会计核算方式。比如每日记录的花销流水账，绝大部分属于收付实现制。权责发生制是指以取得款项的权利与支付款项的义务为特征来确定某个会计期间的收入与支出的会计核算方式。

权责发生制与收付实现制各有千秋，二者从不同的角度表征企业的真实状况。因此，我们需要同时观察会计利润与现金流，综合运用二者优势，以了解企业的真实状况。

现金流主要有5种呈现形式，分别为经营活动产生的现金流、投资活动产生的现金流、融资活动产生的现金流、现金与现金等价物净增加额和自由现金流。

以上这些现金流有什么内在关联？以一家企业为例，从零开始启动，首要活动就是融资活动；没有融资，就没有该企业的起步。融资活动形成了融资现金流，并决定了该企业的资本结构和资本成本。起步之后，该企业的发展战略决定了投资活动，形成了投资活动现金流，并决定了资产结构和资产质量。资产结构与资本结构的匹配程度，决定了企业治理风险；为了降低企业治理风险，企业需要在经营过程中不断优化资产结构或资本结构。随着经营活动的开展，资产转化为成本或费用，销售收入转化为净利润。资产结构、资产质量以及企业经营活动的效率决定了收入、成本与利润及其质量，进一步决定了企业创造价值的能力与长期经营风险。为了降低长期经营风险，企业除了不断优化资产结构与资本结构，还需要不断提升经营活动的效率。收入、成本和利润表征企业经营活动的成果，在此基础上形成了经营活动现金流。在经营活动现金流的基础上形成了自由现金流，即企业满足可持续发展条件之后的剩余现金量。净利润、经营活动现金流与自由现金流从不同的角度表征该企业的内在价值。

低市现率表现更优

我们使用每股价格除以每股经营活动现金流来计算市现率。

在整体股票池中，从1999年4月30日至2020年10月30日共21年6个月的数据显示，各个十分位分组年复合收益率呈现阶梯形递减的趋势，因此，市现率能够有效筛选出股票优劣。第一分位模拟组合获取了13.59%的年复合收益率，超越整体股票的10.27%，排在第一名。第十分位以7.15%的收益率排在最后一名。前七分位的收益率都超越整体股票（见图7－1）。

在大盘股票池中，各个十分位的年复合收益率整体保持递减的趋势。年复合收益率排名第一的是第一分位，数值为12.76%，排在最后一名的是第十分位，数值为5.84%。大盘股的年复合收益率为8.45%（见图7－2）。

从表7－1可以看出，在整体股票池中，随着市现率从小到大变化，各个十分位分组股票投资10万元的最终结果、年复合收益率、夏普比率以及索提诺比率呈现递减的趋势。第一分位投资10万元赚取的总收益为144.77万元（赚取的总收益为投资最终结果减去初始10万元本金），是第十分位（34.15万元）的4.24倍，是整体股票（71.78万元）的2.02倍。

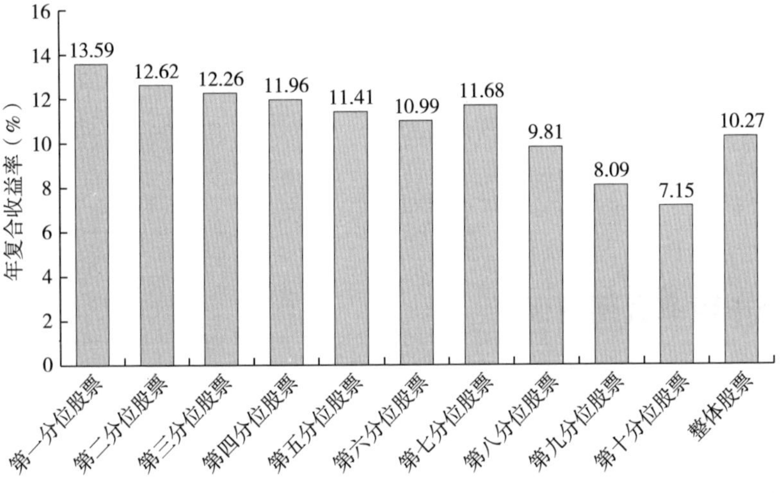

图7－1　整体股票池按市现率从小到大排序十分位法分组股票模拟组合的年复合收益率（1999/04/30~2020/10/30）

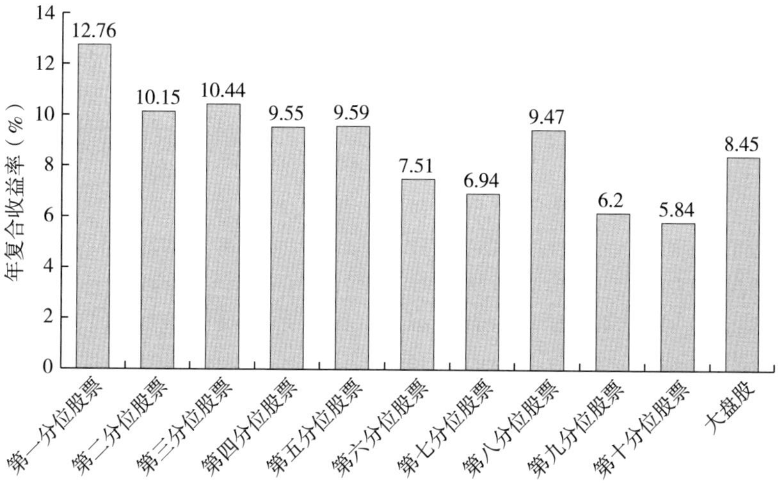

图7－2　大盘股票池按市现率从小到大排序十分位法分组股票模拟组合的年复合收益率（1999/04/30~2020/10/30）

从表7－2可以看出，在大盘股票池中，从第一分位到第十分位，投资10万元的最终结果、年复合收益率、夏普比率以及索提诺比率呈现递减的趋势。第一分位整体表现最好，第十分位表现最差。第一分位投资10万元赚取的总收益为122.34万元，是第十分位（23.91万元）的5.17倍，是大盘股（47.19万元）的2.59倍。

表7－1　整体股票池按市现率从小到大排序十分位法分组股票模拟组合的分析结果（1999/04/30~2020/10/30）

	10万元初始投资的最终结果（万元）	年复合收益率（%）	标准差（%）	下行标准差（%）	最大回撤（%）	夏普比率（无风险利率=5%）	索提诺比率（无风险利率=5%）
第一分位股票	154.77	13.59	30.66	17.91	－66.02	0.28	0.48
第二分位股票	128.84	12.62	30.88	19.15	－66.93	0.25	0.4
第三分位股票	120.08	12.26	31.29	19.09	－65.79	0.23	0.38

续表

	10万元初始投资的最终结果（万元）	年复合收益率（%）	标准差（%）	下行标准差（%）	最大回撤（%）	夏普比率（无风险利率=5%）	索提诺比率（无风险利率=5%）
第四分位股票	113.55	11.96	30.99	18.79	-67.2	0.22	0.37
第五分位股票	102.12	11.41	31.31	18.9	-68.01	0.2	0.34
第六分位股票	94.1	10.99	31.69	18.75	-67.56	0.19	0.32
第七分位股票	107.48	11.68	31.86	18.48	-65.49	0.21	0.36
第八分位股票	74.73	9.81	32.49	18.38	-70.81	0.15	0.26
第九分位股票	53.21	8.09	33.06	19.01	-71.81	0.09	0.16
第十分位股票	44.15	7.15	33.65	19.32	-74.54	0.06	0.11
整体股票	81.78	10.27	31.69	18.78	-67.64	0.17	0.28

表7-2　大盘股票池按市现率从小到大排序十分位法分组股票模拟组合的分析结果（1999/04/30~2020/10/30）

	10万元初始投资的最终结果（万元）	年复合收益率（%）	标准差（%）	下行标准差（%）	最大回撤（%）	夏普比率（无风险利率=5%）	索提诺比率（无风险利率=5%）
第一分位股票	132.34	12.76	31.24	17.87	-64.95	0.25	0.43
第二分位股票	79.94	10.15	30.35	19.38	-70.33	0.17	0.27
第三分位股票	84.59	10.44	29.19	18.32	-69.02	0.19	0.3
第四分位股票	71.09	9.55	30.37	18.43	-70.36	0.15	0.25
第五分位股票	71.69	9.59	29.33	18.04	-68.07	0.16	0.25
第六分位股票	47.47	7.51	29.38	18.05	-71.37	0.09	0.14
第七分位股票	42.28	6.94	27.74	17.4	-68.18	0.07	0.11
第八分位股票	69.96	9.47	29.11	17.49	-64.9	0.15	0.26
第九分位股票	36.48	6.2	30.13	19.14	-70.62	0.04	0.06
第十分位股票	33.91	5.84	30.82	19.87	-75	0.03	0.04
大盘股	57.19	8.45	28.87	18.02	-69.75	0.12	0.19

低市现率分组值得期待

从表7－3可以看出，投资10万元于第一分位的期末资产总值为154.77万元，整体股票为81.78万元。第一分位的年复合收益率为13.59%，整体股票为10.27%。第一分位的标准差为30.66%，低于整体股票的31.69%；获得了0.28的夏普比率，高于整体股票的0.17。第一分位的下行标准差为17.91%，小于整体股票的18.78%；获取了0.48的索提诺比率，高于整体股票的0.28。

在总的258期中，第一分位投资收益为正的期数为143期，高于整体股票的138期。

表7－3　整体股票池第一分位和整体股票模拟组合的基本统计数据（1999/04/30～2020/10/30）

	第一分位	整体股票
总的投资期数（月）	258	258
总的投资时长（年）	21.5	21.5
10万元初始投资的最终结果（万元）	154.77	81.78
期间总的增长率（%）	1447.74	717.75
简单算术平均值（%）	67.34	33.38
算术平均值（%）	17.38	14.75
几何平均值（%）	13.59	10.27
中位数（%）	10.98	9.39
标准差（%）	30.66	31.69
上行标准差（%）	23.27	23.15
下行标准差（%）	17.91	18.78
跟踪误差（%）	10.44	0.00

续表

	第一分位	整体股票
收益为正的投资期数（月）	143	138
收益为负的投资期数（月）	115	120
最大回撤（%）	-66.02	-67.64
相对于基准的 Beta 值	0.98	1
T 统计量（mean =0）	2.63	2.16
夏普比率（无风险利率 =5%）	0.28	0.17
索提诺比率（无风险利率 =5%）	0.48	0.28
1 年期最低收益（%）	-62.89	-64.33
1 年期最高收益（%）	329.91	250.43
3 年期最低收益（%）	-13.42	-22.77
3 年期最高收益（%）	87.80	72.36
5 年期最低收益（%）	-10.93	-17.74
5 年期最高收益（%）	51.48	46.17
7 年期最低收益（%）	-0.33	-0.89
7 年期最高收益（%）	31.60	28.58
10 年期最低收益（%）	3.61	3.26
10 年期最高收益（%）	33.25	32.39
最差情景预期收益（1 年期）（%）	-28.61	-32.79
最优情景预期收益（1 年期）（%）	63.37	62.29

从表 7-4 可以看出，第一分位相对于整体股票的年平均超额收益率始终为正值。在概率方面，从滚动 1 年期到 10 年期，虽然 3 年期略微下降，但整体上保持上升趋势。1 年期战胜的概率为 69%，10 年期为 99%。在滚动 10 年期的 139 个观察期中，仅有 1 期没有战胜整体股票。

表7-4 滚动1、3、5、7和10年期整体股票池第一分位模拟组合年复合收益率战胜整体股票的期数和占比

	总的投资期数	第一分位战胜整体股票的期数	占比（%）	年平均超额收益率（%）
滚动1年期	247	170	69	5.1
滚动3年期	223	146	65	4.47
滚动5年期	199	148	74	4.14
滚动7年期	175	135	77	3.69
滚动10年期	139	138	99	3.24

第一分位一共经历了4次回撤幅度超过20%的最大回撤，仅有1次跌幅超过50%。跌幅最大的回撤发生在2007年9月至2008年10月，历时13个月，回撤值为66.02%。该回撤已经于2010年3月修复，整个修复期持续17个月。距离当前时间最近的一次回撤发生在2015年6月至2018年12月（贯穿整个第三轮熊市），历时42个月，迄今为止没有回到前期高点。

在投资中，我们尽量选用经过长期历史检验的高胜率投资策略（比如低市现率的第一分位），避免采用胜率非常低但属于市场热点的投资策略（比如高市现率的第十分位）。市场中太多投资者乐于追逐热点，不能坚守经过检验的高胜率投资策略，这是长期亏损的主要原因。

看完整体股票池，再看大盘股票池。从表7-5可以看出，投资10万元于第一分位的期末总资产为132.34万元，高于大盘股的57.19万元。第一分位的年复合收益率为12.76%，高于大盘股的8.45%。

第一分位的标准差为31.24%，高于大盘股的28.87%；获取0.25的夏普比率，高于大盘股的0.12。第一分位的下行标准差为17.87%，低于大盘股的18.02%；获取了0.43的索提诺比率，大幅高于大盘股

的0.19。

第一分位标准差高于大盘股，主要是第一分位的上行波动（24.85%）高于大盘股的上行波动（21.22%）导致的。第一分位拥有更高的上行波动和更低的下行波动，表现优于大盘股。在投资中，我们迫切需要类似的能够获取上行收益并规避下行风险的投资策略。

表7-5　大盘股票池第一分位和大盘股模拟组合的基本统计数据（1999/04/30~2020/10/30）

	第一分位	大盘股
总的投资期数（月）	258	258
总的投资时长（年）	21.5	21.5
10万元初始投资的最终结果（万元）	132.34	57.19
期间总的增长率（%）	1223.38	471.92
简单算术平均值（%）	56.90	21.95
算术平均值（%）	16.79	12.25
几何平均值（%）	12.76	8.45
中位数（%）	6.63	9.85
标准差（%）	31.24	28.87
上行标准差（%）	24.85	21.22
下行标准差（%）	17.87	18.02
跟踪误差（%）	12.70	0.00
收益为正的投资期数（月）	142	146
收益为负的投资期数（月）	116	112
最大回撤（%）	-64.95	-69.75
相对于基准的Beta值	0.84	1

续表

	第一分位	大盘股
T 统计量（mean =0）	2.49	1.97
夏普比率（无风险利率 =5%）	0.25	0.12
索提诺比率（无风险利率 =5%）	0.43	0.19
1 年期最低收益（%）	-64.95	-68.77
1 年期最高收益（%）	444.52	288.32
3 年期最低收益（%）	-14.92	-15.17
3 年期最高收益（%）	96.31	74.10
5 年期最低收益（%）	-11.86	-14.02
5 年期最高收益（%）	54.20	38.21
7 年期最低收益（%）	-5.55	-7.88
7 年期最高收益（%）	32.51	20.92
10 年期最低收益（%）	3.26	-1.74
10 年期最高收益（%）	29.94	22.50
最差情景预期收益（1 年期）（%）	-30.07	-31.05
最优情景预期收益（1 年期）（%）	63.66	55.55

从表 7-6 可以看出，第一分位相对于大盘股的年平均超额收益率始终为正值。该正值领先于其他估值指标第一分位的年平均超额收益率，因此，在大盘股票池中，市现率可能是最优的筛选优秀股票的单因子指标。

随着投资时间的延长，第一分位战胜大盘股的概率迅速提升。滚动 1 年期的胜率达到惊人的 70%，在滚动 7 年期的 175 个观察期和滚动 10 年期的 139 个观察期中，第一分位全部战胜大盘股。

表 7 -6　滚动投资 1、3、5、7 和 10 年期大盘股票池第一分位模拟组合年复合收益率战胜大盘股的期数和占比

	总的投资期数	第一分位战胜大盘股的期数	占比（%）	年平均超额收益率（%）
滚动 1 年期	247	173	70	8.15
滚动 3 年期	223	193	87	6.87
滚动 5 年期	199	190	95	6.85
滚动 7 年期	175	175	100	6.67
滚动 10 年期	139	139	100	6.29

第一分位模拟组合一共经历了 8 次回撤幅度超过 20% 的最大回撤，次数为整体股票池第一分位的两倍。由此可见，大盘股第一分位的波动性更高。这可能是由于大盘股流动性更好导致的，但凡市场有风吹草动，投资者"用脚投票"时，流动性稍差的股票几乎卖不动，流动性稍好的大盘股票被优先卖掉，这就导致流动性更好的股票反而波动性更高。

高市现率分组表现不佳

从表 7 - 7 可以看出，投资 10 万元于第十分位的期末总资产为 44.15 万元，远远低于整体股票的 81.78 万元。第十分位的年复合收益率为 7.15%，远远低于整体股票的 10.27%。

第十分位的标准差为 33.65%，高于大盘股的 31.69%；夏普比率为 0.06，低于大盘股的 0.17。第十分位的下行标准差为 19.32%，高于整体股票的 18.78%；索提诺比率为 0.11，低于整体股票的 0.28。

表 7 - 8 显示，第十分位的年平均超额收益率始终为负值；投资时间越长，第十分位跑输整体股票的概率越大。

表7-7　整体股票池第十分位和整体股票模拟组合的基本统计数据（1999/04/30~2020/10/30）

	第十分位	整体股票
总的投资期数（月）	258	258
总的投资时长（年）	21.5	21.5
10万元初始投资的最终结果（万元）	44.15	81.78
期间总的增长率（%）	341.47	717.75
简单算术平均值（%）	15.88	33.38
算术平均值（%）	12.49	14.75
几何平均值（%）	7.15	10.27
中位数（%）	11.96	9.39
标准差（%）	33.65	31.69
上行标准差（%）	24.29	23.15
下行标准差（%）	19.32	18.78
跟踪误差（%）	5.41	0.00
收益为正的投资期数（月）	137	138
收益为负的投资期数（月）	121	120
最大回撤（%）	-74.54	-67.64
相对于基准的Beta值	0.93	1
T统计量（mean=0）	1.72	2.16
夏普比率（无风险利率=5%）	0.06	0.17
索提诺比率（无风险利率=5%）	0.11	0.28
1年期最低收益（%）	-66.57	-64.33
1年期最高收益（%）	259.71	250.43
3年期最低收益（%）	-28.42	-22.77
3年期最高收益（%）	68.77	72.36
5年期最低收益（%）	-21.79	-17.74
5年期最高收益（%）	43.10	46.17
7年期最低收益（%）	-5.28	-0.89

续表

	第十分位	整体股票
7 年期最高收益（%）	29.24	28.58
10 年期最低收益（%）	0.98	3.26
10 年期最高收益（%）	32.40	32.39
最差情景预期收益（1 年期）（%）	-37.98	-32.79
最优情景预期收益（1 年期）（%）	62.96	62.29

表 7-8　滚动投资 1、3、5、7 和 10 年期整体股票池第十分位模拟组合年复合收益率战胜整体股票的期数和占比

	总的投资期数	第十分位战胜整体股票的期数	占比（%）	年平均超额收益率（%）
滚动 1 年期	247	70	28	-2.5
滚动 3 年期	223	36	16	-2.95
滚动 5 年期	199	34	17	-2.96
滚动 7 年期	175	9	5	-2.71
滚动 10 年期	139	1	1	-2.61

第十分位一共经历了 5 次回撤幅度超过 20% 的最大回撤，次数超过第一分位的 4 次。幅度接近或者超过 70% 的最大回撤有 3 次，下跌持续期总和为 106 个月，占总投资期数（258 个月）的 41.09%。41.09% 的投资时间都在经历接近或超过 70% 的最大回撤，时间比重如此之高，不得不让我们慎重考虑是否要投资第十分位。

看完整体股票池，再看大盘股票池。从表 7-9 可以看出，投资 10 万元于第十分位的最终资产总值为 33.91 万元，大盘股为 57.19 万元。第十分位的年复合收益率为 5.84%，大盘股为 8.45%。第十分位的标准差为 30.82%，大于大盘股的 28.87%；获取了 0.03 的夏普比率，低于大盘股的 0.12。第十分位的下行标准差为 19.87%，高于大盘股的

18.02%；获取了0.04的索提诺比率，远远低于大盘股的0.19。

在总的258期投资中，第十分位收益为正的投资期数为135，低于大盘股的146。

表7－10显示，投资时间越长，第十分位跑输整体股票的概率越大。好策略，时间越长，跑赢概率越大；坏策略，时间越长，跑输概率越大。

表7－9　大盘股票池第十分位和大盘股模拟组合的基本统计数据（1999/04/30～2020/10/30）

	第十分位	大盘股
总的投资期数（月）	258	258
总的投资时长（年）	21.5	21.5
10万元初始投资的最终结果（万元）	33.91	57.19
期间总的增长率（%）	239.07	471.92
简单算术平均值（%）	11.12	21.95
算术平均值（%）	10.44	12.25
几何平均值（%）	5.84	8.45
中位数（%）	7.00	9.85
标准差（%）	30.82	28.87
上行标准差（%）	21.53	21.22
下行标准差（%）	19.87	18.02
跟踪误差（%）	10.46	0.00
收益为正的投资期数（月）	135	146
收益为负的投资期数（月）	123	112
最大回撤（%）	－75.00	－69.75
相对于基准的Beta值	0.88	1
T统计量（mean＝0）	1.57	1.97
夏普比率（无风险利率＝5%）	0.03	0.12

续表

	第十分位	大盘股
索提诺比率（无风险利率 = 5%）	0.04	0.19
1 年期最低收益（%）	-74.84	-68.77
1 年期最高收益（%）	278.55	288.32
3 年期最低收益（%）	-22.55	-15.17
3 年期最高收益（%）	76.90	74.10
5 年期最低收益（%）	-19.68	-14.02
5 年期最高收益（%）	35.59	38.21
7 年期最低收益（%）	-8.58	-7.88
7 年期最高收益（%）	19.14	20.92
10 年期最低收益（%）	-4.39	-1.74
10 年期最高收益（%）	22.68	22.50
最差情景预期收益（1 年期）（%）	-35.79	-31.05
最优情景预期收益（1 年期）（%）	56.67	55.55

表 7－10　滚动投资 1、3、5、7 和 10 年期大盘股第十分位模拟组合年复合收益率战胜大盘股的期数和占比

	总的投资期数	第十分位战胜大盘股的期数	占比（%）	年平均超额收益率（%）
滚动 1 年期	247	90	36	-1.67
滚动 3 年期	223	59	26	-3.03
滚动 5 年期	199	32	16	-3.27
滚动 7 年期	175	10	6	-2.81
滚动 10 年期	139	5	4	-2.59

在牛市即将结束时，估值指标体系下的整体股票池第十分位往往以很大的优势超越整体股票，但这一现象很难发生在大盘股票池上，这可能是由投资者的差异决定的。一般来讲，大盘股票的投资者以机

构为主，而整体股票的投资者五花八门，包含了大量的个人投资者（俗称散户）。无论什么时候，机构投资者都比个人投资者注重内在价值及其与价格之比。第十分位的该比值相对偏弱，往往不是机构投资者的偏好标的，牛市或熊市行情对其投资策略基本没有任何影响。与机构投资者相反，个人投资者并不注重股票的内在价值，很容易被市场情绪或个人情绪影响。在牛市末期，个人投资者很容易从情绪上看中因内在价值偏弱而前期表现相对弱势的股票，认为这些股票应该有一波“普涨”行情，并拿出真金白银投资这些股票。这些股票的交易量相对偏小，价格很容易被一堆散户资金“轰上天去”，最终使得没有业绩支撑的整体股票池第十分位在牛市末期大幅度跑赢整体股票。

假如投资者从 2007 年 9 月入场投资第十分位分组股票，那么他们要先经历时长为 13 个月（至 2008 年 10 月）、回撤值为 75% 的急剧下跌，再经历 79 个月（至 2015 年 5 月）的漫漫修复之路（修复期间也不得安宁，要经历 2009 年 7 月至 2010 年 6 月共 11 个月、回撤值为 23. 20% 的最大回撤）。刚刚过完 2015 年 5 月，接着要经历连续 44 个月（至 2019 年 1 月）、回撤值为 60. 20% 的又一个最大回撤。连续折腾 136 个月后，第十分位的模拟净值向上走，但最新净值（2020 年 10 月）为 3. 39，远远低于 2007 年 9 月的 4. 14，至今还看不到赚钱希望。如果知道了结局，你还想要投资第十分位吗？没有金刚钻，不揽瓷器活，如果没有 100% 把握，就不要轻易碰第十分位的股票。如果你问我，我的答案是，远离它们，越远越好！

市现率为负值股票表现非常差劲

从表 7 – 11 可以看出，投资 10 万元于负值股票的最终资产总值为

45.17 万元，与第十分位的 44.15 万元基本持平，远远小于整体股票的 81.78 万元。负值股票的年复合收益率为 7.26%，与第十分位的 7.15% 基本持平，远远小于整体股票的 10.27%。

负值股票的标准差为 33.14%，高于整体股票的 31.69%；夏普比率为 0.07，接近第十分位的 0.06，远远低于整体股票的 0.17。负值股票的下行标准差为 18.98%，低于第十分位的 19.32%，略微高于整体股票的 18.78%；索提诺比率为 0.12，略高于第十分位的 0.11，低于整体股票的 0.28。

负值股票的最大回撤为 74.59%，接近第十分位的 74.54%，远远大于整体股票的 67.64%。在最低与最高收益情景下，负值股票在大部分滚动 *N* 年期的年复合收益率都低于整体股票。

表 7－11　整体股票池中市现率为负值股票与整体股票模拟组合的基本统计数据（1999/04/30~2020/10/30）

	负值股票	整体股票
总的投资期数（月）	258	258
总的投资时长（年）	21.5	21.5
10 万元初始投资的最终结果（万元）	45.17	81.78
期间总的增长率（%）	351.65	717.75
简单算术平均值（%）	16.36	33.38
算术平均值（%）	12.43	14.75
几何平均值（%）	7.26	10.27
中位数（%）	8.07	9.39
标准差（%）	33.14	31.69
上行标准差（%）	23.95	23.15
下行标准差（%）	18.98	18.78
跟踪误差（%）	3.88	0.00

续表

	负值股票	整体股票
收益为正的投资期数（月）	135	138
收益为负的投资期数（月）	123	120
最大回撤（%）	-74.59	-67.64
相对于基准的 Beta 值	0.95	1
T 统计量（mean =0）	1.74	2.16
夏普比率（无风险利率 =5%）	0.07	0.17
索提诺比率（无风险利率 =5%）	0.12	0.28
1 年期最低收益（%）	-67.49	-64.33
1 年期最高收益（%）	254.21	250.43
3 年期最低收益（%）	-29.15	-22.77
3 年期最高收益（%）	67.93	72.36
5 年期最低收益（%）	-22.49	-17.74
5 年期最高收益（%）	44.33	46.17
7 年期最低收益（%）	-5.18	-0.89
7 年期最高收益（%）	29.20	28.58
10 年期最低收益（%）	1.00	3.26
10 年期最高收益（%）	31.31	32.39
最差情景预期收益（1 年期）（%）	-37.27	-32.79
最优情景预期收益（1 年期）（%）	62.14	62.29

负值股票一共经历了 5 次幅度超过 20% 的最大回撤，有 3 次最大回撤都超过了 60%，其中两次超过了 70%，回撤幅度相当吓人。距离当前时间最近的一次回撤发生在 2015 年 5 月至 2019 年 1 月，历时 44 个月，回撤值为 63.42%，迄今为止没有修复本次巨幅回撤。

当负值股票与整体股票的年复合收益率差额日益缩小甚至逐步转正时，我们需要警惕，牛市盛宴是否快要结束，熊市是否快要开始了。看懂大的牛熊转换，我们就能规避股市的周期风险，保住本金并锁定收益。

综上，市现率为负值股票不但不值得投资，还有必要作为反向信号使用。当该分组股票涨势喜人，甚至要超越整体股票时，请记住，这可能是牛市即将终结的信号。

美国投资者常用的两种自由现金流估值指标，未必适用于中国市场

前文提到，现金流有5种呈现形式，其中之一是自由现金流。自由现金流又可以分为企业自由现金流和股权自由现金流。企业自由现金流指的是企业扣除所有经营支出、投资支出和税收之后，清偿债务之前的剩余现金流量。股权自由现金流指的是扣除所有经营开支、投资支出、税收支付以及还本付息之后的剩余现金流量。企业自由现金流用于计算企业整体价值（含股权价值和债券价值）对应的现金流量，股权自由现金流用于计算企业股权价值对应的现金流量。

总市值比股权自由现金流，衡量每1元股权自由现金流需要花多少钱才能买到。总市值比企业自由现金流，衡量每1元企业自由现金流需要花多少钱才能买到。

总市值比股权自由现金流

1999年4月30日至2020年10月30日实证数据显示，在整体股票池中，从第一分位到第十分位，各项指标没有表现出明显的规律。我不得不承认，作为一个单因子指标，总市值比股权自由现金流指标对筛选股票几乎没有任何帮助。

在大盘股票池中，从第一分位到第十分位，各项指标都没有表现出我们期待的规律。

在美国异常有效的总市值比股权自由现金流指标，在中国竟然完

全无效。因此，我们不能囫囵吞枣地生搬硬套美国的经验，而是要因地制宜地选择适用于中国股市的指标。

总市值比企业自由现金流

实证数据显示，在整体股票池中，第三分位的表现最好，第九分位表现最差。从第一分位到第十分位，随着总市值比企业自由现金流指标从大到小变化，10万元初始投资的最终结果、年复合收益率、夏普比率以及索提诺比率呈现整体递减的趋势，但该趋势弱于图7－1和表7－1表现出的趋势。虽然同在市现率范畴内，但总市值比企业自由现金流指标的有效性弱于每股价格比经营活动现金流指标。该指标在美国市场异常有效，但在中国市场有效性不高，仅仅比总市值比股权自由现金流指标略好。

在大盘股票池中，从第一分位到第十分位，随着总市值比企业自由现金流指标从大到小变化，10万元初始投资的最终结果、年复合收益率、夏普比率以及索提诺比率呈现递减的趋势（但有一定的翘尾效应）。第一分位业绩表现最优，第八分位表现最差。由于年复合收益率太低，第八分位获取了负值的夏普比率和索提诺比率。

实证数据表明，前述两个在美国常用的估值指标，其有效性在中国都存疑。

对投资者的启迪

1. 我们尽量选择市现率较低的股票，规避市现率较高的股票。与其他估值指标相似，市现率第一分位表现最优，第十分位表现最差。随着投资时间的延长，第一分位战胜业绩比较基准的概率逐步提升，第十分位跑输业绩比较基准的概率逐渐增加。因此，我们要选择长期来看胜率偏高的投资策略（低市现率），摒弃长期来看胜率偏低的投资策略（高市现率）。

2. 收付实现制是以现金的实际收付为特征来确定某个会计期间的收入与支出的会计核算方式，现金流以收付实现制为基础进行核算。权责发生制是以取得款项的权利与支付款项的义务为特征来确定某个会计期间的收入与支出的核算方式，净利润以权责发生制为基础进行核算。由于核算方式不同，现金流与净利润并不完全同步，甚至可能发生两者相背离的现象。
3. 计算市现率的方法有很多种，主要有经营活动现金流和自由现金流（企业或股权）。在中国，用经营活动现金流计算的市现率指标，其有效性优于自由现金流。在美国，用股权自由现金流计算的市现率指标，其有效性优于其他现金流。
4. 现金流与净利润是企业的一体两面，给我们提供更多观察企业的视角。多期会计利润与经营活动现金流累计差额越来越大，是我们要警惕的危险信号。
5. 好策略，时间越长，跑赢概率越大；坏策略，时间越长，跑输概率越大。
6. 在其他国家有效的选股指标，在中国未必有效。

第8章

股息率越高，获得的分红收益越多

你知道唯一让我高兴的事情是什么吗？是收到我的股息！

——约翰·洛克菲勒

威廉姆斯说，买股票就是为了获得股息

1938 年，约翰·伯尔·威廉姆斯出版了其经典著作《投资价值理论》。关于股息，他在书中这样表述：“养母牛是为了挤奶，养母鸡是为了生蛋，买股票就是为了获得股息。”他还构建了永续股息增长模型：$P_0 = D_1/(r-g)$。其中，r 为固定的折现率，g 为固定的每年股息增长率，D_1为未来一年的派发股息，P_0是未来所有股息的折现值。威廉姆斯可能是首位阐述股票内在价值（即折现股息）决定其交易价格的经济学家。威廉姆斯还进一步推论，如果整个企业对于投资者的投资价值等于未来它所有的利息与股息分配，那么该企业的投资价值就与企业的资本结构无关。

威廉姆斯至少影响了 4 位金融界的泰斗级人物以及 3 个金融学的重要分支。第一位是麦伦·戈登，1956 年，威廉姆斯的永续股息增长模型被麦伦·戈登重新阐述，并成为被业界和学术界经常引用的“戈登增长公式”——$k = (D_1/P_0) - g$，其中 P_0为当前股票价格，D_1为未来一年的派发股息，g 为固定的每年股息增长率。第二位是哈里·马科维茨，他在其诺贝尔获奖自述中这样表述：“有一天，

我在图书馆里翻阅威廉姆斯的《投资价值理论》，灵光一现，投资组合理论的基本架构就出现在我的脑海中。”第三位和第四位分别是米勒和莫迪格利安尼，1958 年，他们在《资本成本、公司财务和投资管理》一文中提出了 MM 理论——在不考虑所得税影响的前提下，企业总价值不受资本结构的影响（结论与威廉姆斯的推论何其相似）。

关于威廉姆斯的推论，我有些不同的意见。我在第 7 章中提到，资产结构与资本结构的匹配程度决定了企业的治理风险，而治理风险将影响企业的隐含回报率 r。根据永续股息增长模型，如果 r 变动，则 P_0 也将跟着变动，因此，威廉姆斯可能是错的。即便如此，我们也不能否认威廉姆斯对金融学的贡献，他提出的内在价值理论以及永续股息增长模型都具有划时代的意义。

本杰明·格雷厄姆是最早的股东积极主义倡议者之一。1949 年，他在其著作《聪明的投资者》第 19 章“股东与管理层：股息政策”中这样表述：“从 1934 年开始，我们就在自己的作品中主张，股东应该对公司管理层抱有更加明智和积极的态度。”他的学生巴菲特在伯克希尔－哈撒韦公司把股东积极主义发挥得淋漓尽致。格雷厄姆建议投资者更加积极地通过改进管理层和管理政策来帮助自己，在适当的阶段促使管理层采纳适当的管理政策和股息政策。假如较低的股息支付率是股票市价低于公允价值的主要原因，那么投资者完全有理由自行调研并对管理层表达自己的不满。对于企业管理层，格雷厄姆建议他们要根据企业发展的不同状况给予投资者恰当的股息，并强烈建议企业管理层制定一个系统化的、明确的股息政策。

菲利普·费雪认为，如果企业的现金和流动资产远远超过经营发展的需求，管理层仅仅是为了“安全感”而保有大量现金，资金获得的报酬率低于正常水平，那么股东有权利要求企业发放大量股息；但另一方面，分红率（股息除以净利润）并非越高越好，如果企业处于高速发展阶段，留存收益能够带来更大的发展，那么不派发股息才是股东利益最大化的做法。与格雷厄姆一样，费雪也建议企业管理层制定一个透明的、始终如一的股息政策。

股息是企业利润分配的一部分。企业净利润反映了该企业通过正常经营活动创造的当期经营成果，该成果反映了企业的内在价值和投资价值。当期利润及其价值都是属于股东的，因此，股东可以选择以分红的方式拿走全部或部分当期利润，也可以选择不分红，把全部当期利润留给企业，以增加企业的股东权益。以分红的方式分配掉的当期利润就是股息，没有被分配并留存在企业的当期利润就是留存收益。

股息分配，一般有三种方案：第一种，将当期利润全部以股息的方式分配给股东；第二种，将当期部分利润以股息的方式分配给股东，剩余部分作为留存收益，相当于股东按照其原有投资比例对企业的追加投资；第三种，不分配任何股息，把所有当期利润全部投入企业当中。

适当的利润分配方案受到多种因素的影响，主要有所得税制度、股东对现金的诉求、企业中长期发展的需求，以及股权自由现金流的多寡等。当支付股息时，减记股东的权益，同时减记企业的现金。我在第 7 章中提到，净利润与现金流常常不同步，甚至可能发生相背离的现象。如果现金流出过多，很有可能会影响企业的持续经营能力。因此，利润分配方案一定要在股东与企业之间找到一个平衡点，既能够保证股东收到合适的所需现金，又能够保证企业不会遭遇现金短缺而影响未来的持续经营与长远发展，还能够保证企业有一定的冗余现金，以确保不会因为经济收缩周期或信贷危机导致的流动性枯竭而被迫“卖身求生”。

股息率在美国市场中的应用

1940 年，本杰明·格雷厄姆和戴维·多德在其合著的《证券分析》中这样表述股息："过往经验确认了证券市场的既有判断：把一美元利润作为股息分配给股东所带来的价值要高于将其计入资本盈余账户所带来的价值。股东一般既要求公司有足够的盈利能力，又要求公司进行适度的分红。"格雷厄姆的观点非常明确，投资者更追捧那些拿出"真金白银"来派发股息的公司。

理论上讲，能够派发股息的公司都拥有强劲的现金流（现金流不足就无法派发股息）。实证研究发现，与净利润不同，现金流具有非常强的延续性。今年现金流强劲的公司，明年大概率会拥有强劲的现金流；今年现金流较差的公司，明年大概率会延续较差的状态。总之，今年的现金流状况可以预测明年的现金流状况，充裕的现金流表明了公司可以延续的竞争地位。因此，股息率能够预测未来投资收益率。

1978 年，克里希纳·拉马斯瓦米和罗伯特·李兹森伯格证实了股息率与未来收益率之间存在明显的相关性。

2012 年，詹姆斯·奥肖内西证实了从 1927 年至 2009 年股息率最高前 10% 分组股票的年复合收益率比整体股票高出 1.31%。

2013 年，杰里米·西格尔运用 1957 年至 2012 年的数据把标普 500 指数中的股票按照股息率从高到低等分成 5 组构建组合，在每年 12 月 31 日调仓，计算各个分组的年复合收益率，得出如下结论：

1. 股息率最高分组的年复合收益率为 12.58%，高于标普 500 指数的 10.13%，高于股息率最低分组的 8.90%。
2. 股息率最高分组不但有最高的收益率，而且贝塔系数小于 1（为 0.94），这意味着该分组股票的风险比标普 500 指数还低；

股息率最低分组不但有最低的收益率，而且贝塔系数也是最高的（1.23），这意味着该分组股票的风险比标普500指数还高。

3. 股息率最高分组的年复合收益率比资本资产定价模型（CAPM）的预测值高出3.42%，最低分组比资本资产定价模型的预测值低2.58%。

"狗股策略"是利用高股息率战胜市场的非常著名的投资策略，也被认为是有史以来最简单与最成功的投资策略之一。该投资策略要求投资者在每年年末买入道琼斯工业指数中股息率最高的10只股票，持有至下一年年末并再次选择股息率最高的10只股票作为投资标的。该策略通常筛选出股价持续下跌且不受投资者青睐的股票，因此投资标的被称为"狗股"，策略被称为"狗股策略"。

除了在道琼斯工业指数内回测，杰里米·西格尔还把"狗股策略"扩展到标普500指数中，并用1957年至2012年的数据做了回测。道琼斯工业指数"狗股策略"的年复合收益率为12.63%，标普500指数"狗股策略"的年复合收益率为14.14%，二者都高于标普500指数的10.13%。

你可能好奇"狗股策略"在中国市场表现如何，我已经用实证方法证明了，"狗股策略"在中国A股市场中有效！

有分红与无分红股票的业绩差异

能否稳定地派发股息是一个企业实力强大与否的重要象征。在现实中，能够常年稳定地分配股息的公司一般拥有良好的业绩和强劲的现金流。因此，常年稳定派发股息的企业更受投资者的青睐和追捧，比如贵州茅台。

从1998年12月31日至2020年10月30日的所有月末交易日中，最近一年内有分红股票数量的最小值为135，最大值为2809，平均值为1207.05。全部股票（包含正在上市交易和已经退市的股票）数量的最小值为845，最大值为4131，平均值为2129.52。最近一年内有分红股票数量在全部股票中占比的最小值为15.68%，最大值为76.27%，平均值为51.54%。占比呈现不断上升的趋势，从1999年3月的15.68%急速攀升至2001年11月的61.84%，之后，该占比缓慢下降至2007年2月的局部最低值37.32%，然后再攀升至2018年10月的最高值76.27%（见图8-1）。

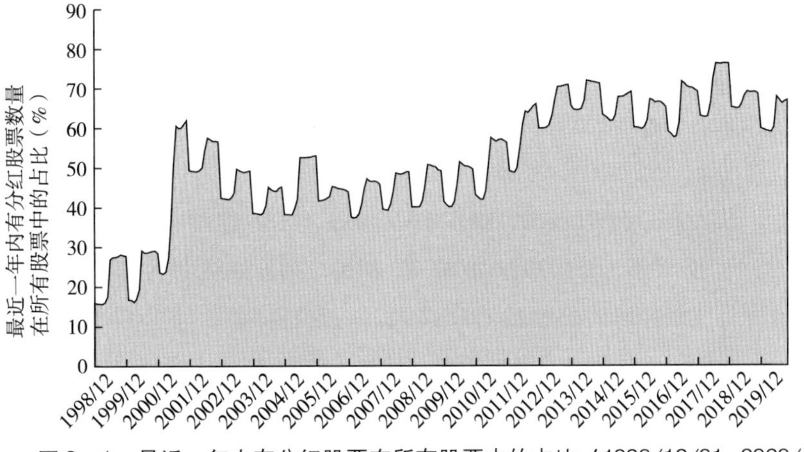

图8-1　最近一年内有分红股票在所有股票中的占比（1998/12/31~2020/10/30）

我们先剔除最近一年内没有分红的股票，再计算剩余有分红股票的股息率均值。该股息率均值的最小值为2015年5月（第三轮牛市终点）的0.55%，最大值为2005年11月（第一轮熊市终点后6月）的2.76%，平均值为1.32%。最近一年有分红股票的股息率均值呈现巨幅波动的现象。在牛市期间，随着上市股票价格普遍上涨，股息率均值不断走低；在熊市期间，随着上市股票价格普遍下跌，股息率均值不断走高（见图8－2）。

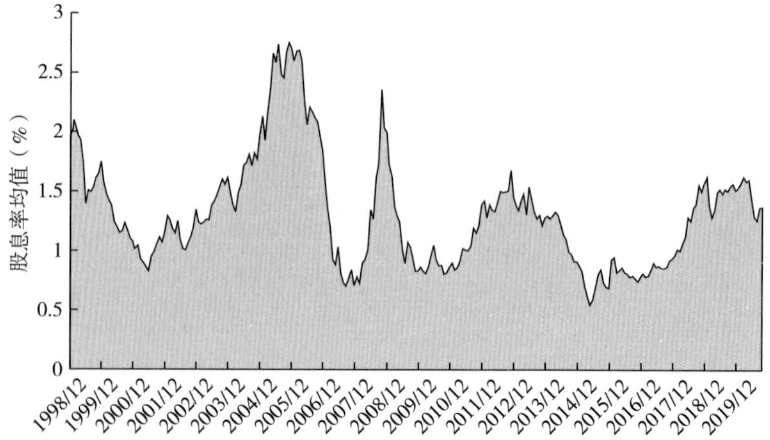

图8－2　最近一年有分红股票的股息率均值（1998/12/31~2020/10/30）

从表8－1可以看出，投资10万元于有分红股票的期末资产总值为113.47万元，整体股票为80.37万元，无分红股票为42.31万元。有分红股票赚取的总收益103.47万元，是整体股票的1.47倍，是无分红股票的3.2倍。有分红股票的年复合收益率为11.77%，高于整体股票的10.02%，更高于无分红股票的6.83%。过往实证数据告诉我们，有分红股票能够创造出比无分红股票高出许多倍的投资收益，投资策略孰优孰劣，一目了然。本章后面十分位法数据告诉我们，即便是有分红股票，不同分位分组的业绩差异也非常大，我们要尽量选择股息率较高分组的股票。

有分红股票的标准差为30.68%，低于整体股票的31.53%，更低于无分红股票的33.12%。有分红股票的夏普比率为0.22，高于整体股票的0.16，更高于无分红股票的0.06。有分红股票的下行标准差为18.39%，低于整体股票的18.63%，更低于无分红股票的19.18%。有分红股票的索提诺比率为0.37，高于整体股票的0.27，更高于无分红股票的0.1。

有分红股票的最大回撤为66.72%，低于整体股票的67.62%，显著低于无分红股票的72.69%。在滚动投资3年期以上（含3、5、7和10年期），有分红股票在最低与最高收益情景两方面都战胜整体股票，无分红股票在最低与最高收益情景两方面都跑输整体股票。

表8-1 整体股票池中有分红股票、无分红股票与整体股票模拟组合的基本统计数据（1998/12/31~2020/10/30）

	有分红股票	无分红股票	整体股票
总的投资期数（月）	262	262	262
总的投资时长（年）	21.83	21.83	21.83
10万元初始投资的最终结果（万元）	113.47	42.31	80.37
期间总的增长率（%）	1034.67	323.09	703.70
简单算术平均值（%）	47.39	14.80	32.23
算术平均值（%）	15.81	12.00	14.47
几何平均值（%）	11.77	6.83	10.02
中位数（%）	11.62	2.50	7.45
标准差（%）	30.68	33.12	31.53
上行标准差（%）	22.29	24.56	23.06
下行标准差（%）	18.39	19.18	18.63
跟踪误差（%）	2.85	3.92	0.00
收益为正的投资期数（月）	139	135	139
收益为负的投资期数（月）	123	127	123

续表

	有分红股票	无分红股票	整体股票
最大回撤（%）	-66.72	-72.69	-67.62
相对于基准的 Beta 值	1.02	0.95	1
T 统计量（mean =0）	2.41	1.69	2.14
夏普比率（无风险利率 =5%）	0.22	0.06	0.16
索提诺比率（无风险利率 =5%）	0.37	0.1	0.27
1 年期最低收益（%）	-63.89	-64.87	-64.31
1 年期最高收益（%）	245.17	282.30	250.61
3 年期最低收益（%）	-18.36	-27.92	-22.83
3 年期最高收益（%）	76.21	67.91	72.41
5 年期最低收益（%）	-14.64	-21.18	-17.79
5 年期最高收益（%）	46.75	45.31	46.22
7 年期最低收益（%）	-0.37	-5.99	-3.05
7 年期最高收益（%）	28.85	27.43	28.58
10 年期最低收益（%）	4.77	-0.61	3.25
10 年期最高收益（%）	33.57	30.19	32.41
最差情景预期收益（1 年期）（%）	-30.21	-37.67	-32.83
最优情景预期收益（1 年期）（%）	61.83	61.67	61.77

从表 8-2 可以看出，有分红股票相对于整体股票的年平均超额收益率始终为正值，这为投资者选择有分红股票提供了依据。从滚动 1 年期到 10 年期，有分红股票战胜整体股票的概率不断提升，1 年期达到惊人的 76%，3 年期即达到 91%。在 7 年期的 179 个观察期中，仅有 1 期没有战胜整体股票；在 10 年期的 143 个观察期中，全部战胜整体股票。

表8－2 滚动投资1、3、5、7和10年期有分红股票模拟组合年复合收益率战胜整体股票的期数和占比

	总的投资期数	有分红股票战胜整体股票的期数	占比（%）	年平均超额收益率（%）
滚动1年期	251	192	76	1.29
滚动3年期	227	206	91	1.66
滚动5年期	203	196	97	1.71
滚动7年期	179	178	99	1.68
滚动10年期	143	143	100	1.51

从表8－3可以看出，无分红股票相对于整体股票的年复合收益率差额的平均值始终为负值。从滚动1年期到10年期，无分红股票跑赢整体股票的概率不断下降。在滚动7年期的179个观察期和滚动10年期的143个观察期中，无分红股票没有一次跑赢整体股票。

表8－3 滚动投资1、3、5、7和10年期无分红股票模拟组合年复合收益率战胜整体股票的期数和占比

	总的投资期数	无分红股票战胜整体股票的期数	占比（%）	年平均超额收益率（%）
滚动1年期	251	59	24	－2.45
滚动3年期	227	19	8	－2.71
滚动5年期	203	5	2	－2.71
滚动7年期	179	0	0	－2.65
滚动10年期	143	0	0	－2.41

高股息率表现更好

从图8－3可知，在整体股票池中，从1998年12月31日至2020年10月30日共21年10个月的数据显示，年复合收益率排名第一的是第二分位，数值为14.69%；第一分位的年复合收益率为14.19%，排名第二；第十分位的年复合收益率为6.91%，排在最后一名；整体股票为10.02%。

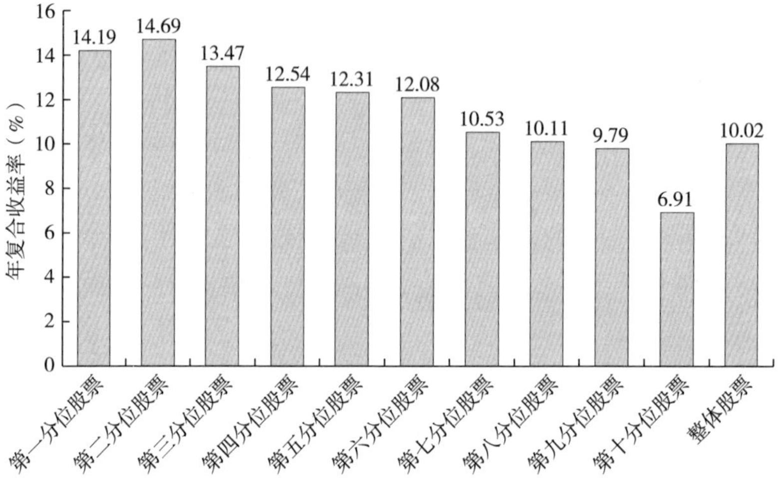

图8－3　整体股票池按股息率从大到小排序十分位法分组股票模拟组合的年复合收益率（1998/12/31~2020/10/30）

各个十分位年复合收益率呈现阶梯形递减的趋势；前八分位的年复合收益率都高于整体股票，这可能是整体股票中包含无分红股票导致的。有分红分组股票年复合收益率为11.77%，前六分位都高于有分红分组股票；无分红分组股票的年复合收益率为6.83%，全部十分位都高于无分红分组股票。即便是表现最差的第十分位，年复合收益率也比无分红分组股票略高了0.08%，投资10万元的最终资产总值（42.99万元）比无分红分组股票（42.31万元）略高了0.68万元。这组实证数据表明，即便是股息率最低分组，业绩表现也比无分红分组股票好，这为尽量买入有分红股票而规避无分红股票提供了实证依据。十分位分组中最高的年复合收益率为14.69%，仅仅低于第2章总市值第一分位（市值最小，规模效应最明显）的14.86%，高于本书中其他所有的单因子指标，这组数据足以说明股息率在中国股票市场中筛选优秀股票的能力非常强。但是，股息率指标有一个非常致命的问题——不合群，只要和其他指标搭配使用，立刻变得非常“怂”，有效性往往还不如股息率单指标。

从图8-4可知，在大盘股票池中，第三分位年复合收益率为12.48%，排名第一；第一分位以12.25%的年复合收益率排名第二；第十分位分组股票以5.62%的年复合收益率排在最后一名；大盘股为8.1%。

各个十分位分组股票年复合收益率呈现递减的趋势，前六分位分组股票年复合收益率都高于大盘股。

从表8-4可知，在整体股票池中，随着股息率从大到小变化，各

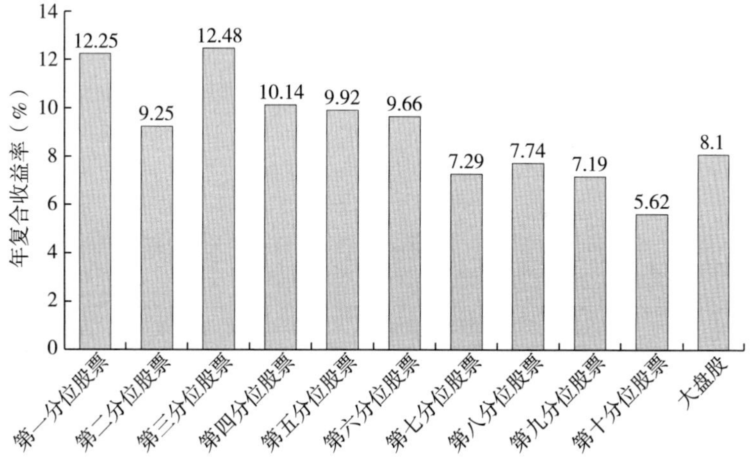

图8-4　大盘股票池按股息率从大到小排序十分位法分组股票模拟组合的年复合收益率（1998/12/31~2020/10/30）

个十分位分组股票10万元投资的最终结果、年复合收益率、夏普比率以及索提诺比率呈现递减的趋势。

第十分位表现最差，第二分位表现最好。整体股票投资10万元赚取的总收益（投资最终结果减去初始10万元本金）为70.37万元，第十分位为32.99万元。第一分位为171.19万元，是整体股票的2.43倍，是第十分位的5.19倍。第二分位为189.24万元，是整体股票的2.69倍，是第十分位的5.74倍。

从表8－5可以看出，在大盘股票池中，随着股息率从大到小变化，各个十分位分组的10万元投资的最终结果、年复合收益率、夏普比率和索提诺比率呈现递减的趋势。

第十分位表现最差，第三分位表现最佳。大盘股投资10万元赚取的总收益（投资最终结果减去初始10万元本金）为44.72万元，第十分位为22.97万元。第一分位为114.76万元，是大盘股的2.57倍，是第十分位的5倍。第三分位为120.23万元，是大盘股的2.69倍，是第十分位的5.23倍。

第三分位一共经历了7次回撤幅度超过20%的最大回撤。迄今为止，所有的回撤都已经得到修复，这种强势现象在单因子策略中极少发生，值得引起我们的关注。

表8－4　整体股票池按股息率从大到小排序十分位法分组股票模拟组合的分析结果（1998/12/31~2020/10/30）

	10万元初始投资的最终结果（万元）	年复合收益率（%）	标准差（%）	下行标准差（%）	最大回撤（%）	夏普比率（无风险利率=5%）	索提诺比率（无风险利率=5%）
第一分位股票	181.19	14.19	28.92	17.8	－65.06	0.32	0.52
第二分位股票	199.24	14.69	30.17	17.75	－64.54	0.32	0.55

续表

	10万元初始投资的最终结果（万元）	年复合收益率（%）	标准差（%）	下行标准差（%）	最大回撤（%）	夏普比率（无风险利率=5%）	索提诺比率（无风险利率=5%）
第三分位股票	157.79	13.47	30.37	18.07	-63.63	0.28	0.47
第四分位股票	131.92	12.54	30.77	18.65	-65.86	0.25	0.4
第五分位股票	126.12	12.31	31	18.39	-65.73	0.24	0.4
第六分位股票	120.59	12.08	31.03	18.44	-67.97	0.23	0.38
第七分位股票	89.01	10.53	31.55	18.56	-68.44	0.18	0.3
第八分位股票	81.86	10.11	31.59	18.6	-67.2	0.16	0.27
第九分位股票	76.85	9.79	32.39	18.52	-67.96	0.15	0.26
第十分位股票	42.99	6.91	33.21	19.01	-72.17	0.06	0.1
整体股票	80.37	10.02	31.53	18.63	-67.62	0.16	0.27

表8-5　大盘股票池按股息率从大到小排序十分位法分组股票模拟组合的分析结果（1998/12/31~2020/10/30）

	10万元初始投资的最终结果（万元）	年复合收益率（%）	标准差（%）	下行标准差（%）	最大回撤（%）	夏普比率（无风险利率=5%）	索提诺比率（无风险利率=5%）
第一分位股票	124.76	12.25	29.3	18.37	-67.8	0.25	0.39
第二分位股票	68.95	9.25	29.81	17.37	-64.67	0.14	0.24
第三分位股票	130.23	12.48	29.46	17.17	-66.94	0.25	0.44
第四分位股票	82.43	10.14	29.26	17.97	-69.13	0.18	0.29
第五分位股票	78.84	9.92	29.28	18.45	-70.33	0.17	0.27
第六分位股票	74.83	9.66	30.32	18.81	-70.84	0.15	0.25
第七分位股票	46.51	7.29	28.81	19.17	-74.1	0.08	0.12

续表

	10万元初始投资的最终结果（万元）	年复合收益率（%）	标准差（%）	下行标准差（%）	最大回撤（%）	夏普比率（无风险利率=5%）	索提诺比率（无风险利率=5%）
第八分位股票	50.94	7.74	29.53	18.29	-70.48	0.09	0.15
第九分位股票	45.58	7.19	30.72	19.25	-70.54	0.07	0.11
第十分位股票	32.97	5.62	32.18	18.67	-77.22	0.02	0.03
大盘股	54.72	8.1	28.71	17.88	-69.73	0.11	0.17

对投资者的启迪

1. 有分红与无分红股票的业绩差异非常明显。我们尽量选择有分红股票。在有分红股票中，不同股息率分组的业绩差异非常大。股息率越高，投资回报率越高；股息率越低，投资回报率越低。我们尽量选择股息率较高的股票，规避股息率较低的股票。
2. 无论是威廉姆斯的永续股息增长模型还是格雷厄姆的股东积极主义，股息都承担了不可或缺的重要作用。
3. 美国市场已经验证了用股息率筛选股票策略的有效性，股息率与未来收益率之间存在明显的正相关关系：股息率越高，未来收益率就越高；股息率越低，未来收益率就越低。“狗股策略”是利用高股息率战胜市场的著名投资策略，也可能是有史以来最简单与最成功的投资策略之一。
4. 只有拥有良好经营业绩和强劲现金流的公司才能常年稳定地派发股息。因此，派发股息在一定意义上象征着公司优越的行业地位，更受到投资者的青睐。

5. 中国股票市场中派发股息的公司数量越来越多，在上市公司中的占比也越来越高。在牛市期间，随着上市公司股票价格普遍上涨，股息率均值逐步走低；在熊市期间，随着上市公司股票价格普遍下跌，股息率均值逐步走高。

第9章

成长性越高，股票前景越好

真正的好公司是，价格不太贵，未来会有非常大的成长。

——菲利普·费雪

价值投资与成长投资

巴菲特是一个能够不断给我们带来惊喜的“奥马哈圣人”。如果你时常阅读巴菲特每年致股东的信，观察他的投资组合，你就会惊喜地看到他每年的学习、思考与成长。巴菲特并不像大多数人误以为地“固守”自己的能力圈，而是会不断探索并突破自己的能力边界。

2020 年 11 月，伯克希尔 – 哈撒韦公司向美国证券交易委员会（SEC）提交了 13F 表格文件。该文件显示，截至第三季度，巴菲特重仓科技股（大多数是苹果公司）的比例高达 48.45%，创下近 20 年新高。

除了重仓科技股，巴菲特近期还做了另两件曾公开表示永远不会碰的事情：第一，购买航空股票（后来被证明是个错误投资，已经全部清仓）；第二，参与新股 IPO。巴菲特曾公开表示不买科技股、不买航空股、不参与新股发售等，他真是这么做的吗？如果连续动态跟踪巴菲特的策略，你就会看到并理解他不断尝试拓展能力边界的努力与行动，并为之倾倒。巴菲特不买看不懂的股票，并不意味着他会停留在“看不懂”的边界之内，一旦学习过、思考过，并突破了看不懂的边界，他就会决绝地行动，不断刷新大家对“股神”的认知。从这个角度看，巴菲特与不断刷新能力边界、拓展业务边界的埃隆·马斯克实属同一类人，虽然二者互相看不对眼。

很多人认为，巴菲特是“价值股”投资专家，但实际上经过这么多年的演进，巴菲特的投资理念并不能简单地被传统的“价值投资”理念所框定，他在不断刷新其投资框架的边界。

2008 年，杰瑞·马丁和约翰·普腾布拉克发表了一篇论文，该论文研究了从 1976 年至 2006 年巴菲特旗下伯克希尔－哈撒韦公司的投资组合。在这 31 年间，伯克希尔－哈撒韦公司的投资组合相较于标普 500 指数的超额年复合收益率平均值为 14.65%；并且有 28 年都战胜了标普 500 指数。进一步研究之后，马丁和普腾布拉克有两个惊人的发现：第一，如果在 13F 表格被递交后的一个月仿照巴菲特的持仓构建投资组合，依然能够获取高于标普 500 指数的投资收益，超额年复合收益率平均值为 14.26%。第二，巴菲特的投资风格并非盛传的“价值投资者”或“逆向投资者”，而是“大型成长股投资者”。巴菲特的超凡业绩并不是由购买传统“价值股”所驱动，而是由购买增长潜力被市场低估的大型股票所驱动。

对于上述结论，巴菲特是否认可，无法获知，但关于成长股，巴菲特有自己精妙的论述：成长与价值，应交替使用，就像轮流换衣服一样，而不是相互对立。

关于成长股投资，公认最顶尖的投资大师为菲利普·费雪。1987 年，在接受《福布斯》杂志的采访时，费雪谈到自己的投资理念，他表示：“我的理论并不是成功投资的唯一方法，但我对此非常自豪，因为我在‘成长股’这个词被发明之前就使用了这套理论。”费雪还解释了他的投资理念与格雷厄姆价值投资之间的区别，“投资有两种基本思路。格雷厄姆开创了一种投资方法，寻找价格便宜、几乎不可能大幅下跌的股票。这一方法在本金上有保证，股票不会下跌很多，迟早会显现出应有的投资价值。我的投资方法有别于格雷厄姆。我要找到这样一只股票，买入价格并不那么高，但它有非常大的增长。我可能会犯错误，选错一些股票，但大部分股票都能够有不俗的表现，并且投资时间越长，这些股票表现越好。"

1958 年，费雪把创立费雪公司的经验、在第二次世界大战期间服役时对投资的反思，以及退伍后 10 多年的实战结论，汇集成了《怎样选择成长股》一书。关于如何选择几年内可能增值几倍，甚至涨幅更高的成长股，费雪在书中给出了 15 个要点。费雪还表示，成长股不好找，两三年能找到一只就已经很幸运了。

巴菲特曾在多个场合表示过，他是费雪及其著作《怎样选择成长股》的忠实粉丝。这个表态还被费雪的儿子写进了书里（有意思的是，费雪的儿子肯内斯·费雪认为自己属于价值投资学派）。

关于成长性，2009 年，威廉·欧奈尔在其经典著作《笑傲股市》（第 4 版）第 4 章"A = 年度收益增长率：寻找收益大牛"中这样表示，真正值得投资的股票，在过去 3 年中每股收益都应有所增长。近几个季度的丰厚收益，以及近几年的持续增长，两者结合才有可能成为一只超级牛股。欧奈尔还建议投资者选择年度收益增长率至少为 25%～50% 的股票。

成长股投资，本质上就是在伟大的行业中挑选拥有较强商业模式和优秀管理团队，并且有潜力成长为伟大公司的投资标的。该标的的成长性可以穿越宏观经济的高峰、低谷以及股市的跌宕起伏，给投资者带来丰厚的投资回报。

成长股投资可能面临 3 个潜在问题。

第一，投资者必须在企业高速成长之前发现它们。这时候距离高速成长还有很长一段时间，如果不具备足够的耐心，投资者很可能放弃该标的。费雪在《怎样选择成长股》一书中描述了投资摩托罗拉的经历，在刚刚投资的前几年，摩托罗拉的表现并不好，气得客户“直呼其名”地责怪了他整整一年，“菲利普，看看你给我买的什么垃圾股票?!”还好费雪有足够的耐心，等来了后期的高速成长阶段，摩托罗拉股票为客户赚取了几十倍的收益。

第二，标的公司必须长期具备综合战略优势才能保持竞争优势和成长性。超高的营业收入和净利润增长常常会吸引潜在进入者。增速越大，行业潜在的机会越大，该行业的竞争就越激烈。为了甄别标的公司是否具备足够的竞争优势和成长性，费雪创造性地发明了 15 个要点进行判断，并根据这些要点长期密切跟踪标的公司。

第三，高增长往往带来投资者的高预期和高估值，价格往往在高位盘旋。一旦增长率低于预期，股票价格可能巨幅下跌。当费雪看到 15 个要点中的绝大部分与买入时不符，企业的竞争优势变弱并且增长率可能下降时，他就会坚决卖出该股票；反之，如果 15 个要点的结论保持不变，企业的竞争优势和增长率优势仍在，费雪将继续持有该股票。

成长股投资，需要更多的主观判断与估计，更充满了“艺术性”。因此，与其他投资流派不同，成长股投资很难用量化的手段去刻画。本章的模型仅是抛砖引玉，有待进一步打磨。本章使用年度增长率数据。

常用的 5 种成长性指标

指标 1，净利润增长率

图 9－1 和表 9－1 的实证数据显示，从第一分位到第十分位，随

着净利润增长率的下降，各个十分位的年复合收益率、10 万元初始投资的最终结果、夏普比率以及索提诺比率呈现先涨后跌的趋势。年复合收益率最高的是第四分位，数值为 12.67%，略微超过第三分位(12.64%)。第一分位为 7.43%，第十分位为 6.49%，二者都弱于整体股票的 10.1%。第十分位的最大回撤值为 78.15%，远远大于整体股票的 67.62%。

净利润增长率最高的第一分位的年复合收益率低于整体股票，这一现象在后续其他增长率中也屡屡发生，可能的原因是，高增长引发了投资者的高度聚焦，带来了对企业的高预期和高估值，过高的股价透支了企业的全部增长预期，而实际的增长很难匹配这种高预期。当增长率仅仅略微低于预期时，该分位股票的价格就会跌得一塌糊涂，并导致该分位股票的投资收益率不高。

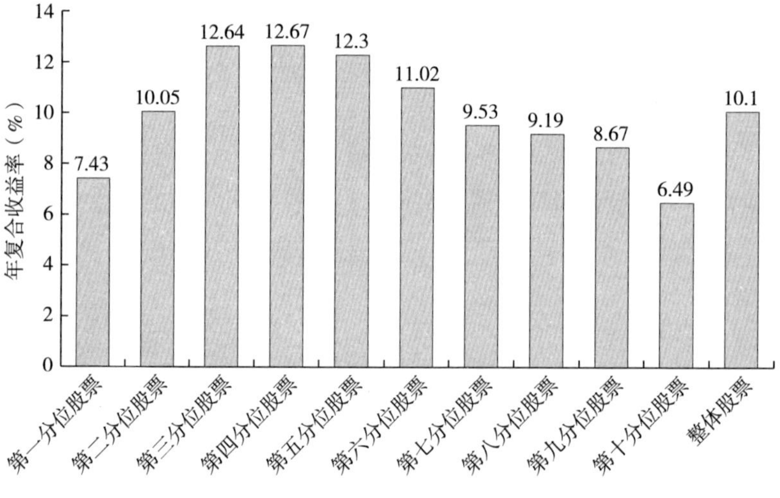

图 9－1　整体股票池按净利润增长率从大到小排序十分位法分组股票模拟组合的年复合收益率（1998/12/31~2020/11/30）

净利润增长率排名第三、第四、第五和第六的分组股票的年复合收益率都大幅度高于整体股票，可能的原因是，这些股票的增长率并不抢眼，不太容易引起投资者的聚焦和追捧，股票价格处于相对低位状态。这些企业的增长率并不差，总有一天，股票价格将充分反映增长率的未来价值。较低的投资成本和潜在的未来增值空间使得这些分位股票的投资收益率相对较高。

净利润增长率最差的第十分位的年复合收益率低于整体股票，这一现象在后续其他增长率中也屡屡发生，可能的原因是，这些企业的净利润增长率基本上都是负值，企业的经营能力和经营效益正在走下坡路。企业的经营能力下降，反映在股票价格上，就是股价的萎靡不振，投资收益率很低，甚至为负值。

表9－1　整体股票池按净利润增长率从大到小排序十分位法分组股票模拟组合的分析结果（1998/12/31~2020/11/30）

	10万元初始投资的最终结果（万元）	年复合收益率（%）	标准差（%）	下行标准差（%）	最大回撤（%）	夏普比率（无风险利率=5%）	索提诺比率（无风险利率=5%）
第一分位股票	48.08	7.43	32.8	19.76	－72.5	0.07	0.12
第二分位股票	81.5	10.05	31.79	18.84	－70.03	0.16	0.27
第三分位股票	135.87	12.64	30.87	18.83	－68.75	0.25	0.41
第四分位股票	136.63	12.67	30.26	18.41	－66.65	0.25	0.42
第五分位股票	127.09	12.3	30.48	18.11	－66.91	0.24	0.4
第六分位股票	98.83	11.02	30.7	18.35	－66.07	0.2	0.33
第七分位股票	73.55	9.53	31.49	18.4	－68.75	0.14	0.25
第八分位股票	68.69	9.19	32.82	18.69	－71.42	0.13	0.22

续表

	10万元初始投资的最终结果（万元）	年复合收益率（%）	标准差（%）	下行标准差（%）	最大回撤（%）	夏普比率（无风险利率=5%）	索提诺比率（无风险利率=5%）
第九分位股票	61.88	8.67	33.37	19.25	-74.16	0.11	0.19
第十分位股票	39.71	6.49	34.19	20.01	-78.15	0.04	0.07
整体股票	82.33	10.1	31.47	18.63	-67.62	0.16	0.27

从图9-2和表9-2可以看出，在大盘股票池中，表现相对较好的也是处于中间的第三、第五和第六分位。与整体股票池中不同的是，表现最差的不是第十分位而是第一分位。第一分位各项指标都最差。因此，在大盘股票池中，净利润增长率最高的第一分位，反而不值得花费太多精力去关注。

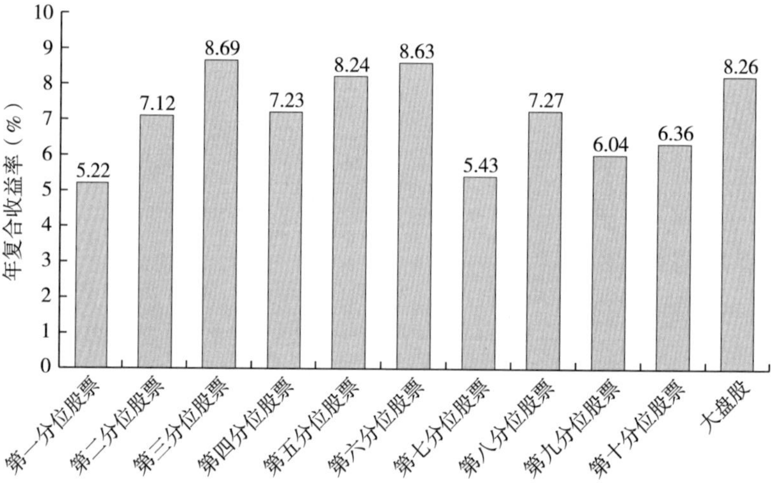

图9-2　大盘股票池按净利润增长率从大到小排序十分位法分组股票模拟组合的年复合收益率（1998/12/31~2020/11/30）

表9－2 大盘股票池按净利润增长率从大到小排序十分位法分组股票模拟组合的分析结果（1998/12/31~2020/11/30）

	10万元初始投资的最终结果（万元）	年复合收益率（%）	标准差（%）	下行标准差（%）	最大回撤（%）	夏普比率（无风险利率=5%）	索提诺比率（无风险利率=5%）
第一分位股票	30.48	5.22	32.31	21.01	－75.95	0.01	0.01
第二分位股票	45.19	7.12	24.5	15.07	－64.98	0.09	0.14
第三分位股票	62.09	8.69	24.32	14.85	－61.99	0.15	0.25
第四分位股票	46.13	7.23	22.42	13.28	－54.53	0.1	0.17
第五分位股票	56.76	8.24	21.35	12.65	－54.64	0.15	0.26
第六分位股票	61.39	8.63	28.29	16.8	－67.88	0.13	0.22
第七分位股票	31.89	5.43	22.24	13.11	－55.52	0.02	0.03
第八分位股票	46.56	7.27	22.98	13.54	－54.13	0.1	0.17
第九分位股票	36.15	6.04	24.76	14.66	－58.66	0.04	0.07
第十分位股票	38.61	6.36	31.02	18.48	－69.64	0.04	0.07
大盘股	56.99	8.26	28.66	17.88	－69.73	0.11	0.18

指标2，营业收入增长率

图9－3和表9－3发生了类似图9－1和表9－1的现象，从第一分位到第十分位，随着营业收入增长率的下降，各个十分位的年复合收益率、10万元初始投资的最终结果、夏普比率以及索提诺比率呈现先涨后跌的特征。年复合收益率最高的是第三分位，数值为11.75%。

由于高增长带来的高预期、高估值和高股价透支了企业的未来增长前景，股票的未来收益动力不足。因此，第一分位的年复合收益率

（8.61%）弱于整体股票（10.1%）。第十分位的营业收入增长率最低，股价萎靡不振，投资收益率不高。增长率相对适中的第二、第三、第四和第五分位的年复合收益率都超越整体股票。

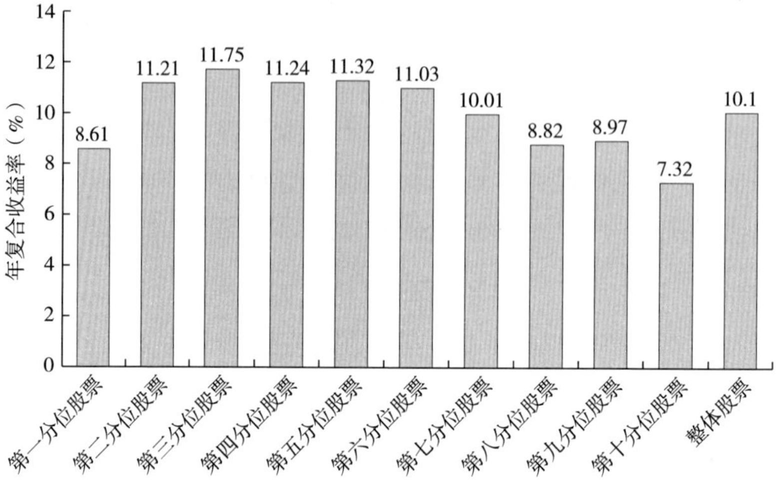

图9-3　整体股票池按营业收入增长率从大到小排序十分位法分组股票模拟组合的年复合收益率（1998/12/31~2020/11/30）

表9-3　整体股票池按营业收入增长率从大到小排序十分位法分组股票模拟组合的分析结果（1998/12/31~2020/11/30）

	10万元初始投资的最终结果（万元）	年复合收益率（%）	标准差（%）	下行标准差（%）	最大回撤（%）	夏普比率（无风险利率=5%）	索提诺比率（无风险利率=5%）
第一分位股票	61.17	8.61	32.54	18.81	-72.14	0.11	0.19
第二分位股票	102.59	11.21	31.37	18.79	-68.59	0.2	0.33
第三分位股票	114.12	11.75	31.23	18.48	-68.13	0.22	0.37
第四分位股票	103.24	11.24	31.15	18.39	-66.78	0.2	0.34
第五分位股票	104.84	11.32	30.7	18.55	-65.52	0.21	0.34

续表

	10万元初始投资的最终结果（万元）	年复合收益率（%）	标准差（%）	下行标准差（%）	最大回撤（%）	夏普比率（无风险利率=5%）	索提诺比率（无风险利率=5%）
第六分位股票	99.06	11.03	31.61	19.1	-66.43	0.19	0.32
第七分位股票	80.94	10.01	31.21	18.92	-67.68	0.16	0.26
第八分位股票	63.71	8.82	32.23	19.18	-69.51	0.12	0.2
第九分位股票	65.71	8.97	32.59	18.75	-72.76	0.12	0.21
第十分位股票	47.04	7.32	33.36	19.13	-76.01	0.07	0.12
整体股票	82.33	10.1	31.47	18.63	-67.62	0.16	0.27

从图9-4和表9-4可以看出，在大盘股票池中，表现相对较好的也是增长率处于中间的分位分组，分别为第四、第五和第六分位。年复合收益率、投资10万元的最终结果和索提诺比率表现最差的是第七分位。标准差、下行标准差和最大回撤表现最差的是第一分位。第一分位、第七分位、第八分位和第十分位的夏普比率同时表现最差。

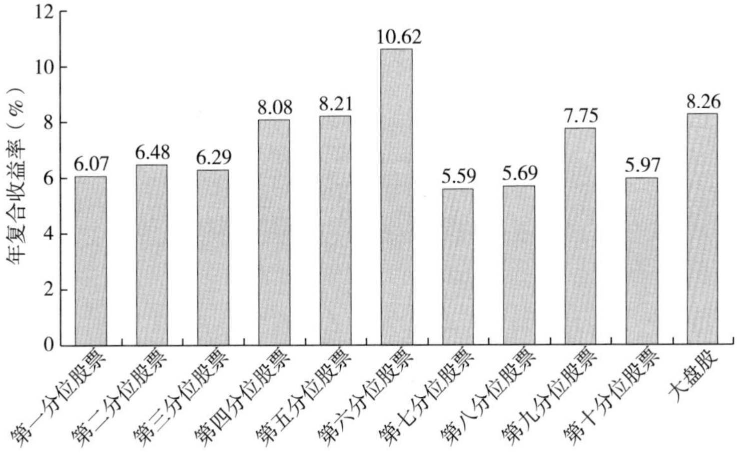

图9-4　大盘股票池按营业收入增长率从大到小排序十分位法分组股票模拟组合的年复合收益率（1998/12/31~2020/11/30）

表9－4　大盘股票池按营业收入增长率从大到小排序十分位法分组股票模拟组合的分析结果（1998/12/31~2020/11/30）

	10万元初始投资的最终结果（万元）	年复合收益率（%）	标准差（%）	下行标准差（%）	最大回撤（%）	夏普比率（无风险利率=5%）	索提诺比率（无风险利率=5%）
第一分位股票	36.39	6.07	33.81	19.6	－74.42	0.03	0.05
第二分位股票	39.62	6.48	24.51	14.43	－63.46	0.06	0.1
第三分位股票	38.04	6.29	22.76	13.89	－59.43	0.06	0.09
第四分位股票	54.9	8.08	23.05	13.13	－52.97	0.13	0.23
第五分位股票	56.4	8.21	21.94	13.16	－56.11	0.15	0.24
第六分位股票	91.39	10.62	28.26	17.15	－66.32	0.2	0.33
第七分位股票	32.97	5.59	22.43	14.09	－57.64	0.03	0.04
第八分位股票	33.62	5.69	22.44	13.12	－55.11	0.03	0.05
第九分位股票	51.3	7.75	23.5	14.29	－59.42	0.12	0.19
第十分位股票	35.64	5.97	31.49	19.14	－71.65	0.03	0.05
大盘股	56.99	8.26	28.66	17.88	－69.73	0.11	0.18

指标3，营业利润增长率

营业利润与营业收入、净利润有很大的区别。营业收入仅仅考量企业产生的收入，不考量企业的经营成本等其他经营要素。营业利润除了考量企业产生的收入与经营成本，还考量为了维持企业持续经营所花费的其他成本和获取的收益，更能反映企业经营活动的最终结果。净利润除了考量营业利润，还考量营业外收入、营业外支出和所得税等因素。

从图9－5和表9－5可以看出，从第一分位到第十分位，随着营业利润增长率的下降，各个十分位的年复合收益率、10万元初始投资的最终结果、夏普比率和索提诺比率呈现先上升后下降的凸面特征。

业绩表现较优的分位分组是营业利润增长率适中的第二、第三、第四、第五、第六和第七分位，这些分位的年复合收益率都高于整体股票。第一分位的业绩表现为倒数第二差。第十分位表现最差。

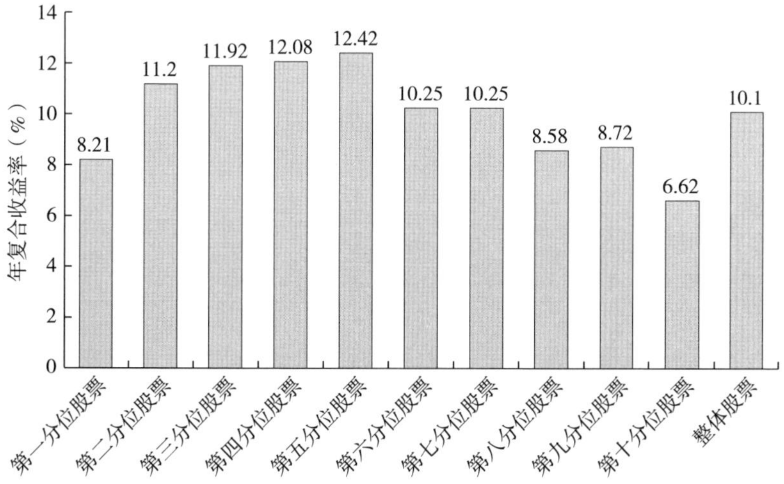

图 9-5 整体股票池按营业利润增长率从大到小排序十分位法分组股票模拟组合的年复合收益率（1998/12/31~2020/11/30）

表 9-5 整体股票池按营业利润增长率从大到小排序十分位法分组股票模拟组合的分析结果（1998/12/31~2020/11/30）

	10 万元初始投资的最终结果（万元）	年复合收益率（%）	标准差（%）	下行标准差（%）	最大回撤（%）	夏普比率（无风险利率 =5%）	索提诺比率（无风险利率 =5%）
第一分位股票	56.37	8.21	32.99	19.61	-72.51	0.1	0.16
第二分位股票	102.43	11.2	31.63	18.94	-69.98	0.2	0.33
第三分位股票	118.04	11.92	31.18	18.62	-68.65	0.22	0.37
第四分位股票	121.87	12.08	29.98	18.07	-66.98	0.24	0.39

续表

	10 万元初始投资的最终结果（万元）	年复合收益率（%）	标准差（%）	下行标准差（%）	最大回撤（%）	夏普比率（无风险利率 =5%）	索提诺比率（无风险利率 =5%）
第五分位股票	130.11	12.42	30.43	18.19	-66.01	0.24	0.41
第六分位股票	84.95	10.25	30.15	18.32	-66.33	0.17	0.29
第七分位股票	84.92	10.25	31.41	18.62	-66.83	0.17	0.28
第八分位股票	60.73	8.58	32.77	18.71	-72.47	0.11	0.19
第九分位股票	62.47	8.72	33.9	19.43	-73.79	0.11	0.19
第十分位股票	40.75	6.62	34.11	20.02	-78.09	0.05	0.08
整体股票	82.33	10.1	31.47	18.63	-67.62	0.16	0.27

从图 9-6 和表 9-6 可以看出，在大盘股票池中，业绩表现相对较优的是营业利润增长率相对适中的第三、第五和第六分位。第六分位表现最好，年复合收益率高于大盘股。

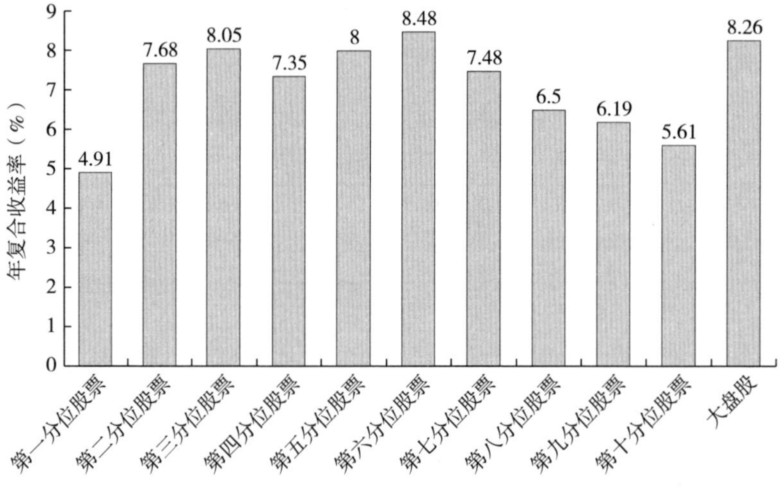

图 9-6　大盘股票池按营业利润增长率从大到小排序十分位法分组股票模拟组合的年复合收益率（1998/12/31~2020/11/30）

各项指标表现最差的不是第十分位，而是第一分位。由此可见，大盘股票池中营业利润增长率第一分位不值得投资。

表9－6　大盘股票池按营业利润增长率从大到小排序十分位法分组股票模拟组合的分析结果（1998/12/31~2020/11/30）

	10万元初始投资的最终结果（万元）	年复合收益率（%）	标准差（%）	下行标准差（%）	最大回撤（%）	夏普比率（无风险利率=5%）	索提诺比率（无风险利率=5%）
第一分位股票	28.59	4.91	33.16	20.88	－75.8	0	0
第二分位股票	50.65	7.68	24.18	14.6	－64.39	0.11	0.18
第三分位股票	54.59	8.05	24.1	15.03	－62.94	0.13	0.2
第四分位股票	47.32	7.35	22.43	13.46	－57.29	0.1	0.17
第五分位股票	54.01	8	21.76	12.69	－55.74	0.14	0.24
第六分位股票	59.59	8.48	27.74	17.05	－67	0.13	0.2
第七分位股票	48.55	7.48	22.2	13	－54.53	0.11	0.19
第八分位股票	39.73	6.5	22.49	13.45	－51.9	0.07	0.11
第九分位股票	37.32	6.19	24.61	14.72	－58.61	0.05	0.08
第十分位股票	33.05	5.61	30.98	18.25	－72.43	0.02	0.03
大盘股	56.99	8.26	28.66	17.88	－69.73	0.11	0.18

指标4，现金流增长率

从图9－7和表9－7可以看出，在整体股票池中，从第一分位到第十分位，随着经营活动现金流增长率从大到小变化，各个十分位的年复合收益率、10万元初始投资的最终结果、夏普比率和索提诺比例呈现先上升后下降的凸面特征。

业绩表现最优的是第六分位，其他分位诸如第一、第三、第四、第五和第七分位的表现也不差，这些分位的年复合收益率都超越整体股票。与前面三种增长率第一分位的差劲表现截然不同，经营活动现金流增长率第一分位的年复合收益率排名第六，并战胜整体股票。

业绩表现最差的是第十分位，拥有最差的年复合收益率和 10 万元初始投资的最终结果，低至负值的夏普比率和索提诺比率，以及最高的标准差、下行标准差和最大回撤值。

从图 9－8 和表 9－8 可以看出，在大盘股票池中，业绩表现相对较好的是增长率适中的第三、第四和第六分位，其中第六分位表现最好。这三个分位的年复合收益率都超越大盘股。

与前面 3 种增长率指标的第一分位表现很差的状况截然不同，经营活动现金流增长率第一分位获取了相对适中的年复合收益率，排名第五，但也没有战胜大盘股。

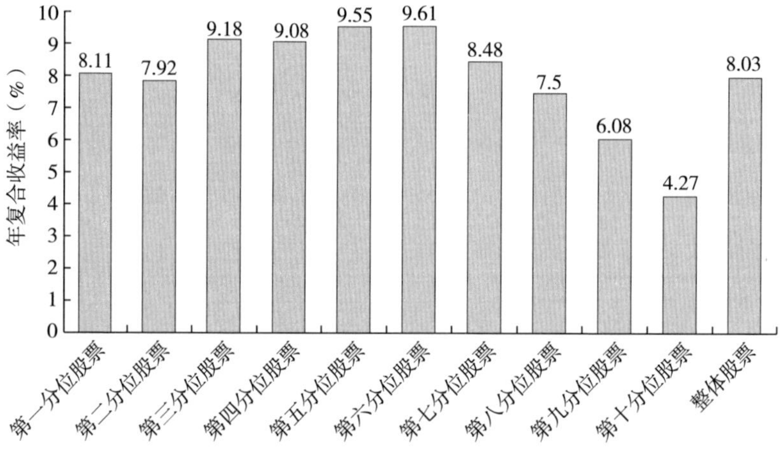

图 9－7　整体股票池按经营活动现金流增长率从大到小排序十分位法分组股票模拟组合的年复合收益率（2000/03/31~2020/11/30）

表9－7 整体股票池按经营活动现金流增长率从大到小排序十分位法分组股票模拟组合的分析结果（2000/03/31~2020/11/30）

	10万元初始投资的最终结果（万元）	年复合收益率（%）	标准差（%）	下行标准差（%）	最大回撤（%）	夏普比率（无风险利率=5%）	索提诺比率（无风险利率=5%）
第一分位股票	50.14	8.11	31.7	19.13	-69.57	0.1	0.16
第二分位股票	48.32	7.92	31.91	19.5	-68.01	0.09	0.15
第三分位股票	61.38	9.18	31.54	19.73	-68.17	0.13	0.21
第四分位股票	60.42	9.09	30.24	18.75	-66.09	0.14	0.22
第五分位股票	65.88	9.55	29.7	18.92	-65.25	0.15	0.24
第六分位股票	66.61	9.61	29.53	18.7	-65.82	0.16	0.25
第七分位股票	53.76	8.48	30.99	18.93	-66.06	0.11	0.18
第八分位股票	44.56	7.5	32.11	19.51	-69.1	0.08	0.13
第九分位股票	33.84	6.08	32.75	19.54	-72.78	0.03	0.06
第十分位股票	23.72	4.27	32.96	19.52	-75.58	-0.02	-0.04
整体股票	49.35	8.03	31.08	19.13	-67.62	0.1	0.16

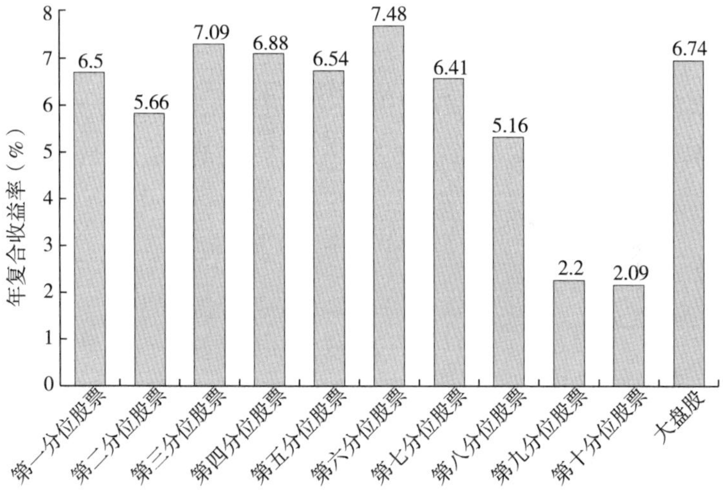

图9－8 大盘股票池按企业经营活动现金流增长率从大到小排序十分位法分组股票模拟组合的年复合收益率（2000/03/31~2020/11/30）

表9－8　大盘股票池按企业经营活动现金流增长率从大到小排序十分位法分组股票模拟组合的分析结果（2000/03/31~2020/11/30）

	10万元初始投资的最终结果（万元）	年复合收益率（%）	标准差（%）	下行标准差（%）	最大回撤（%）	夏普比率（无风险利率=5%）	索提诺比率（无风险利率=5%）
第一分位股票	36.76	6.5	30.51	19.27	-73.46	0.05	0.08
第二分位股票	31.19	5.66	22.55	14.62	-60.28	0.03	0.05
第三分位股票	41.19	7.09	22.05	14.48	-58.06	0.09	0.14
第四分位股票	39.58	6.88	21.18	13.44	-57.29	0.09	0.14
第五分位股票	37.05	6.54	21.19	14.38	-54.97	0.07	0.11
第六分位股票	44.41	7.48	27.07	18.74	-69.05	0.09	0.13
第七分位股票	36.12	6.41	21.28	14.04	-55.02	0.07	0.1
第八分位股票	28.27	5.16	21.19	12.91	-50.84	0.01	0.01
第九分位股票	15.69	2.2	23.53	15.28	-62.28	-0.12	-0.18
第十分位股票	15.33	2.09	30.3	18.33	-72.7	-0.1	-0.16
大盘股	38.53	6.74	27.94	18.45	-69.73	0.06	0.09

年复合收益率和10万元初始投资结果表现最差的是第十分位；夏普比率和索提诺比率表现最差的是第九分位；标准差、下行标准差和最大回撤表现最差的是第一分位。

指标5，净资产增长率

从图9－9和表9－9可以看出，在整体股票池中，从第一分位到第十分位，随着净资产增长率从大到小变化，除了第九分位有所反复，各个十分位的年复合收益率、10万元初始投资的最终结果、夏普比率和索提诺比率呈现先上升后下降的凸面特征。

业绩表现最优的是第五分位，其他分位诸如第四、第六和第九分位的表现也不差。前述4个分位的年复合收益率都超越整体股票。

与本章前3种增长率第一分位的较差表现相似，净资产增长率第一分位年复合收益率排名倒数第二，并且跑输整体股票。

业绩表现最差的是第十分位。该分位获取了最低的年复合收益率、10万元初始投资的最终结果、夏普比率和索提诺比率，同时获取了最高的标准差、下行标准差和最大回撤。

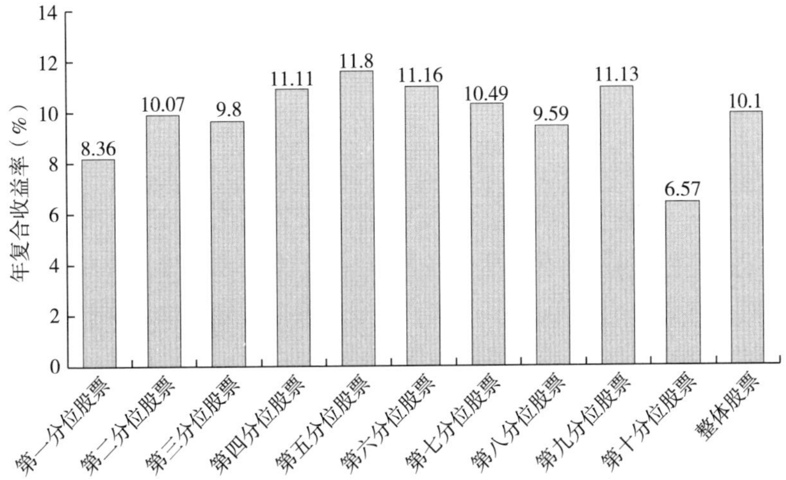

图9-9　整体股票池按净资产增长率从大到小排序十分位法分组股票模拟组合的年复合收益率（1998/12/31~2020/11/30）

表9-9　整体股票池按净资产增长率从大到小排序十分位法分组股票模拟组合的分析结果（1998/12/31~2020/11/30）

	10万元初始投资的最终结果（万元）	年复合收益率（%）	标准差（%）	下行标准差（%）	最大回撤（%）	夏普比率（无风险利率=5%）	索提诺比率（无风险利率=5%）
第一分位股票	58.08	8.36	31.3	18.56	-71.99	0.11	0.18
第二分位股票	81.84	10.07	30.69	18.81	-70.08	0.17	0.27
第三分位股票	77.55	9.8	30.29	18.57	-68.19	0.16	0.26

续表

	10万元初始投资的最终结果（万元）	年复合收益率（%）	标准差（%）	下行标准差（%）	最大回撤（%）	夏普比率（无风险利率=5%）	索提诺比率（无风险利率=5%）
第四分位股票	100.65	11.11	30.88	18.37	-65.78	0.2	0.33
第五分位股票	115.15	11.8	31.44	18.66	-67.68	0.22	0.36
第六分位股票	101.61	11.16	32.02	18.92	-66.96	0.19	0.33
第七分位股票	89.1	10.49	32.54	19.09	-70.8	0.17	0.29
第八分位股票	74.43	9.59	33.33	19.4	-73.09	0.14	0.24
第九分位股票	100.98	11.13	33.28	19.57	-66.96	0.18	0.31
第十分位股票	40.33	6.57	33.5	19.78	-78.02	0.05	0.08
整体股票	82.33	10.1	31.47	18.63	-67.62	0.16	0.27

从图9-10和表9-10可以看出，在大盘股票池中，表现较优的是增长率适中的第三、第四和第六分位，其中第四分位表现最优。这3个分位的年复合收益率都超越大盘股。

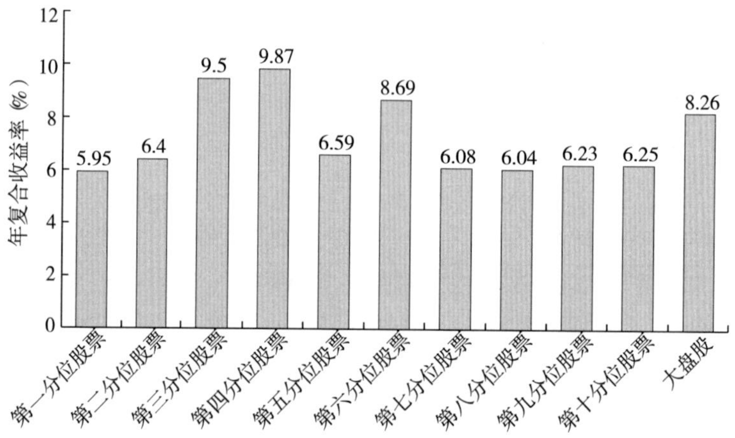

图9-10 大盘股票池按净资产增长率从大到小排序十分位法分组股票模拟组合的年复合收益率（1998/12/31~2020/11/30）

表 9－10　大盘股票池按净资产增长率从大到小排序十分位法分组股票模拟组合的分析结果（1998/12/31~2020/11/30）

	10 万元初始投资的最终结果（万元）	年复合收益率（%）	标准差（%）	下行标准差（%）	最大回撤（%）	夏普比率（无风险利率 =5%）	索提诺比率（无风险利率 =5%）
第一分位股票	35.52	5.95	30.47	18.74	－72.56	0.03	0.05
第二分位股票	38.96	6.4	23.46	14.28	－62.18	0.06	0.1
第三分位股票	73.03	9.5	24.31	14.08	－62.06	0.18	0.32
第四分位股票	78.7	9.87	23.84	14.35	－59.4	0.2	0.34
第五分位股票	40.46	6.59	22.95	14.59	－58.77	0.07	0.11
第六分位股票	62.09	8.69	22.59	13.38	－50.64	0.16	0.28
第七分位股票	36.47	6.08	22.92	13.54	－54.32	0.05	0.08
第八分位股票	36.14	6.04	23.45	13.85	－57.33	0.04	0.07
第九分位股票	37.57	6.23	23.93	13.85	－54.84	0.05	0.09
第十分位股票	37.74	6.25	30.72	18.79	－70.38	0.04	0.07
大盘股	56.99	8.26	28.66	17.88	－69.73	0.11	0.18

年复合收益率最差的竟然是第一分位。除了这个指标最差，第一分位的 10 万元初始投资的最终结果、夏普比率、索提诺比率以及最大回撤的表现都最差。

第十分位虽然年复合收益率排名第五，但在标准差和下行标准差方面都表现最差。

发电厂、现金牛、资本瘾君子与资本杀手

为了便于进一步研究，券商和公募基金常常用成长性和资本回报

率两种指标把上市公司粗略划分为4大类：发电厂、现金牛、资本瘾君子与资本杀手（见图9-11）。

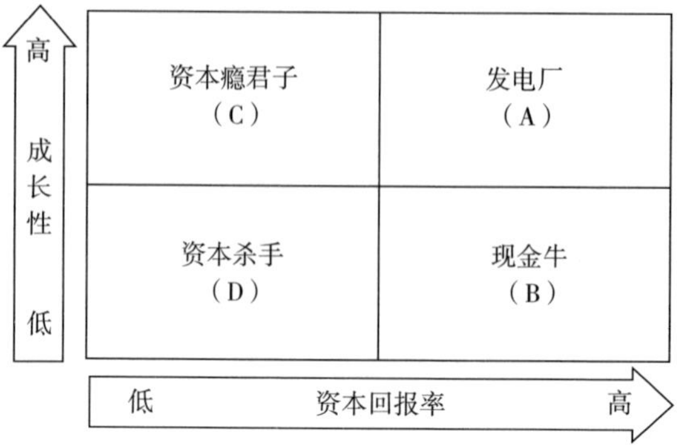

图9-11　上市公司股票的4种类型

A象限是发电厂，该象限公司具备成长性和资本回报率双高的特征。曾经的苹果公司和贵州茅台，都属于此象限的公司。此象限公司属于真正的成长股公司：发展空间大，增速高，资本需求小，具有核心竞争优势，能够持续提升净资产收益率。这样的公司才是投资收益的最重要源泉，也是战胜股票市场的重要途径。但成长股数量少之又少，如凤毛麟角，很难碰到。费雪在其著作中提到，在他前十几年的投资生涯中，也仅仅挖掘到了10多只此类股票。

随着高速增长期结束，公司进入稳定增长期或平稳发展期，增长率下滑，资本回报率保持不变，从A象限进入B象限——现金牛。现金牛公司虽然增长速度不快，但能够产生大量的资本回报。此象限公司数量虽然比A象限多，但在全部上市公司中占比并不高，主要集中在蓝筹板块。

随着资本回报率显著下滑，成熟公司进入衰退期，从B象限进入D象限——资本杀手。资本杀手不但增长率很低，甚至为负，而且资本回报率很低，甚至为负。顾名思义，资本杀手就像碎钞机一样，能够挥霍掉任何投入资本，此象限很少给资本市场带来正向效益贡献。

资本杀手虽然不可靠，但比较显性，很容易辨别与提防。更需要提防的是处于C象限的资本瘾君子。资本瘾君子公司虽然资本回报率不高，但成长性非常高，因此常常伪装成成长股公司欺骗投资者投入“真金白银”。资本瘾君子的资本支出与需求非常大，但少有资本回报，本质上属于伪成长股。一旦被证伪，股价一落千丈。资本瘾君子比较隐蔽，不容易辨认，还会伪装成成长股，因此给投资者带来的伤害比资本杀手更大，更需要提防。

在上述4个象限中，从下到上跨越的难度非常大，但从上到下跨越的难度非常小；从左到右跨越（涉及“护城河”优势，详细介绍参看第10章）的难度非常大，但从右到左跨越的难度非常小。因此，发电厂可以很容易地退化成现金牛，现金牛可以很容易地退化成资本杀手；发电厂可以一不小心就退化成资本瘾君子（丧失了“护城河”优势），资本瘾君子可以很容易地退化成资本杀手。

虽然都很难，但从左到右跨越的难度远远大于从下到上跨越的难度。因此，资本杀手可以通过进一步牺牲资本回报来获取成长性，跨越成为资本瘾君子；现金牛可以通过研发新产品、开发新业务线来获取成长性，跨越成为发电厂。但“护城河”优势非一日之功，资本瘾君子极难通过提升资本回报率跨越成为发电厂，资本杀手也极难通过提升资本回报率跨越成为现金牛。

警惕伪成长股

我们已经在第3章中讨论了价值股投资常常碰到的“低估值陷

阱”，本节将讨论成长股投资常常碰到的陷阱——“伪成长股”。

2015 年，中国创业板大起大落。“成长股”炒作空间更大，更能吸引投资者的青睐，因此，很多投资者把资金集中在“成长股”上。但是，“成长股”在股市中的表现非常脆弱。但凡预期和现实有所差别，股价就会出现暴跌。2015 年，很多“成长股”被证伪之后，股价下跌，近乎“腰斩”甚至“脚趾斩”（形容下跌极其惨烈，跌得只剩下脚指头了）。

本章前文已经提到，成长股投资更像是一门“艺术”。寻找成长股，往往不像投资者想象的那么简单，费雪说他花了 40 年才形成了完整的成长股投资哲学。即便现在我们可以方便地获取各种数据、知识和经验，也还需要花费大量的时间才能摸到成长股投资的窍门。虽然我们一时半会儿无法学会如何挑选成长股，但可以很快学到如何规避伪成长股。我们可以规避以下 4 类伪成长股。

第一，行业存在天花板（上限）的成长股。行业有天花板，该行业的利润空间就有天花板，企业的成长空间更有天花板。巴菲特曾说：“一家纺织厂经营得再好，也不能证明那是一个好行业。”如果行业有天花板，那么无论如何也不可能涌现出一个伟大的企业。“好大水，好大鱼”就是这个道理，大水才能养大鱼，小水坑只能养个小虾米。因此，我们要规避行业有天花板的成长股。行业有天花板，可能是由两种原因造成的：一是行业本身的容量并不大；二是技术革新导致行业的容量出现天花板。

第二，利润率不断下降的成长股。为了追求增长，大部分企业都会挤压甚至牺牲应得的利润。没有巨额的利润，企业就很难实施大规模的研发、扩大再生产，或者开发新产品。因此，这种低质量的增长是不可持续的。苹果公司之所以令人尊敬，就是因为在 2010 年至 2017 年的高速成长期，其毛利率不断提升。利润率能够不断提升的成长股，才是质地优良的成长股。

第三，没有核心竞争优势的成长股。没有核心竞争优势，很容易被竞争对手替代，也很容易被上游和下游挤压利润。这种增长与规模扩张不能带来相应的收益，而是为他人作嫁衣，拱手把高额利益让渡给其他公司。

第四，宏观经济扩张后期高速成长的周期股。在宏观经济扩张周期的后期，很多周期股利润以惊人的速度高速增长，比如说，煤炭、有色金属和银行等。投资者可能会把短期的高速增长误认为“持续增长”，把这些股票归类为成长股，并赋予很高的增长预期、估值和价格。但是，随着经济扩张周期结束，收缩周期开启，周期股的利润巨幅下滑，甚至下降为负值。“成长”被证伪，股价一泻千里。

对投资者的启迪

1. 2008 年，杰瑞·马丁和约翰·普腾布拉克发表了一篇论文，该论文认为巴菲特属于“大型成长股投资者”。巴菲特认为，投资专家应该综合使用价值法与成长法之所长。
2. 费雪认为，成长股投资就是要买入价格并不高但成长性非常高的股票。在《怎样选择成长股》一书中，费雪给出了选择成长股的 15 个要点。
3. 增长率最高的第一分位吸引了投资者的目光，带来了过高的股价。企业的实际增长很难匹配这种过高股价蕴含的预期增长，但凡实际增长与预期有所差别，股票就会一泻千里。因此，第一分位的投资收益率并不高。
4. 增长率适中的分位分组不太容易被投资者聚焦，但其增长率并不低。股价走势终究会充分反应增长率的未来价值，使得这些分组股票能获取较高的投资收益率。

5. 增长率最低的第十分位基本上都是负增长率。企业正在走下坡路，股价走势萎靡不振，使得第十分位的投资收益率非常低。
6. 在本章讨论的所有增长率指标中，有效性最高的是净利润增长率。在实际投资中，我们不但要考虑增长率，还要考虑价格因素。
7. 为了方便进一步研究，券商和公募基金常常用成长性和资本回报率两种指标把上市公司粗略划分为 4 类：发电厂、现金牛、资本瘾君子、资本杀手。
8. 我们要规避“伪成长股”，否则“脚趾斩”的厄运就会降临到我们头上。

第10章

资本回报率越高，企业创造利润的能力越强

如果非要我用一个指标进行选股，我会选择净资产收益率，那些净资产收益率能常年持续稳定在20%以上的公司都是好公司，投资者应当考虑买入。

——沃伦·巴菲特

当沃伦 · 巴菲特遇到爱德华 · 索普

本书引用巴菲特言论如此之多，一些投资者可能会疑惑，这本讲量化模型的书，为什么大量引用巴菲特的观点？巴菲特采用精选个股的价值投资法，与量化模型八竿子打不着呀！对我而言，量化只是一种工具，用来校验选股指标是否有效以及搭建选股策略。有效选股指标是核心，实现手段既可以是量化，也可以是基本面分析。

我理解的巴菲特，兼容并包，博采众家之所长，从 1956 年的巴菲特合伙公司算起，历多种经济周期变化，观各种产业变迁，屹立 65 年而不倒，思维很有深度。我在第 9 章中提过，巴菲特并不是大多数人误以为的“固守”自己的能力圈，而是在不断探索并突破自己的能力边界。如果把巴菲特看作股票，那么他实属“成长股”，而非“价值股”。

巴菲特对于量化建模没有任何直接的评价，只有一段这样的话：“投资者应当对基于历史数据的模型保持一定的怀疑。常常有书呆子采纳贝塔、西格玛和伽马等晦涩难懂术语构建的模型大行其道，这些模型看起来令人印象深刻，感觉非常厉害，但投资者常常忘记这些术语背后的假设（如果假设是错的或不适用，那么整个结论就是错的）。对此，我们的建议是，小心采用大量复杂方程式的笨蛋。”

乍看之下，巴菲特这段话直击量化模型的命门——历史数据以及复杂方程式。但是，我恰恰非常认可巴菲特的这段话，并且本书也避免了巴菲特担忧的历史数据的误用和复杂方程式的使用。

首先看历史数据。如果你看到有些投资者拿大量数据去做“拟合”，有些投资者用多于数据样本的参数去做“拟合”，你就会理解巴菲特的批判是多么有道理。对于量化模型，巴菲特并没有一棍子打死，而是让我们保持适当的怀疑。我们不能过度线性外推，步子迈太大，很容易出错。回到本书，如果你知晓日度、周度和月度收盘数据信息含量的多寡，你就会理解本书小心翼翼采纳月度收盘数据的良苦用心。如果你明白 1 年期或 3 年期等短周期“拟合”与跨越宏观经济周期数据分析的区别，你就会理解本书花大力气采纳 22 年超长周期数据的原因。对于任何没有基本常识的投资者而言，通过 22 年超长周期月度数据得出来的结论往往具备重要的指导意义：第一，快速理解资本市场；第二，实证数据指导投资，什么事情该做，什么事情不该做。

其次看复杂方程式。为了避免应用复杂方程式，本书在筛选股票时仅使用从大到小或从小到大的简单排序方法。即便是复杂的多因子模型，也仅仅使用因子的等权重相加方法，而不采用微积分、西格玛、线性回归甚至机器学习、人工智能等方法。股票筛选策略简单至极，便于上手应用，力图让每一位投资者都可以通过炒股软件使用本书验证过的策略。本书也用到了复杂方程式，但仅仅用于对模拟组合的业绩评价，而不用于筛选股票。

巴菲特非但不讨厌量化投资，反而把自己的重要客户推荐给了量化投资基金经理——爱德华·索普。索普的模型既包括基于内在价值的价差套利，也包括基于纯统计数据的套利。

1968 年，还没有突破格雷厄姆价值投资策略限制的巴菲特实在找不到低价的“烟蒂股”，不得不清算了早年设立的巴菲特合伙公司，并把所有客户资金（费后年化收益率24%）原路返还。其中一名叫拉尔夫·沃尔多·杰拉德的投资者，希望巴菲特推荐一位新的投资经理。经过巴菲特的首肯，杰拉德把清算资金投资给了索普的量化投资基金。

爱德华·索普，加州大学欧文分校数学教授。他有两个传奇，第一个传奇是量化投资。索普先后创立过两个量化投资基金公司，年复合收益率维持在 15%~20% 区间。

关于投资方法论，本杰明·格雷厄姆的观点非常鲜明，我们应该先做股票的定性分析，再通过定量的方法决定是否投资该股票（参见《证券分析》一书）。作为格雷厄姆的学生，巴菲特正是在做好了商业、产业、行业以及公司等多个方面的定性分析之后，才决定是否密切跟踪该公司以及是否投资该股票。针对该投资方法论，索普另辟蹊径，通过定量的方法实现对股票的定性分析。

巴菲特和索普属于两个阵营，看似难以融合，但两人很快发现了共同语言。第一，桥牌。两个人都是桥牌高手，并对弈了整整一晚。第二，数学。两个人都具备超强的运用数学处理信息的能力。第三，股票市场可战胜。虽然投资哲学不同，但在那个有效市场假说甚嚣尘上的年代，两个人都认为股票市场是可以战胜的。摒弃投资方法论的差异，两个人坐在一起玩了整整一夜的桥牌，似乎有种英雄惜英雄的感觉。

有意思的是，在《证券分析》出版了 40 年后，格雷厄姆认为，“我不再提倡通过仔细分析个股来寻找具有投资价值的股票了……市场发生了巨大的变化……如今，在人们开展了大量研究的情况下，我怀疑能否在大多数情况下找到一个优秀到可以抵消研究成本的投资标的。”此外，格雷厄姆为投资者提供了一种量化的股票投资解决方案。

该方案要素为：第一，投资满足特定市盈率（低于 10 倍）和特定净资产负债率（即总负债与净资产比率，低于 50%）的股票；第二，持仓股票数量为 30 只以上；第三，交易条件为持有这个组合直到获取 50% 的收益再换仓位，或者，如果单只股票在两个自然年度内没有达到前述收益目标就清仓该股票；第四，该方案的收益目标为 15% 的年复合收益率，是否有效的考核时长至少为 5 年时间。

爱德华·索普的第二个传奇是，破解赌场的 21 点扑克牌游戏。

身为一位数学教授，因为喜欢逛赌场（一段时间内）并大肆赢钱而被赌场出老千、下蒙汗药、人身威胁，以及禁入赌场的，估计只有这老兄一人了。

某个圣诞节假期，索普带着妻子到拉斯韦加斯放松几天。闲来无事，拿着写满一堆数字的卡片到赌桌前“试试手气”。一身书生气，时不时翻看卡片，叫牌速度比蜗牛还慢，还不按常理要牌，惹得一大堆人围观。很多人都期待看索普的笑话，结果却让人大跌眼镜。那天，其他人输得一塌糊涂，他的 10 美元赌注还剩余 8.5 美元。这个经历让索普领悟到：第一，即便是“高手”，也对此游戏的本质一无所知；第二，如果遵从一定的规则，普通人可以在 21 点游戏中战胜赌场。

回到学校后，索普潜心研究 21 点游戏规则，破解该游戏，并屡次到赌场验证其研究成果。索普曾经在某个赌场 2 小时内以 2000 美元的本金赢取了 17000 美元。

1962 年，索普把这段经历写成《击败庄家：21 点的有利策略》一书，书中有极其扎实的数学基础和计算过程，还有大量科学但枯燥的统计图表——使用者不需要理解计算过程，只需要依照图表结论行事即可战胜赌场。

有意思的是，关于股票市场，索普在《击败庄家：21 点的有利策略》第 12 章“科学与运气”中写道：“利用先进的计算机与数学理论，我们可以期望在预测股价方面取得巨大的进展。”进入股票市场的野心昭然若揭。21 点游戏已经无法满足索普了，这就有了 1969 年索普创立的量化投资基金。

就像索普用量化手段发现股价异常一样，我也用量化手段去发现有效的投资策略。对我而言，有效选股指标是核心，量化只是通往这一目标的工具。

资本回报率与投资的“护城河”

巴菲特非常擅长用比喻普及自己的投资理念。比如，巴菲特认为，投资需要长长的坡和湿湿的雪；为了寻找能够带来长期的超额利润（超额资本回报率）的公司，我们要寻找具备“护城河”的投资标的。

本书已经几次提到“护城河”，投资者可能会好奇，如何判断公司是否具备“护城河”优势呢？我查阅了很多文献，认为最具有说服力的是 2014 年希瑟·布里林特和伊丽莎白·柯林斯合著的《投资的护城河：晨星公司解密巴菲特股市投资法则》一书。该书旨在寻找伟大公司。区别于平庸公司，伟大公司能够在长期中抵御竞争并赢得高额资本回报率。为了能在未来持续产生超额资本回报率，伟大公司必须具备“护城河”。公司的“护城河”优势越大，越能够在未来产生更多的盈利以及更高的资本回报率。经过研究，两位作者认为“护城河”通常有 5 项竞争优势来源，分别为无形资产、成本优势、转换成本、网络效应，以及有效规模。

两位作者认为，通过这 5 项优势，我们可以识别公司是否具备“护城河”优势以及“护城河”优势的宽与窄，并识别该公司是否能够成长为伟大的公司。识别出伟大公司，下一步就是在合适时机以合理价格买入，以实现成功的长期投资。

3 种常用的资本回报率指标

逃不开的净资产收益率

从图 10－1 和表 10－1 可以看出，在整体股票池中，随着净资产收益率的下降，各个十分位的年复合收益率、10 万元初始投资的最终结果、夏普比率和索提诺比率呈现阶梯形下降的趋势。

综合来看，表现最优的是第二分位。前五分位表现都不错，年复合收益率都超越整体股票。表现最差的是第十分位，后五分位的年复合收益率都低于整体股票。

不同于第 9 章所述的增长率第一分位业绩表现普遍较差且低于整体股票，本章资本回报率第一分位业绩表现普遍较好且高于整体股票。可能的原因是，资本回报率优势是由“护城河”优势带来的。相对而言，“护城河”优势比增长率优势更具有持续性。今年具备“护城河”优势的股票，明年大概率不会丧失其“护城河”的优势，或者丧失“护城河”优势的幅度比较小。反映在资本回报率中，今年资本回报率相对较高的股票，明年的资本回报率也相对较高。“护城河”优势及其带来的资本回报率优势具备较强的延续性，因此，股价和投资收益率具备一定的延续性。但增长率延续性很差。由于商业环境、行业变迁以及竞争环境的变化，增长率优势不一定具备延续性。今年高增长率的股票，明年增长率未必高。反映在股票市场中，今年高增长率带来的未来高预期，未必能够在下一年（或者未来）实现；实际增长率不能匹配高预期，或者远远低于高预期，容易导致股价崩盘，投资收益率不高。

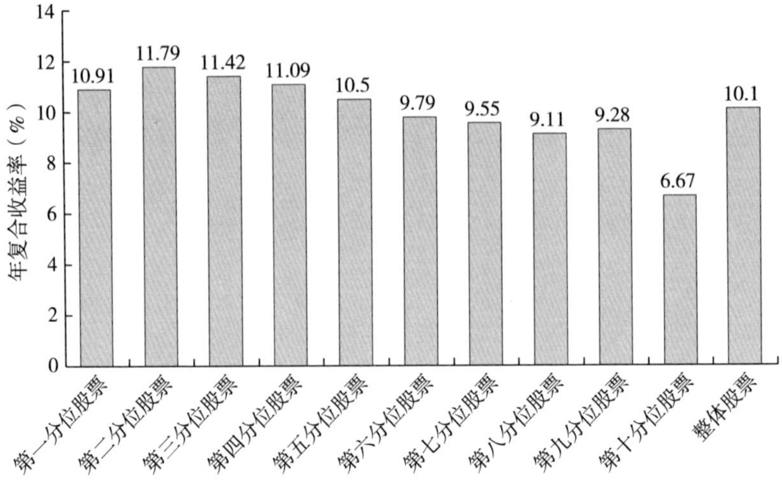

图 10－1　整体股票池按净资产收益率从高到低排序十分位法分组股票模拟组合的年复合收益率（1998/12/31~2020/11/30）

表 10－1　整体股票池按净资产收益率从高到低排序十分位法分组股票模拟组合的分析结果（1998/12/31~2020/11/30）

	10 万元初始投资的最终结果（万元）	年复合收益率（%）	标准差（%）	下行标准差（%）	最大回撤（%）	夏普比率（无风险利率 =5%）	索提诺比率（无风险利率 =5%）
第一分位股票	96.66	10.91	29.82	18.64	－71.56	0.2	0.32
第二分位股票	115.03	11.79	29.28	18.08	－68.47	0.23	0.38
第三分位股票	106.98	11.42	29.94	18.1	－66.75	0.21	0.35
第四分位股票	100.18	11.09	31.18	18.5	－67.15	0.2	0.33
第五分位股票	89.19	10.5	31.57	18.44	－66.37	0.17	0.3
第六分位股票	77.51	9.79	32.66	18.85	－69.74	0.15	0.25
第七分位股票	73.88	9.55	32.86	19.06	－70.36	0.14	0.24
第八分位股票	67.58	9.11	33.84	19.53	－72.64	0.12	0.21

续表

	10万元初始投资的最终结果（万元）	年复合收益率（%）	标准差（%）	下行标准差（%）	最大回撤（%）	夏普比率（无风险利率=5%）	索提诺比率（无风险利率=5%）
第九分位股票	69.97	9.28	34.35	19.92	-73.59	0.12	0.22
第十分位股票	41.19	6.67	34.19	20.22	-77.19	0.05	0.08
整体股票	82.33	10.1	31.47	18.63	-67.62	0.16	0.27

从图10-2和表10-2可以看出，在大盘股票池中，第二分位表现最好，年复合收益率还高于整体股票池第二分位。因此，净资产收益率指标在大盘股票池中更容易筛选出业绩表现优异的股票。其他分位诸如第一、第三和第四分位表现也不错，前述四个分位的年复合收益率都高于大盘股。后六分位（包含第五、第六、第七、第八、第九和第十分位）都表现较差，年复合收益率远远低于大盘股。

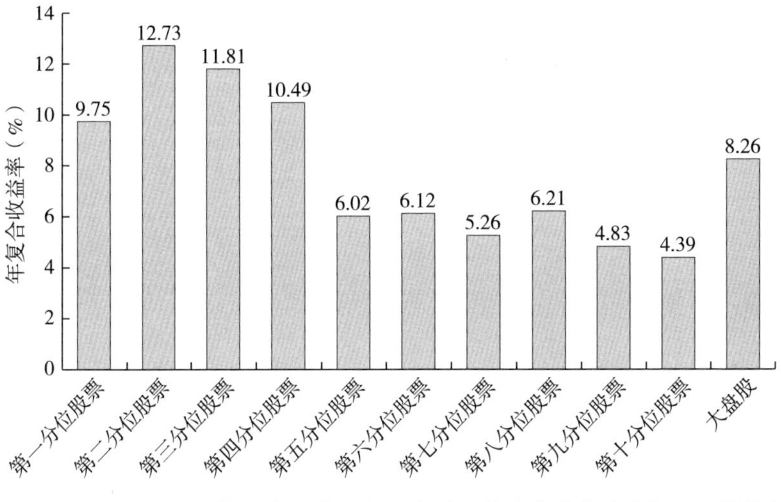

图10-2　大盘股票池按净资产收益率从高到低排序十分位法分组股票模拟组合的年复合收益率（1998/12/31~2020/11/30）

表 10－2 大盘股票池按净资产收益率从高到低排序十分位法分组股票模拟组合的分析结果（1998/12/31~2020/11/30）

	10 万元初始投资的最终结果（万元）	年复合收益率（%）	标准差（%）	下行标准差（%）	最大回撤（%）	夏普比率（无风险利率 =5%）	索提诺比率（无风险利率 =5%）
第一分位股票	76.79	9.75	31.05	18.87	－72.1	0.15	0.25
第二分位股票	138.32	12.73	30.68	19.46	－74.34	0.25	0.4
第三分位股票	115.54	11.81	28.5	18.76	－71.76	0.24	0.36
第四分位股票	89.04	10.49	28.59	17.54	－69.56	0.19	0.31
第五分位股票	35.99	6.02	28.54	17.48	－67.46	0.04	0.06
第六分位股票	36.75	6.12	28.63	17.47	－66.95	0.04	0.06
第七分位股票	30.75	5.26	29.25	17.92	－70.04	0.01	0.01
第八分位股票	37.47	6.21	30.35	17.63	－68.2	0.04	0.07
第九分位股票	28.14	4.83	30.14	18.09	－67.76	－0.01	－0.01
第十分位股票	25.65	4.39	31.77	19.21	－72.78	－0.02	－0.03
大盘股	56.99	8.26	28.66	17.88	－69.73	0.11	0.18

随着净资产收益率的下降，大盘股票池各个十分位分组股票的年复合收益率、10 万元初始投资的最终结果、夏普比率和索提诺比率呈现阶梯形下降的趋势。

如果不考量财务杠杆，我们看看总资产收益率

从图 10－3 和表 10－3 可以看出，在整体股票池中，第三分位和第二分位几乎同时表现最优。前五分位整体表现较优，年复合收益率都超过了整体股票。第十分位表现最差。后五分位整体表现较差，收益率都低于整体股票。

从第一分位到第十分位，随着总资产收益率的下降，各个十分位

的年复合收益率、10万元初始投资的最终结果、夏普比率和索提诺比率呈现阶梯形下降的特征。

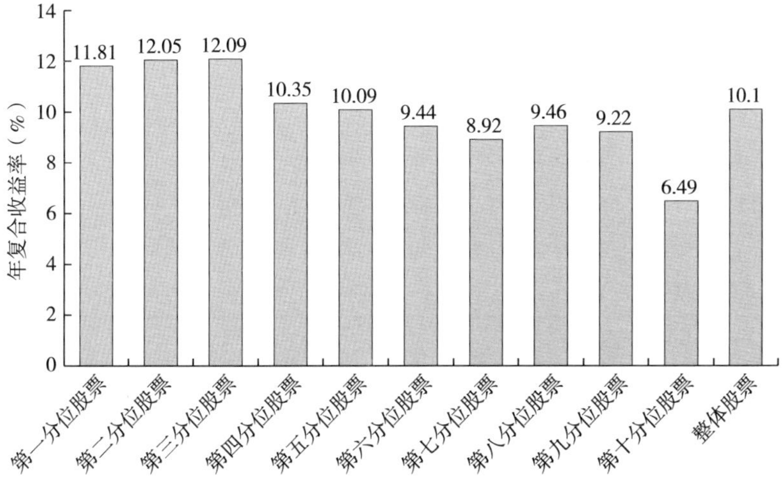

图10-3　整体股票池按总资产收益率从高到低排序十分位法分组股票模拟组合的年复合收益率（1998/12/31~2020/11/30）

表10-3　整体股票池按总资产收益率从高到低排序十分位法分组股票模拟组合的分析结果（1998/12/31~2020/11/30）

	10万元初始投资的最终结果（万元）	年复合收益率（%）	标准差（%）	下行标准差（%）	最大回撤（%）	夏普比率（无风险利率=5%）	索提诺比率（无风险利率=5%）
第一分位股票	115.49	11.81	29.79	17.97	-66.85	0.23	0.38
第二分位股票	121.02	12.05	30.32	18.23	-69.27	0.23	0.39
第三分位股票	121.93	12.09	31.2	18.44	-67.74	0.23	0.38
第四分位股票	86.57	10.35	31.49	18.31	-67.02	0.17	0.29
第五分位股票	82.21	10.09	31.95	18.76	-67.02	0.16	0.27
第六分位股票	72.27	9.44	31.89	19.04	-68.93	0.14	0.23

续表

	10万元初始投资的最终结果（万元）	年复合收益率（%）	标准差（%）	下行标准差（%）	最大回撤（%）	夏普比率（无风险利率=5%）	索提诺比率（无风险利率=5%）
第七分位股票	65.06	8.92	32.84	19.66	-70	0.12	0.2
第八分位股票	72.48	9.46	33.05	19.25	-71.4	0.13	0.23
第九分位股票	69.04	9.22	33.24	19.43	-72.46	0.13	0.22
第十分位股票	39.67	6.49	34.14	20.09	-77.54	0.04	0.07
整体股票	82.33	10.1	31.47	18.63	-67.62	0.16	0.27

从图10-4和表10-4可以看出，在大盘股票池中，表现最优的是第二分位。前四分位表现较优，年复合收益率都高于大盘股。表现最差的不是第十分位，而是第七分位。后六分位表现较差，年复合收益率都低于大盘股。总资产收益率在大盘股票池中的有效性高于整体股票池。

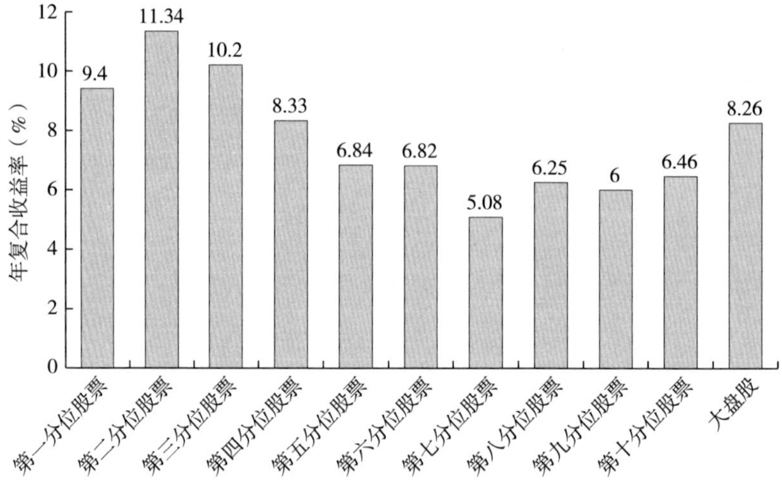

图10-4　大盘股票池按总资产收益率从高到低排序十分位法分组股票模拟组合的年复合收益率（1998/12/31~2020/11/30）

表 10－4　大盘股票池按总资产收益率从高到低排序十分位法分组股票模拟组合的分析结果（1998/12/31~2020/11/30）

	10 万元初始投资的最终结果（万元）	年复合收益率（%）	标准差（%）	下行标准差（%）	最大回撤（%）	夏普比率（无风险利率 =5%）	索提诺比率（无风险利率 =5%）
第一分位股票	71.7	9.4	29.32	18.57	－70.53	0.15	0.24
第二分位股票	105.27	11.34	29.52	18.04	－67.9	0.21	0.35
第三分位股票	83.97	10.2	29.42	18	－71.21	0.18	0.29
第四分位股票	57.7	8.33	28.96	19.3	－75.66	0.11	0.17
第五分位股票	42.67	6.84	29.26	19.29	－72.07	0.06	0.1
第六分位股票	42.43	6.82	29.91	18.13	－66.85	0.06	0.1
第七分位股票	29.63	5.08	30.29	18.21	－67.73	0	0
第八分位股票	37.73	6.25	32.14	18.27	－69.13	0.04	0.07
第九分位股票	35.86	6	30.6	18.41	－71.52	0.03	0.05
第十分位股票	39.45	6.46	29.88	17.75	－69.73	0.05	0.08
大盘股	56.99	8.26	28.66	17.88	－69.73	0.11	0.18

如果考量全部动用资本，我们看看投入资本回报率

投入资本回报率，是知名基金经理张坤的核心选股指标之一。从图 10－5 和表 10－5 可以看出，在整体股票池中，从第一分位到第十分位，随着投入资本回报率逐步下降，各个十分位的年复合收益率、10 万元初始投资的最终结果、夏普比率和索提诺比率呈现阶梯形下降的趋势。

业绩表现最优的是第一分位。前五分位的表现都不错，除了第四分位，其他分位的年复合收益率都超越整体股票。业绩表现最差的是第十分位。后五分位的表现都较差，年复合收益率都低于整体股票。

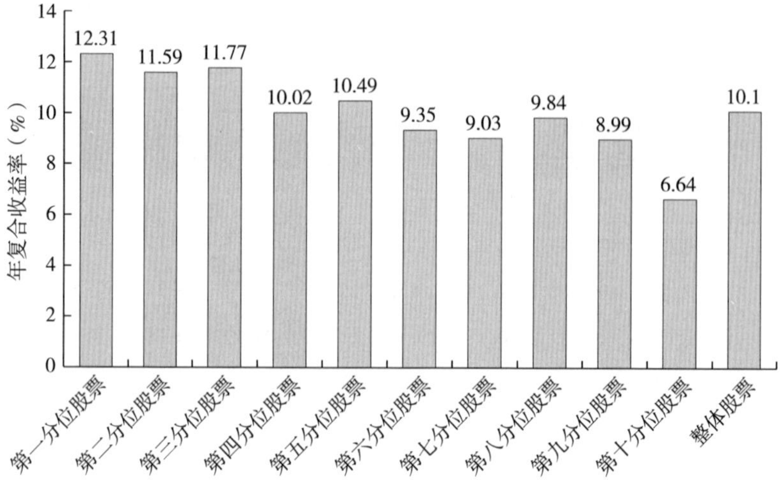

图 10－5　整体股票池按投入资本回报率从高到低排序十分位法分组股票模拟组合的年复合收益率（1998/12/31~2020/11/30）

表 10－5　整体股票池按投入资本回报率从高到低排序十分位法分组股票模拟组合的分析结果（1998/12/31~2020/11/30）

	10 万元初始投资的最终结果（万元）	年复合收益率（%）	标准差（%）	下行标准差（%）	最大回撤（%）	夏普比率（无风险利率 =5%）	索提诺比率（无风险利率 =5%）
第一分位股票	127.38	12.31	29.05	18.12	－67.71	0.25	0.4
第二分位股票	110.69	11.59	29.62	18.14	－68.52	0.22	0.36
第三分位股票	114.61	11.77	30.88	18.36	－68.76	0.22	0.37
第四分位股票	81.14	10.02	31.22	18.56	－67.77	0.16	0.27
第五分位股票	89.02	10.49	32	18.85	－67.99	0.17	0.29
第六分位股票	70.89	9.35	32.55	18.76	－69.51	0.13	0.23
第七分位股票	66.57	9.03	32.96	19.18	－71	0.12	0.21
第八分位股票	78.27	9.84	33.75	19.46	－72.81	0.14	0.25
第九分位股票	65.91	8.99	33.99	19.9	－73.89	0.12	0.2
第十分位股票	40.96	6.64	34.43	20.21	－77.11	0.05	0.08
整体股票	82.33	10.1	31.47	18.63	－67.62	0.16	0.27

从图 10－6 和表 10－6 可以看出，在大盘股票池中，随着投入资本回报率的下降，各个十分位的年复合收益率、10 万元初始投资的最终结果、夏普比率和索提诺比率呈现阶梯形下降的趋势。

业绩表现最优的是第一分位，最差的不是第十分位，而是第九分位。第九分位还获取了最差的夏普比率和索提诺比率。第十分位获取了最大回撤值。

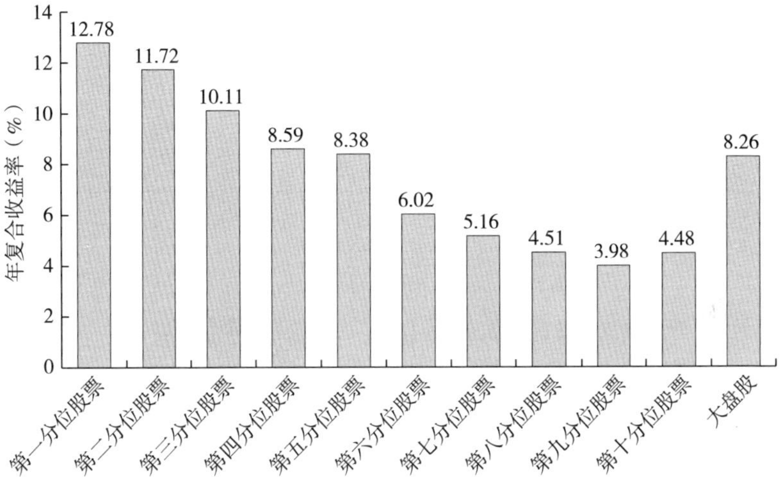

图 10－6　大盘股票池按投入资本回报率从高到低排序十分位法分组股票模拟组合的年复合收益率（1998/12/31~2020/11/30）

表 10－6　大盘股票池按投入资本回报率从高到低排序十分位法分组股票模拟组合的分析结果（1998/12/31~2020/11/30）

	10 万元初始投资的最终结果（万元）	年复合收益率（%）	标准差（%）	下行标准差（%）	最大回撤（%）	夏普比率（无风险利率 =5%）	索提诺比率（无风险利率 =5%）
第一分位股票	139.67	12.78	29.42	17.52	－67.07	0.26	0.44
第二分位股票	113.41	11.72	29.35	19.29	－72.32	0.23	0.35
第三分位股票	82.5	10.11	29.46	18.69	－74.2	0.17	0.27

续表

	10万元初始投资的最终结果（万元）	年复合收益率（%）	标准差（%）	下行标准差（%）	最大回撤（%）	夏普比率（无风险利率=5%）	索提诺比率（无风险利率=5%）
第四分位股票	60.92	8.59	28.5	18.42	-71.92	0.13	0.2
第五分位股票	58.32	8.38	29.35	18.07	-70.29	0.12	0.19
第六分位股票	35.98	6.02	29.33	19	-72.65	0.03	0.05
第七分位股票	30.12	5.16	29.63	17.92	-66.72	0.01	0.01
第八分位股票	26.32	4.51	30.62	18.1	-69.65	-0.02	-0.03
第九分位股票	23.53	3.98	30.41	17.88	-67.12	-0.03	-0.06
第十分位股票	26.15	4.48	32.44	19.61	-75.83	-0.02	-0.03
大盘股	56.99	8.26	28.66	17.88	-69.73	0.11	0.18

净资产收益率与市净率多因子与双因子模型

除了单因子指标测试，本书还进行了两种多因子指标测试。第一种为等权多因子（简称多因子）。该方法将所有测试因子排序、打分并等权重相加得到综合得分，筛选方法为十分位法。第二种为双因子。该方法在第一个因子筛选后的分组股票中应用第二个因子筛选股票，筛选方法为五分位法。

多因子模型

从图10-7和表10-7可以直观看出，在整体股票池中，多因子模型的表现优于每个单因子成分。从第一分位到第十分位，各个十分位的年复合收益率、10万元初始投资的最终结果、夏普比率和索提诺比率呈现几乎严格单调递减的趋势。

10 万元初始投资的最终结果、年复合收益率、夏普比率和索提诺比率表现最优的是第一分位。标准差、下行标准差和最大回撤表现最优的是第二分位。第十分位的所有指标都最差。

在波动风险方面，第十分位的标准差为 34.60%，高于整体股票的 31.47%；获取了 -0.12 的夏普比率，远远低于整体股票的 0.16。第十分位承担了更高的波动风险，但年复合收益率明显低于整体股票，重重推翻了“更高风险带来更高收益”的理论假设。

第十分位跌幅最大的回撤发生在 2001 年 5 月至 2005 年 7 月，历时 50 个月，回撤值为 82.58%。该回撤已经于 2015 年 4 月修复，整个修复期持续 117 个月。该回撤的下跌持续期与修复持续期叠加在一起，一共 167 个月，大约 14 年，占据了 63.5% 的总投资时长，真让人沮丧。对于表现不好的股票或投资组合，我们要有魄力果断斩仓，远离它们。

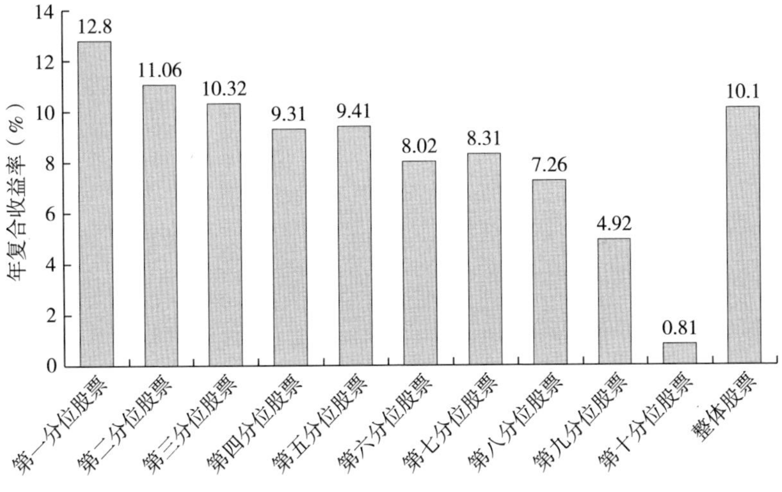

图 10-7　整体股票池按净资产收益率与市净率多因子模型十分位法分组股票模拟组合的年复合收益率（1998/12/31~2020/11/30）

表 10 -7　整体股票池按净资产收益率与市净率多因子模型十分位法分组股票模拟组合的分析结果（1998/12/31~2020/11/30）

	10 万元初始投资的最终结果（万元）	年复合收益率（%）	标准差（%）	下行标准差（%）	最大回撤（%）	夏普比率（无风险利率 =5%）	索提诺比率（无风险利率 =5%）
第一分位股票	140. 13	12. 8	31. 37	18. 46	-69. 81	0. 25	0. 42
第二分位股票	99. 62	11. 06	30. 88	18. 4	-67. 19	0. 2	0. 33
第三分位股票	86. 11	10. 32	31. 31	18. 64	-68. 18	0. 17	0. 29
第四分位股票	70. 43	9. 31	31. 56	19. 12	-67. 79	0. 14	0. 23
第五分位股票	71. 71	9. 41	31. 64	18. 85	-68. 54	0. 14	0. 23
第六分位股票	54. 28	8. 02	31. 47	18. 6	-70. 19	0. 1	0. 16
第七分位股票	57. 51	8. 31	31. 97	19. 45	-71. 65	0. 1	0. 17
第八分位股票	46. 44	7. 26	33. 26	19. 53	-72. 59	0. 07	0. 12
第九分位股票	28. 67	4. 92	34. 34	19. 5	-76. 16	0	0
第十分位股票	11. 94	0. 81	34. 60	20. 37	-82. 58	-0. 12	-0. 21
整体股票	82. 33	10. 1	31. 47	18. 63	-67. 62	0. 16	0. 27

从图 10 - 8 和表 10 - 8 可以看出，在大盘股票池中，第一分位的表现非常好，优于整体股票池第一分位；第十分位的表现非常差，差于整体股票池第十分位。从这个角度看，该多因子模型在大盘股票池中的有效性高于整体股票池。

第十分位拥有最低的年复合收益率，数值竟然为负值，- 1. 60%，这种现象在之前的模型中从来没有发生过（说明该模型在锁定差劲股票的能力上高于之前模型）。在过去的 21 年 11 个月的投资中，第十分位平均每年都以 1. 60% 的速度亏钱。初始投资 10 万元的最终结果为 7. 03 万元，总亏损 2. 97 万元。除了年复合收益率，第十分位的其他各个指标都最差，值得注意的还有，其最大回撤值为令人恐怖的82.49%。从数据上看，第十分位并不值得我们投资。

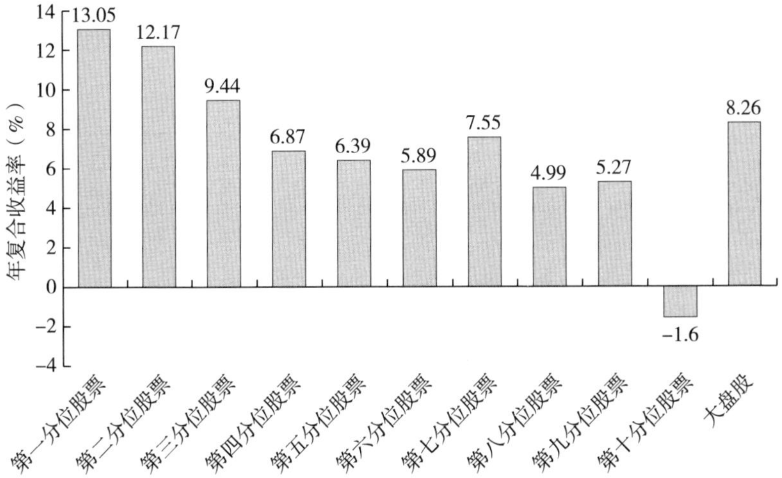

图10-8　大盘股票池按净资产收益率与市净率多因子模型十分位法分组股票模拟组合的年复合收益率（1998/12/31~2020/11/30）

表10-8　大盘股票池按净资产收益率与市净率多因子模型十分位法分组股票模拟组合的分析结果（1998/12/31~2020/11/30）

	10万元初始投资的最终结果（万元）	年复合收益率（%）	标准差（%）	下行标准差（%）	最大回撤（%）	夏普比率（无风险利率=5%）	索提诺比率（无风险利率=5%）
第一分位股票	146.94	13.05	31.98	19.43	−71.76	0.25	0.41
第二分位股票	123.89	12.17	30.07	18.03	−69.84	0.24	0.4
第三分位股票	72.28	9.44	29.49	18.72	−69.55	0.15	0.24
第四分位股票	42.86	6.87	28.85	17.89	−70.61	0.06	0.1
第五分位股票	38.9	6.39	30.47	18.92	−70.66	0.05	0.07

续表

	10万元初始投资的最终结果（万元）	年复合收益率（%）	标准差（%）	下行标准差（%）	最大回撤（%）	夏普比率（无风险利率=5%）	索提诺比率（无风险利率=5%）
第六分位股票	35.06	5.89	30.64	19.09	-71.08	0.03	0.05
第七分位股票	49.24	7.55	29.46	17	-66.38	0.09	0.15
第八分位股票	29.06	4.99	31.04	18.71	-71.75	0	0
第九分位股票	30.79	5.27	32.99	19.98	-71.28	0.01	0.01
第十分位股票	7.03	-1.6	33.71	20.14	-82.49	-0.2	-0.33
大盘股	56.99	8.26	28.66	17.88	-69.73	0.11	0.18

相较于单因子指标，多因子模型更有效

截至目前，我们已经测试完了净资产收益率、市净率单因子以及二者组建的多因子模型。你可能会好奇，相较于单因子指标，多因子模型的有效性真的改善了吗？

从表10-9可以看出，多因子模型最优分位与整体股票年复合收益率差额为2.7%，大于市净率的2.4%，更大于净资产收益率的1.69%。在筛选优秀股票方面，多因子模型的有效性更高。

多因子模型最差分位与整体股票差额为-9.29%，小于市净率的-4.78%，更小于净资产收益率的-3.43%。在锁定较差股票方面，多因子模型能力更强。

多因子模型最优分位与最差分位差额为11.99%，大于市净率指标的7.18%，更大于净资产收益率指标的5.12%。整体来看，多因子模型的有效性高于两个单因子指标。

表 10－9 整体股票池中净资产收益率、市净率以及二者组建的多因子模型十分位分组股票的年复合收益率（1998/12/31~2020/11/30）

年复合收益率（%）	净资产收益率	市净率	ROE－PB 多因子模型
第一分位股票	10.91	12.5	12.8
第二分位股票	11.79	11.79	11.06
第三分位股票	11.42	11.74	10.32
第四分位股票	11.09	11.7	9.31
第五分位股票	10.5	10.9	9.41
第六分位股票	9.79	10.02	8.02
第七分位股票	9.55	9.03	8.31
第八分位股票	9.11	8.96	7.26
第九分位股票	9.28	8.01	4.92
第十分位股票	6.67	5.32	0.81
整体股票	10.1	10.1	10.1
最优分位	第二分位	第一分位	第一分位
最差分位	第十分位	第十分位	第十分位
最优分位与整体股票差额	1.69	2.4	2.7
最差分位与整体股票差额	－3.43	－4.78	－9.29
最优与最差分位差额	5.12	7.18	11.99

双因子模型

有时候，因子越多，模型的有效性越差，此类案例详见第15章。

解决方案来了——双因子模型。双因子弥补了多因子的缺憾，在一组可选指标中，当然要用能力最强的来筛选股票了，能力弱的则靠边站。

从图 10－9 和表 10－10 可以看出，在整体股票池中，各个五分位的年复合收益率呈现单调递减的趋势。除此以外，各个五分位的 10 万元初始投资的最终结果、夏普比率和索提诺比率都呈现单调递减的趋势。

年复合收益率、10 万元初始投资的最终结果、标准差、夏普比率和索提诺比率表现最好的是第一分位。下行标准差和最大回撤表现最好的是第二分位。第五分位的各项指标都最差，其中最大回撤为令人心惊的 83.33%，投资 10 万元，最低只剩下 1.67 万元。这么心惊肉跳的第五分位，投资者还是少碰为妙。

双因子模型第一分位年复合收益率大于图 10－7 多因子模型第一分位（12.8%），因此，双因子模型比多因子模型更容易筛选出业绩表现优异的股票。

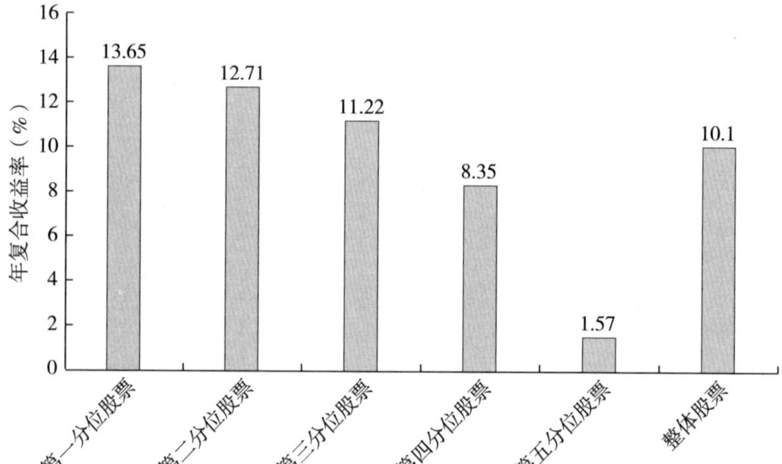

图 10－9　整体股票池按净资产收益率与市净率双因子模型五分位法分组股票模拟组合的年复合收益率（1998/12/31~2020/11/30）

表 10－10　整体股票池按净资产收益率与市净率双因子模型五分位法分组股票模拟组合的分析结果（1998/12/31～2020/11/30）

	10 万元初始投资的最终结果（万元）	年复合收益率（%）	标准差（%）	下行标准差（%）	最大回撤（%）	夏普比率（无风险利率＝5%）	索提诺比率（无风险利率＝5%）
第一分位股票	165.1	13.65	30.45	18.35	－70.32	0.28	0.47
第二分位股票	137.68	12.71	31.11	18.28	－65.39	0.25	0.42
第三分位股票	102.92	11.22	32.26	18.64	－68.19	0.19	0.33
第四分位股票	57.94	8.35	33.84	19.23	－73.65	0.1	0.17
第五分位股票	14.08	1.57	34.68	20.17	－83.33	－0.1	－0.17
整体股票	82.33	10.1	31.47	18.63	－67.62	0.16	0.27

从图 10－10 和表 10－11 可以看出，在大盘股票池中，第二分位和第一分位同样表现很好，第二分位仅仅以年复合收益率 0.03% 的微弱优势跑赢第一分位。第二分位几乎各项指标都最优。

第五分位年复合收益率最差，甚至为负，该负值绝对值大于图 10－8多因子模型中第十分位的负值（－1.6%），第五分位锁定业绩较差股票的能力更强。除了年复合收益率，第五分位的其他各项指标也都最差。在过去 21.92 年中，投资 10 万元于第五分位的最终资产总值为 5.26 万元，总亏损 47.40%。投资 20 多年，总资产拦腰砍掉一半，可悲可叹。纵然有长时间构建的“坡”，如果没有合适资产构建的“雪”，我们非但不能滚出大雪球，还会把雪球越滚越小。因此，我实在想不出投资第五分位股票的正常理由。

双因子模型各个分位年复合收益率绝对差值的最大值为 14.97%，略微大于图 10－8 多因子模型中 14.65% 的差额。在大盘股票池中，双因子与多因子模型的有效性都很高，但双因子模型略胜一筹。

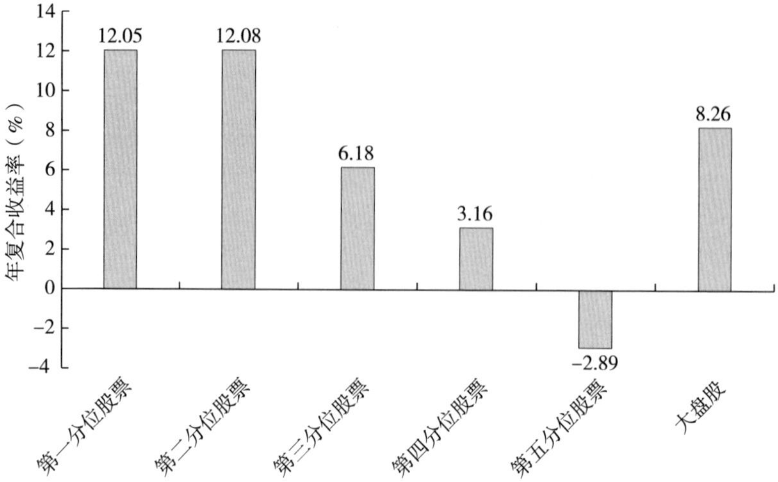

图 10-10　大盘股票池按净资产收益率与市净率双因子模型五分位法分组股票模拟组合的年复合收益率（1998/12/31~2020/11/30）

表 10-11　大盘股票池按净资产收益率与市净率双因子模型五分位法分组股票模拟组合的分析结果（1998/12/31~2020/11/30）

	10 万元初始投资的最终结果（万元）	年复合收益率（%）	标准差（%）	下行标准差（%）	最大回撤（%）	夏普比率（无风险利率 =5%）	索提诺比率（无风险利率 =5%）
第一分位股票	121.02	12.05	34.04	21.46	-78.48	0.21	0.33
第二分位股票	121.68	12.08	29.26	18.6	-69.41	0.24	0.38
第三分位股票	37.25	6.18	30.21	18.11	-69.04	0.04	0.07
第四分位股票	19.79	3.16	30.81	17.82	-70.17	-0.06	-0.1
第五分位股票	5.26	-2.89	34.31	21.69	-87.44	-0.23	-0.36
大盘股	56.99	8.26	28.66	17.88	-69.73	0.11	0.18

最优策略的3个潜在不如意事项

即使是最优分位（或最优策略），也会经历一些不如意。认清真相，提前做好准备，更有助于穿越不如意的“至暗时刻”，迎来丰厚的投资回报。

第一，会遭遇表现不佳的“逆风期”。即便如神奇公式这般风靡全球，也有不灵的时候。乔尔·格林布拉特曾在《股市稳赚》一书第8章“神奇公式并不是时刻有效”中如是说：“事实证明，神奇公式在很多时候根本无效。或许你不信，但事实上，平均来讲，神奇公式在一年中可能有5个月表现较差。拉长时间来看，神奇公式有可能在一年甚至更长时间内不太有效。在滚动投资1年中，神奇公式每4年就会有1年低于市场平均水平，每6年就会有连续2年表现不佳。在全部17年的回测区间中，神奇公式甚至发生过连续3年低于市场平均水平的状况。”

无论是什么公式，不管“神奇”还是不“神奇”，只要是投资策略，都会遭遇“逆风期”，最优分位也一样，会在一年甚至更长时间跑输股票市场。“逆风期”无法避免，因此，我们脑海中要有一根弦，认识到最优分位即便长期来看是赚钱的，也可能会遭遇“逆风期”。真正遭遇该状况时，我们应该庆幸，市场给了我们更大的赚钱机会。最优策略的“逆风期”，才是最佳投资机会！2013年以来，贵州茅台遭遇“逆风期”。段永平在贵州茅台股价180元的时候开始买入该股票，越买越跌，越跌越买，这种状况持续好几年。彼时，段永平成为被嘲笑的对象；此时，看看贵州茅台上千元的股价，我们还有资格嘲笑吗？

第二，战胜市场与赚钱是两码事。最优分位能够战胜整体股票，当整体股票上涨10%时，最优分位会随之上涨，可能上涨12%，也可能上涨13%。不管上涨数字是多少，终归会超过10%。在这种情况下，最优分位是赚钱的。当整体股票下跌10%时，最优分位虽然战胜了整体股票，但也会随之下跌，可能下跌 8%，也可能下跌 7%。不管下跌数字是多少，终究是下跌，而不是赚钱。在这种情况下，最优分位是亏钱的。这种战胜并不是绝对意义上的战胜，而是相对意义上的战胜，主要原因是，最优分位处于股票市场中，因而与股票市场有很强的相关性。就像地球人不能脱离地心引力而存在一样，最优分位也不能脱离股票市场的整体趋势（同向涨跌）而存在。

在大势不好的情况下，虽然最优分位战胜了股票市场，但依然是亏钱的。此时此刻，倘若有更多闲余资金，我们应该加大筹码投入股市，但恰恰相反，大部分投资者因为短期亏钱而斩仓离场，丧失了后续赚钱的大好机会。

第三，在超过 20% 的最大回撤方面，最优分位的次数很可能多于最差分位（比如净资产收益率 - 市净率双因子模型第一分位多于第五分位）。这可能会给投资者一种错觉，最优分位表现一般或很差。但这只是一种错觉，实际上仍然是最优分位表现更好，我们可以从以下两个视角看待这一问题。

- 最优分位下跌次数较多，不是因为表现很差，而是因为弹性太足。最差分位一旦跌下去，就很难涨上来，当然次数较少；最优分位一旦跌下去，很容易涨上来，往复多次，当然次数较多。虽然最优分位难逃股票市场的“地心引力”，但较好的“弹跳能力”能让其快速反弹上来。接着，最优分位又被“地心引力”拉下去，“弹跳能力”又把最优分位拉上来。如此反复，次数当然比最差分位多了一些，而最差分位一旦跌下去，索性躺平了，基本不会弹起来。
- 把最优分位和最差分位的回撤值统一折算成 20%，我们可以看到更加清晰的结果——最优分位表现更好。有一些股票策略分析图书会把所有超过 20% 的回撤加总在一起，来分析策略是否有效。我认为这种方法是错的。举例来说，有一个策略 A，跌了 80%，另外一个策略 B，跌了 5 个 20%。在其他条件相同的情况下，哪个策略更好？如果用前述方法，就会得出策略 A 更好、B 更差的结论（80% < 5 × 20%）。但实际上，即便是策略 B 连续下跌 5 个 20%，最大跌幅也才为 67.23%，远远低于策略 A 的 80%。因此，策略 B 好于 A。换一个角度看，策略 A 的 80% 跌幅相当于连续 7.21 个 20% 的跌幅，远大于策略 B 的 5 个 20% 跌幅。结果再次证明策略 B 表现更好。

综上，对最优分位而言，困难时期在所难免，亏钱时期也在所难免，波动或许更多，直觉上可能更不靠谱，但既然目标是长期赚取更多收益，我们就应该理性看待净值波动与回撤，承担起策略在若干年内不起作用的可能性，赢取长期的更高收益。

发电厂与资本杀手

我在第 9 章提到，券商和公募基金常常用成长性与资本回报率把上市公司股票粗略分为 4 类（发电厂、现金牛、资本瘾君子和资本杀手），以开展进一步研究。

用量化手段处理净资产收益率和成长性（净利润增长率）数据以构建双因子模型，第一分位代表“发电厂”，第五分位代表“资本杀手”，会得到什么样的结果？

实证数据显示，在整体股票池中，各个五分位分组股票业绩表现出整体递减的趋势。年复合收益率最高的是第二分位，前三分位表现都不错，年复合收益率都高于整体股票。第二分位各项指标几乎都最优。

第一分位并没有表现出“发电厂”应有的高收益特征。或许是因为模型太简单了，对“发电厂”刻画不够，有待进一步完善。

在大盘股票池中，除了第三分位有所反复，各个五分位的业绩表现呈现整体递减的趋势。年复合收益率表现最好的是第一分位，但比较诡异的是，所有五分位的年复合收益率都低于大盘股。

第一分位没有表现出“发电厂”应有的特征，第五分位表现出“资本杀手”的特征。

资本回报率与成长性在双因子模型中虽然能够锁定“资本杀手”，但不能筛选出“发电厂”，有些缺憾。我们用过去的资本回报率代替未来资本回报率，用年度增长率代替成长性，这种处理方法本身就存在缺陷——过去不一定代表未来。《价值评估》一书中认为，资本回报率具备一定的延续性，过往数据能够预测部分未来。但是，成长性无法用过往数据来预测。而本模型的关键，恰恰就是准确刻画成长性。只有通过深入的基本面研究，才能发掘成长性。关于企业如何才能保持成长性，张磊在《价值》一书中提到必须依赖第二增长曲线，“企业应该在第一曲线（主营业务增长）平缓前找到第二曲线，代替第一曲线担当增长引擎……一家企业的增长之道就是要自我革新和内部创新，忘掉过去，不断找出新的增长曲线”。企业要实现第二曲线代替第一曲线的高级别成长，往往是拥有伟大格局观的创业者通过着眼未来一手创造，而无法通过过往数据开创。但是，成长性也并非无迹可寻，张磊认为，如果企业把每一天都当作第一天来对待，就能够创造出第二曲线、第三曲线，甚至更多增长曲线。

对投资者的启迪

1. 投资方法论不同并不意味着没有共同语言，甚至老死不相往来。坚持价值投资的巴菲特与量化投资的索普就能够坐在一起打桥牌。
2. “护城河”优势通常有 5 项竞争优势来源，分别为无形资产、成本优势、转换成本、网络效应，以及有效规模。
3. 除了单因子指标，我们还可以构建多因子或双因子模型以筛选股票。为因子赋予权重是构建多因子模型的重中之重，为了方便读者理解和应用，本书全部使用等权重方法为多因子赋权。多因子虽然有效，但并非放之四海而皆准。有时候，双因子可能更适合。
4. 净资产收益率与市净率多因子模型的有效性高于单个指标，大部分多因子模型都有这样的效果。
5. 最优分位主要有 3 个潜在不如意：第一，也会遭遇“逆风期”，可能在一年甚至更长时间内跑输股票市场；第二，战胜了股票市场，但依然亏钱，这种现象经常发生；第三，超过 20% 最大回撤的次数可能多于最差分位。
6. 资本回报率和成长性双因子模型测试中的表现差强人意，虽然不能有效筛选出“发电厂”，但能够准确锁定“资本杀手”。有时候，规避错误，反而更要紧（这个思想源自查理·芒格）。

第11章

利润率越高，股票越有吸引力

一生能够积累多少财富，不取决于你工作能够赚多少钱，而取决于你如何做投资。钱找人胜过人找钱，要懂得钱为你工作，而不是你为钱工作。

——沃伦·巴菲特

不同行业、不同企业具备不同的利润率

利润率包括净利率和毛利率，反映企业把销售收入转化为经济效益的能力。净利率的计算公式为：净利率＝净利润/销售收入；毛利率的计算公式为：毛利率＝毛利润/销售收入。

一个有发展前景的企业，销售收入应逐年增长，同时营业成本、销售费用、管理费用、折旧和摊销等也应有所增长，但后者的增长幅度应该低于销售收入。随着销售收入的大幅度增长，企业的利润率应该保持不变，或有所增长。如果利润率节节下降，则预示企业面临着衰退的可能性。因此，我们要寻找利润率保持不变或有所增长的企业。但是，不同的行业或企业具备不同的利润率特征。

从图 11－1 可以看出白酒行业和种植业的毛利率与净利率数据的差异。

先看毛利率。白酒行业过去 14 年毛利率的均值为 61.07%，最大值为 68.78%，最小值为 46.67%。种植业过去 14 年毛利率的均值为 25.48%（相当于白酒行业的 41.71%），最大值为 29.29%（小于白酒行业的最小值），最小值为 20.8%。两个行业毛利率差异如此之大，

仿佛来自不同世界。现实中有很多行业像白酒一样，可以相对容易获取较高的毛利率，也有很多行业像种植业一样，怎么努力都无济于事。难怪巴菲特更喜欢在伟大的行业中寻找伟大的企业，而不是在糟糕的行业中苦苦寻觅。

再看净利率。白酒行业过去 14 年净利率的均值为 12.18%，最大值为 25.06%，最小值为 -1.26%。种植业过去 14 年净利率的均值为 0.4%（相当于白酒行业的 3.29%），最大值为 19.91%，最小值为 -50.16%。两个行业的净利率也呈现巨大的差异。

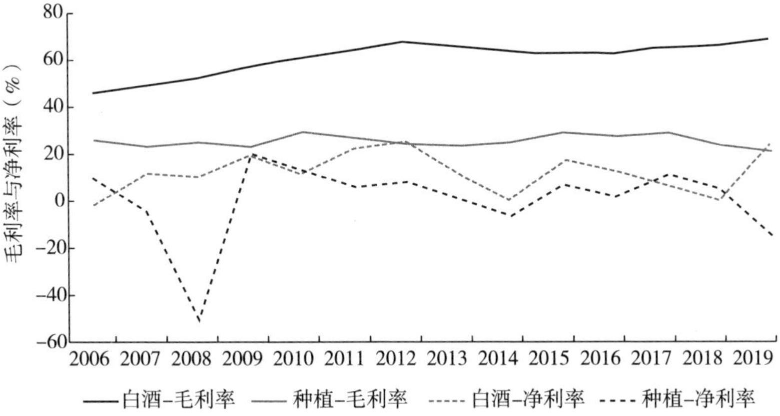

图 11-1 白酒行业和种植业的年度毛利率与净利率

古人云，男怕入错行，就是在提示人们慎重选择所从事的行业。其实企业也一样，也要慎重选择即将进入的行业。不同行业之间利润率的高低存在巨大差异，其根源在于不同行业的竞争格局不同。有些行业门槛比较低，竞争白热化，产品和服务同质化，企业之间相互压价，利润率很低，在可见的未来还会维持较低的利润率。有些行业门槛比较高，几乎没有竞争或者没有充分竞争，产品和服务差异化非常大，企业之间可以差异化定价，利润率比较高，在可见的未来还会维持较高的利润率。

不同行业利润率差别非常大，那么，同一行业中的企业，差别如何呢？答案是，依然很大。在同一个行业中，“护城河”优势比较大的企业能够执行差异化的竞争战略，产品定价较高，成本较低，利润率较高。没有“护城河”或“护城河”优势比较小的企业，无法执行差异化的竞争战略，不得不参与异常残酷的价格竞争，产品定价不高，成本不低，利润率偏低。

从图 11-2 可以看出白酒行业中贵州茅台和顺鑫农业两个企业的毛利率与净利率情况，贵州茅台的毛利率与净利率曲线显著高于顺鑫农业的毛利率与净利率曲线。

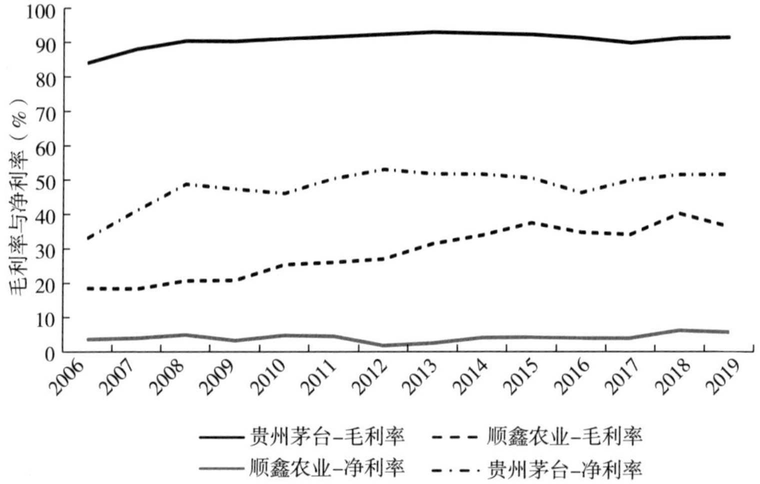

图 11-2 贵州茅台和顺鑫农业的年度毛利率与净利率

贵州茅台过去 14 年毛利率的均值为 90.60%，最大值为 92.9%，最小值为 83.96%。顺鑫农业过去 14 年毛利率的均值为 28.73%（相当于贵州茅台的 31.71%），最大值为 39.96%（小于贵州茅台的最小值)，最小值为 18. 14%。

贵州茅台过去 14 年净利率的均值为令人惊叹的 47. 93%，最大值为 52. 95%，最小值为 32. 96%。即便在同一个白酒世界里，顺鑫农业过去 14 年净利率均值仅为可怜的 3. 87%（仅仅相当于贵州茅台的 8. 07%)，最大值为 6. 03%（远远小于贵州茅台的最小值)，最小值为 1. 57%。

可以看出，在整体股票池中，不同行业具备不同的利润率；即便在同一个行业中，不同企业利润率差异也很大。

毛利率，衡量企业上下游地位的最佳指标

从图 11 -3 和表 11 -1 可以看出，在整体股票池中，随着毛利率下降，各个十分位分组股票年复合收益率表现出阶梯形下降的特征。该阶梯形下降特征远远好于净利率模型的表现，因此，毛利率指标更容易区分各个分位分组股票。鉴于此，我在后续的多因子模型中选用了毛利率而非净利率指标。

第一分位的年复合收益率最高，其他分位诸如第二、第三、第四和第六分位的表现都不错，年复合收益率都高于整体股票。第十分位的年复合收益率最低，其他分位诸如第五、第七、第八和第九分位的表现都不好，年复合收益率都低于整体股票。

除了年复合收益率，各个分位的其他各项绩效指标都表现出从最优到最差的阶梯形下降特征。第一分位各项指标最优，第十分位各项指标最差。

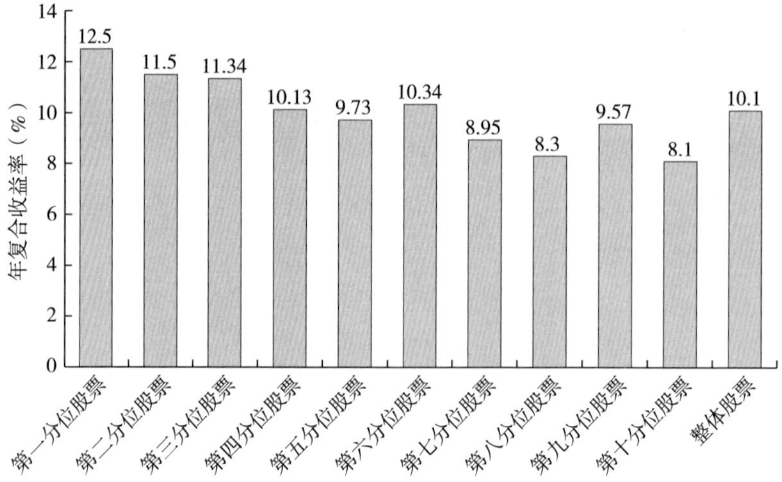

图 11 –3　整体股票池按毛利率从大到小排序十分位法分组股票模拟组合的年复合收益率（1998/12/31~2020/11/30）

表 11 –1　整体股票池按毛利率从大到小排序十分位法分组股票模拟组合的分析结果（1998/12/31~2020/11/30）

	10 万元初始投资的最终结果（万元）	年复合收益率（%）	标准差（%）	下行标准差（%）	最大回撤（%）	夏普比率（无风险利率 =5%）	索提诺比率（无风险利率 =5%）
第一分位股票	132. 22	12. 5	30. 16	17. 32	–61. 12	0. 25	0. 43
第二分位股票	108. 64	11. 5	31. 29	17. 8	–67. 83	0. 21	0. 37
第三分位股票	105. 32	11. 34	31. 61	18. 36	–67. 61	0. 2	0. 35
第四分位股票	82. 91	10. 13	31. 52	18. 31	–67. 92	0. 16	0. 28
第五分位股票	76. 49	9. 73	32. 26	19. 12	–69. 76	0. 15	0. 25
第六分位股票	86. 35	10. 34	32. 4	19. 29	–69. 31	0. 16	0. 28
第七分位股票	65. 4	8. 95	32. 19	19. 4	–67. 74	0. 12	0. 2
第八分位股票	57. 41	8. 3	32. 69	19. 61	–69. 49	0. 1	0. 17
第九分位股票	74. 13	9. 57	32. 49	19. 52	–69. 58	0. 14	0. 23

续表

	10万元初始投资的最终结果（万元）	年复合收益率（%）	标准差（%）	下行标准差（%）	最大回撤（%）	夏普比率（无风险利率=5%）	索提诺比率（无风险利率=5%）
第十分位股票	55.11	8.1	32.96	19.8	-71.83	0.09	0.16
整体股票	82.33	10.1	31.47	18.63	-67.62	0.16	0.27

从图11-4和表11-2可以看出，在大盘股票池中，随着毛利率从大到小变化，各个十分位的年复合收益率呈现阶梯形下降的趋势。

年复合收益率表现最优的是第一分位，前四分位表现都不错，收益率全部高于大盘股。年复合收益率表现最差的是第六分位，后六分位表现都不佳，收益率全部低于大盘股。

第一分位的各项指标表现最好。第九分位的标准差、下行标准差和最大回撤值表现最差，同时与第六分位共享最差的夏普比率与索提诺比率。第六分位10万元初始投资的最终结果表现最差。

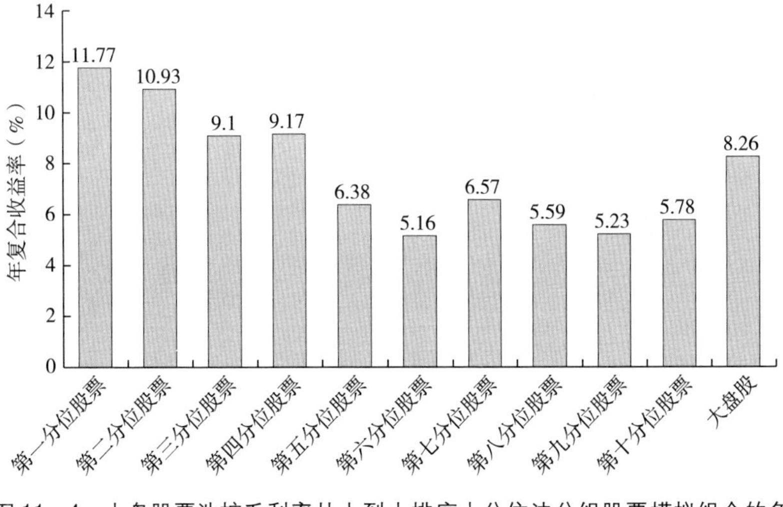

图11-4 大盘股票池按毛利率从大到小排序十分位法分组股票模拟组合的年复合收益率（1998/12/31~2020/11/30）

表 11－2　大盘股票池按毛利率从大到小排序十分位法分组股票模拟组合的分析结果（1998/12/31~2020/11/30）

	10 万元初始投资的最终结果（万元）	年复合收益率（%）	标准差（%）	下行标准差（%）	最大回撤（%）	夏普比率（无风险利率 =5%）	索提诺比率（无风险利率 =5%）
第一分位股票	114.5	11.77	26.69	15.37	－52.1	0.25	0.44
第二分位股票	97.08	10.93	29.66	18.03	－67.78	0.2	0.33
第三分位股票	67.4	9.1	28.36	17.52	－70.36	0.14	0.23
第四分位股票	68.39	9.17	30.17	19.53	－73.73	0.14	0.21
第五分位股票	38.79	6.38	29.15	18.32	－73.34	0.05	0.08
第六分位股票	30.13	5.16	30.12	18.58	－70.45	0.01	0.01
第七分位股票	40.33	6.57	29.25	18.58	－69.51	0.05	0.08
第八分位股票	32.94	5.59	30.98	19.71	－73.2	0.02	0.03
第九分位股票	30.56	5.23	32.62	20.05	－78.95	0.01	0.01
第十分位股票	34.28	5.78	31.95	19.6	－76.81	0.02	0.04
大盘股	56.99	8.26	28.66	17.88	－69.73	0.11	0.18

净利率，衡量销售带来的最终利润

在整体股票池中，随着净利率的下降，虽然部分分位有所反复，但各个十分位的年复合收益率、10 万元初始投资的最终结果、夏普比率和索提诺比率呈现整体下降的趋势。

年复合收益率最高的是第二分位，其他分位诸如第三、第四、第五、第六和第七分位的表现都不错，年复合收益率都超越整体股票。年复合收益率最低的是第十分位，其他分位诸如第一、第八和第九分位的表现都很差，年复合收益率都低于整体股票。

第二分位几乎各项指标都最优，第十分位各项指标都最差。

在大盘股票池中，各个十分位的年复合收益率虽然整体呈现递减的趋势，但也有反复。年复合收益率最高的是第三分位，其他分位诸如第二、第四和第六分位的表现都不错，年复合收益率都高于大盘股。年复合收益率最低的是第七分位，第二低的是第十分位。

第三分位还获取了最高的10万元初始投资的最终结果，并与第二分位一起获取了最高的夏普比率。第七分位获取了最低的10万元初始投资的最终结果、夏普比率和索提诺比率。第十分位获取了最大的标准差和回撤值。

整体来看，净利率指标的有效性不如毛利率。

毛利率与企业价值比销售额多因子与双因子模型

净利率各个十分位年复合收益率的单调递减性弱于毛利率，因此，我在多因子模型中放弃净利率而选择了毛利率。

无独有偶，《量化价值投资：人工智能算法驱动的理性投资》一书的作者卫斯理·格雷和托比亚斯·卡莱尔在制定“量化价值投资检查清单”时，也选用毛利率指标而非净利率指标来发掘高质量股票。

毛利率与企业价值比销售额多因子模型

从图11－5和表11－3可以看出，加入估值指标到毛利率之后，多因子模型区分股票的能力出现质的飞跃，各个十分位分组股票的年复合收益率呈现严格单调递减的特征。另外，各个十分位10万元初始投资的最终结果、夏普比率和索提诺比率呈现严格单调递减的特征，标准差、下行标准差和几乎所有的最大回撤值呈现严格单调递减的特征。因此，毛利率与企业价值比销售额多因子模型的有效性非常高，并优于每个单因子模型。

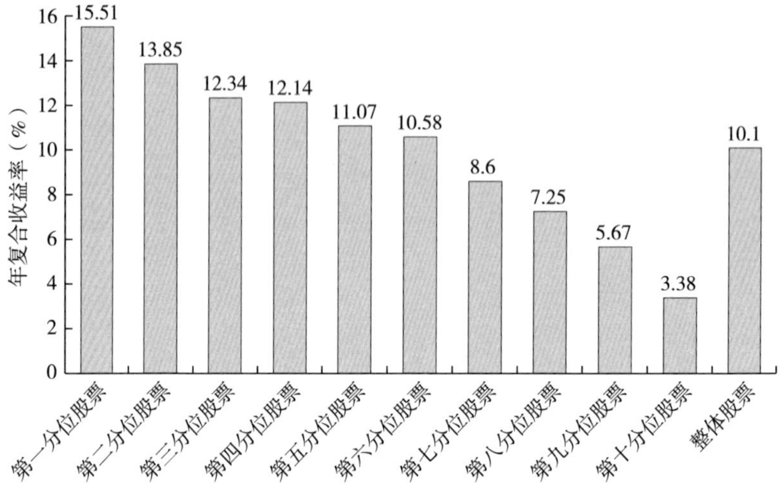

图 11－5　整体股票池按毛利率与企业价值比销售额多因子模型十分位法分组股票模拟组合的年复合收益率（1998/12/31~2020/11/30）

表 11－3　整体股票池按毛利率与企业价值比销售额多因子模型十分位法分组股票模拟组合的分析结果（1998/12/31~2020/11/30）

	10 万元初始投资的最终结果（万元）	年复合收益率（%）	标准差（%）	下行标准差（%）	最大回撤（%）	夏普比率（无风险利率 =5%）	索提诺比率（无风险利率 =5%）
第一分位股票	235.54	15.51	29.39	17.82	－62.87	0.36	0.59
第二分位股票	171.7	13.85	30.01	18.02	－65.61	0.29	0.49
第三分位股票	128.2	12.34	31.18	18.5	－66.28	0.24	0.4
第四分位股票	123.22	12.14	31.4	18.52	－67.04	0.23	0.39
第五分位股票	99.84	11.07	31.76	18.47	－67.57	0.19	0.33

续表

	10万元初始投资的最终结果（万元）	年复合收益率（%）	标准差（%）	下行标准差（%）	最大回撤（%）	夏普比率（无风险利率=5%）	索提诺比率（无风险利率=5%）
第六分位股票	90.66	10.58	32.02	18.58	-67.27	0.17	0.3
第七分位股票	60.97	8.6	32.58	19.01	-69.6	0.11	0.19
第八分位股票	46.4	7.25	32.83	19.32	-72.96	0.07	0.12
第九分位股票	33.52	5.67	33.68	19.57	-75.43	0.02	0.03
第十分位股票	20.72	3.38	33.97	20.08	-79.44	-0.05	-0.08
整体股票	82.33	10.1	31.47	18.63	-67.62	0.16	0.27

从图11-6和表11-4可以看出，在大盘股票池中，各个十分位分组股票的年复合收益率几乎呈现严格单调递减的特征。多因子模型在大盘股票池中的表现优于单因子指标构建的模型。

各个十分位10万元初始投资的最终结果、夏普比率和索提诺比率也几乎呈现严格单调递减的特征。各项指标表现最优的是第一分位，表现最差的是第十分位。

第十分位的最大回撤值为80.79%，回撤幅度之大，让人惊讶！第十分位的年复合收益率为-2.39%，以每年2.39%的速度亏损，10万元初始投资的总亏损为4.11万元。熬了20多年，不但不赚钱，反而亏掉了41%。赔了时间还赔钱，这笔生意不能做。因此，被第十分位锁定的股票，坚决不能投资。第十分位也可以被归为下一章要讨论的“危险信号”。

截至目前，我们已经测试完了毛利率、企业价值比销售额以及由二者构建的多因子模型。多因子模型筛选股票的有效性真的好于单因子指标。

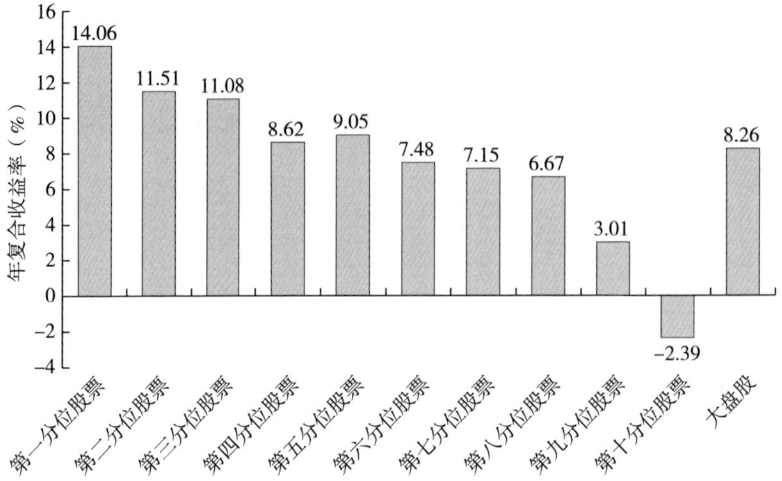

图 11－6　大盘股票池按毛利率与企业价值比销售额多因子模型十分位法分组股票模拟组合的年复合收益率（1998/12/31～2020/11/30）

表 11－4　大盘股票池按毛利率与企业价值比销售额多因子模型十分位法分组股票模拟组合的分析结果（1998/12/31～2020/11/30）

	10 万元初始投资的最终结果（万元）	年复合收益率（%）	标准差（%）	下行标准差（%）	最大回撤（%）	夏普比率（无风险利率 =5%）	索提诺比率（无风险利率 =5%）
第一分位股票	178.72	14.06	28.56	16.95	-65.67	0.32	0.53
第二分位股票	108.78	11.51	29.32	18.78	-69.23	0.22	0.35
第三分位股票	100.02	11.08	29.08	17.84	-66.65	0.21	0.34
第四分位股票	61.27	8.62	29.02	18.2	-69.12	0.12	0.2
第五分位股票	66.77	9.05	29.35	17.6	-70.2	0.14	0.23
第六分位股票	48.59	7.48	28.82	17.48	-67.27	0.09	0.14
第七分位股票	45.39	7.15	29.38	18.52	-69.75	0.07	0.12
第八分位股票	41.18	6.67	30.13	18.78	-74.17	0.06	0.09

续表

	10万元初始投资的最终结果（万元）	年复合收益率（%）	标准差（%）	下行标准差（%）	最大回撤（%）	夏普比率（无风险利率=5%）	索提诺比率（无风险利率=5%）
第九分位股票	19.15	3.01	30.96	19.6	-78.32	-0.06	-0.1
第十分位股票	5.89	-2.39	31.61	19.87	-80.79	-0.23	-0.37
大盘股	56.99	8.26	28.66	17.88	-69.73	0.11	0.18

毛利率与企业价值比销售额双因子模型

观察完毛利率与企业价值比销售额等权多因子模型，我们一起来看看双因子模型。

从图11-7和表11-5可以看出，毛利率与企业价值比销售额双因子模型非常有效，各个五分位的年复合收益率、10万元初始投资的最终结果、夏普比率和索提诺比率呈现严格单调递减的特征。双因子模型的表现优于每个单因子模型。

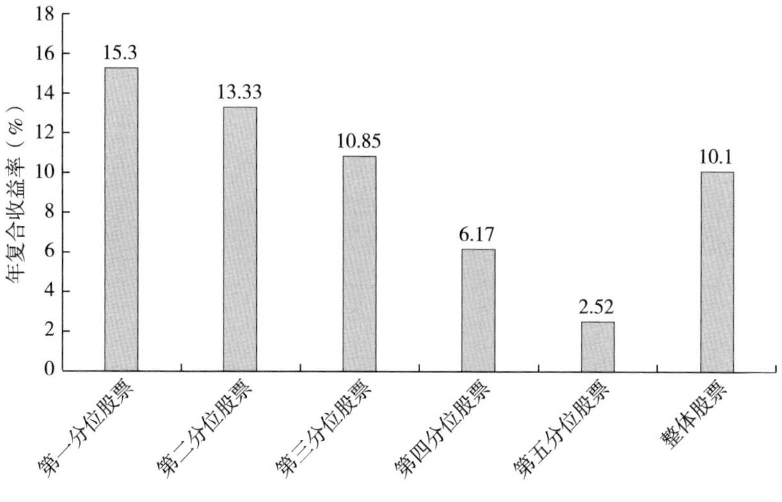

图11-7　整体股票池按毛利率与企业价值比销售额双因子模型五分位法分组股票模拟组合的年复合收益率（1998/12/31~2020/11/30）

表 11 -5　整体股票池按毛利率与企业价值比销售额双因子模型五分位法分组股票模拟组合的分析结果（1998/12/31~2020/11/30）

	10 万元初始投资的最终结果（万元）	年复合收益率（%）	标准差（%）	下行标准差（%）	最大回撤（%）	夏普比率（无风险利率 =5%）	索提诺比率（无风险利率 =5%）
第一分位股票	226.49	15.3	29.76	17.33	-60.2	0.35	0.59
第二分位股票	155.28	13.33	30.95	18.06	-64.89	0.27	0.46
第三分位股票	95.67	10.85	33.17	19.48	-69.04	0.18	0.3
第四分位股票	37.17	6.17	33.96	20.24	-73.93	0.03	0.06
第五分位股票	17.24	2.52	34.16	20.22	-80.62	-0.07	-0.12
整体股票	82.33	10.1	31.47	18.63	-67.62	0.16	0.27

从图 11 -8 和表 11 -6 可以看出，在大盘股票池中，各个五分位分组股票的年复合收益率呈现几乎严格单调递减的特征。双因子模型在大盘股票池中的有效性也非常高。

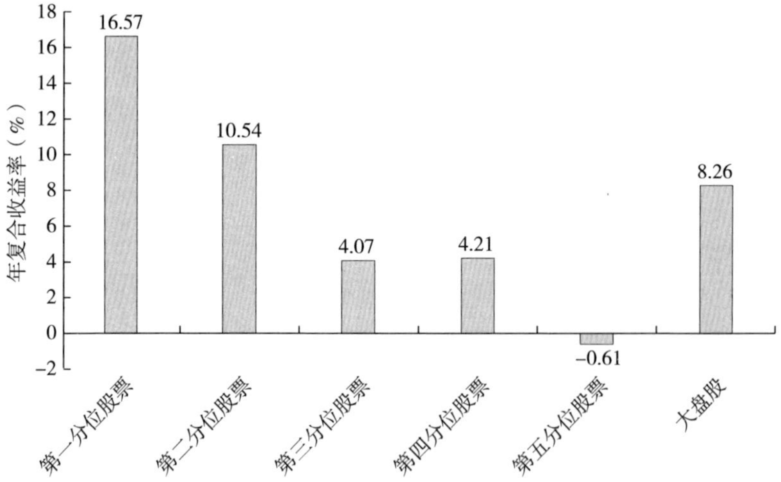

图 11 -8　大盘股票池按毛利率与企业价值比销售额双因子模型五分位法分组股票模拟组合的年复合收益率（1998/12/31~2020/11/30）

表 11 -6　大盘股票池按毛利率与企业价值比销售额双因子模型五分位法分组股票模拟组合的分析结果（1998/12/31~2020/11/30）

	10 万元初始投资的最终结果（万元）	年复合收益率（%）	标准差（%）	下行标准差（%）	最大回撤（%）	夏普比率（无风险利率 =5%）	索提诺比率（无风险利率 =5%）
第一分位股票	287.85	16.57	29.37	16.75	-62.38	0.39	0.69
第二分位股票	89.88	10.54	30.99	19.8	-72.77	0.18	0.28
第三分位股票	23.99	4.07	30.45	18.42	-69.95	-0.03	-0.05
第四分位股票	24.72	4.21	31.3	20.07	-74.95	-0.03	-0.04
第五分位股票	8.75	-0.61	33.46	20.58	-79.57	-0.17	-0.27
大盘股	56.99	8.26	28.66	17.88	-69.73	0.11	0.18

各项指标表现最优的是第一分位，各项指标表现最差的是第五分位。

第一分位的年复合收益率为 16.57%，这意味着什么？在过去 21.92 年中，投资 10 万元于第一分位的最终资产总值为 287.85 万元，资产总值涨到 28.79 倍。在年复合收益率保持不变的前提下，如果再投资 21.92 年，资产总值将涨到 828.58 倍；如果继续投资 21.92 年，资产总值将涨到 23850.57 倍，10 万元初始投资的最终资产总值为 23.85 亿元。前述方法不变，时间累积之后，表 11 -3 中第一分位最终为 13.07 亿元。前者比后者多出 10 亿元。一不小心，我们就感受到了复利的力量。即便是每年 1.06% 的微小差距，假以时日，也能达到接近 10 亿元的巨大差异。有了巴菲特所说的长长的坡和湿湿的雪，我们就可以把雪球越滚越大。

企业价值比销售额与毛利率双因子模型

在上一节的双因子模型中，我先用毛利率筛选出经营质量较高（或较低）的股票，再用企业价值比销售额筛选出估值较低（或较高）的股票。如果反过来，会如何？我们一起看看。

从图 11 -9 和表 11 -7 可以看出，企业价值比销售额与毛利率双因子模型的五分位分组股票的年复合收益率、10 万元初始投资的最终结果、夏普比率和索提诺比率也呈现严格单调递减的特征，该双因子模型的有效性非常好。第一分位的各项指标最优，第五分位的各项指标最差。

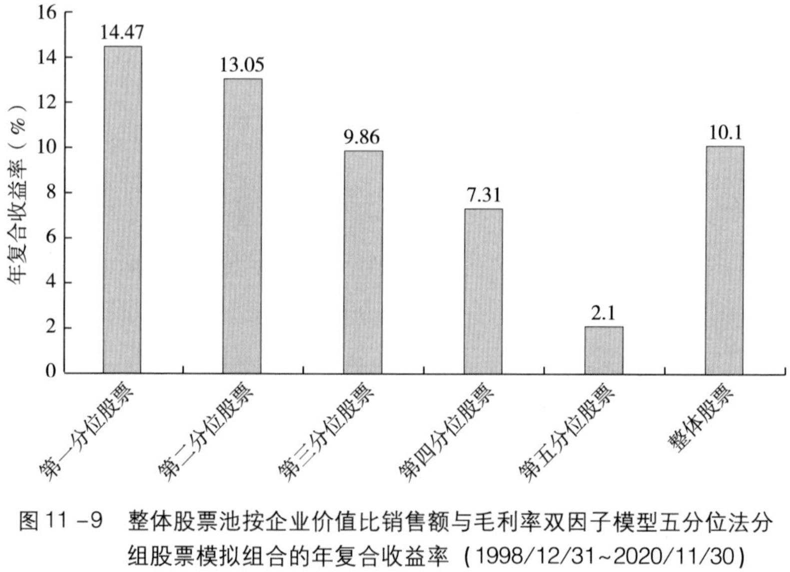

图 11 -9　整体股票池按企业价值比销售额与毛利率双因子模型五分位法分组股票模拟组合的年复合收益率（1998/12/31~2020/11/30）

表 11-7 整体股票池按企业价值比销售额与毛利率双因子模型五分位法分组股票模拟组合的分析结果（1998/12/31~2020/11/30）

	10万元初始投资的最终结果（万元）	年复合收益率（%）	标准差（%）	下行标准差（%）	最大回撤（%）	夏普比率（无风险利率=5%）	索提诺比率（无风险利率=5%）
第一分位股票	193.21	14.47	29.1	18.13	-64.29	0.33	0.52
第二分位股票	147.04	13.05	31.75	19.96	-70.56	0.25	0.4
第三分位股票	78.6	9.86	32.69	19.2	-68.69	0.15	0.25
第四分位股票	46.92	7.31	33.52	19.07	-72.65	0.07	0.12
第五分位股票	15.77	2.1	34.35	20.17	-80.2	-0.08	-0.14
整体股票	82.33	10.1	31.47	18.63	-67.62	0.16	0.27

从图 11-10 和表 11-8 可以看出，在大盘股票池中，企业价值比销售额与毛利率双因子模型的表现非常好。

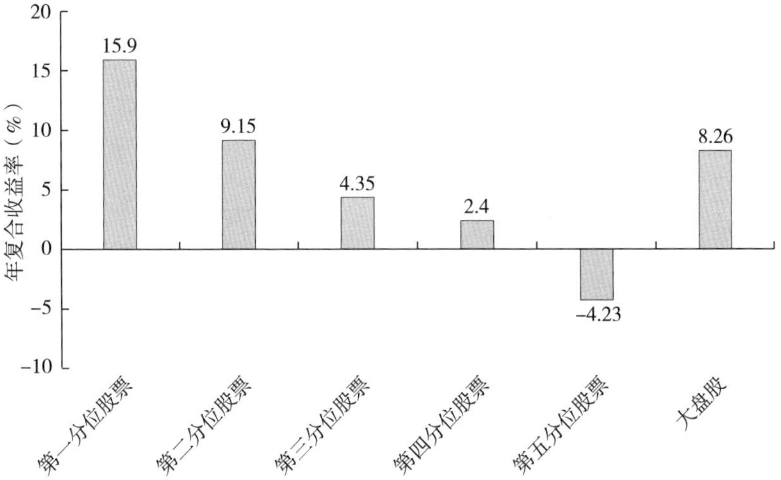

图 11-10 大盘股票池按企业价值比销售额与毛利率双因子模型五分位法分组股票模拟组合的年复合收益率（1998/12/31~2020/11/30）

表 11－8 大盘股票池按企业价值比销售额与毛利率双因子模型五分位法分组股票模拟组合的分析结果（1998/12/31~2020/11/30）

	10 万元初始投资的最终结果（万元）	年复合收益率（%）	标准差（%）	下行标准差（%）	最大回撤（%）	夏普比率（无风险利率=5%）	索提诺比率（无风险利率=5%）
第一分位股票	253.81	15.9	30.22	17.9	－67.62	0.36	0.61
第二分位股票	68.14	9.15	31.04	19.81	－68.56	0.13	0.21
第三分位股票	25.42	4.35	31.29	19.13	－72.2	－0.02	－0.03
第四分位股票	16.83	2.4	31.18	20.34	－78.6	－0.08	－0.13
第五分位股票	3.88	－4.23	32.08	20.29	－90.17	－0.29	－0.45
大盘股	56.99	8.26	28.66	17.88	－69.73	0.11	0.18

各个五分位分组股票的年复合收益率、10 万元初始投资的最终结果、夏普比率和索提诺比率呈现严格单调递减的特征。该双因子模型在大盘股票池中的有效性非常强，并强于整体股票池。

第一分位的各项指标最优，第五分位的各项指标最差。第五分位还拥有令人恐怖的 90.17% 的最大回撤。极端情况下，10 万元初始投资的本金只剩余 0.98 万元。

大盘股票池双因子模型给我们带来了两个收获。第一个收获，高额的年复合收益率。第一分位的年复合收益率为 15.9%。在过去 21.92 年中，投资 10 万元于第一分位的最终资产总值为 253.81 万元。如果你有兴趣，可以计算一下在年复合收益率保持不变的前提下再连续投资两个 21.92 年最终资产总值为多少。（我可不会告诉你结果为喜人的 16.35 亿元。）

第二个收获，“危险信号”与“负面清单”。第五分位的年复合收益率为－4.23%，投资 10 万元于第五分位的最终资产总值为 3.88 万元，总亏损约6.12万元。“千里之堤，溃于蚁穴”，在长期投资中，决不能小看微小的亏损。即便是每年微亏4.23%，20多年下来总亏损也超过了六成。用专业术语讲，双因子第五分位——企业价值比销售额估值倍数最大20%分组股票中毛利率最小20%的分组股票——应该被称为“危险信号”。这些股票不但不值得我们投资，还有必要被列入“负面清单”。

在实战时，最好把“负面清单”中的股票剔除出股票池，以防不慎被选入最终的投资标的，拉低投资收益率。

对投资者的启迪

1. 不同行业具备不同的利润率，即便在同一个行业中，不同企业的利润率也不同。
2. 利润率越高，股票的投资收益率越高，这一现象在毛利率身上更加明显。毛利率的有效性高于净利率。
3. 如果你以15.51%的年复合收益率连续投资60多年，你的资产总值将涨到13067.55倍，10万元初始投资的最终资产总值为13.07亿元。你没看错，超过了10亿元。一不小心，我们就窥探到了复利的力量。
4. 在长期投资中，我们要尽量规避亏损，哪怕是极其微小的亏损。即便是每年微亏4.23%，20多年下来总亏损也超过了六成。
5. 在构建双因子模型时，我们可以调整因子顺序，但不同的顺序可能得出略有差异的结果。

第12章

股票触发危险信号，尽快剔除

举错悖逆，咎败将至，征兆为之先见。

——《汉书》

如奴隶般地套用模型

做投资，是相信自己的主观感受，还是相信冷冰冰的模型结果？

2012 年，乔尔·格林布拉特进行了一项关于个人投资者采纳神奇公式业绩表现的研究，该研究从 2009 年 5 月 1 日开始至 2011 年 4 月 30 日结束，共两年时间。格林布拉特为投资者提供了两种选择，一种是自主管理账户，另一种是专业管理账户。这两种账户都被提供相同的经过神奇公式筛选的股票，两种账户的投资标的都不允许超出神奇公式筛选股票的范围。不同的是，自主管理账户允许投资者在神奇公式的基础上自行决定投资标的和交易时间，专业管理账户必须按照预先设定的固定时间间隔买卖投资标的。

在模型中加入了投资者的主观判断之后，自主管理账户能够跑赢专业管理账户吗？结果是，自主管理账户的表现略低于股票市场，两年间扣除一切费用后的总收益率是 59.4%，低于标普 500 指数的总收益率 62.7%。同期，专业管理账户大幅度好于股票市场，扣除一切费用后的总收益率为 84.1%，比标普 500 指数多 21.4%，比自主管理账户多 24.7%。这个差异非常显著，尤其是在两个账户采用相同选股规则、具有相同投资标的的情况下。事实证明，仅仅在交易环节加入了个人主观判断，就会导致自主管理账户表现不佳。

自主管理账户的哪些行为导致其表现不佳呢？

研究发现，有两种行为导致了自主管理账户表现不佳。第一种，自主管理账户的投资者并不买入神奇公式推荐的赢家股（最赚钱的股票）。他们系统地避开了赢家股，为什么呢？赢家股之所以后期表现较好，是因为现在便宜；之所以现在便宜，是因为短期不受市场欢迎。买入短期不受市场欢迎的股票，与“主流”意见不符，会让他们感到不适；为了避免不适，他们不买入神奇公式推荐的赢家股。就这样，未来表现较好的赢家股，被自主管理账户系统地避开了。

第二种，自主管理账户往往持有大量现金。股票市场的波动非常大，很容易短期浮亏。一旦发生这种情况，自主管理账户的投资者倾向于卖掉全部股票并持有现金。等到市场出现赚钱效应时，再买入股票。问题是，市场出现赚钱效应以后，波动加大，刚刚入场的自主管理账户很容易短期再次亏钱。自主管理的投资者又卖掉了股票并持有现金。反复几次之后，投资者非常沮丧，买入股票的意愿非常低，导致现金头寸比较高。

正是上述两种行为，导致遵循相同游戏规则的自主管理账户总收益率大幅度低于专业管理账户。

格林布拉特还发现，在主动管理账户中，表现最佳的竟然是在2009年5月1日按照神奇公式买入股票之后两年内不动的账户。越主动，收益率越低；越被动，收益率越高，这似乎有悖于我们的常识，却是客观情况。

吉姆·西蒙斯和爱德华·索普一样，从数学家转型成为量化巨头，他把其在量化对冲界的成就归功于严格遵循自己的模型，“你喜欢模型告诉你的，还是不喜欢？这是一件难以回测的事情。如果你要使用模型进行交易，只要如奴隶般地套用模型；不论你觉得模型是多么的聪明或是愚蠢，你都需要按照模型告诉你的去做”。

或许，我们应该像吉姆·西蒙斯建议的那样应用模型，如奴隶般地投资模型筛选出来的股票，如奴隶般地避开模型给出的负面清单。

注意危险信号

针对企业管理层的欺诈行为，巴菲特说：“当管理层走歪路的行为变得明显时，或许他们在暗中也是这么做的。当你发现厨房有一只蟑螂时，肯定不止一只。”巴菲特这句话，很适用于安然公司。

在 2001 年 12 月破产之前，安然公司是一家备受尊敬的美国能源企业。在过去 10 年中，安然创造了 666% 的大幅增长，销售收入达到 1010 亿美元，净利润达到 14 亿美元，总市值达到 614 亿美元（市盈率为 44 倍）。安然公司被华尔街认为是质量最高的企业之一，并被《财富》杂志连续 6 年评为美国最具创新性的企业。

然而，直到 2001 年 10 月安然崩盘时，人们才发现，安然会计部门无中生有的能力是全球最具创新性的。

那么，究竟是谁最早发现安然可能涉及欺诈的呢？监管部门？华尔街？新闻媒体？都不是。竟然是一群康奈尔大学的 MBA 学生早在安然破产一年前，就发现了其可能存在会计操纵行为。

2000 年 5 月，康奈尔大学的 MBA 学生在上财务分析课程时，选择安然作为他们的期末项目。当运用 PROBM 模型（操纵概率模型）分析安然时，竟然得出“卖出”建议。模型结果表明，安然可能存在人为操纵行为。

PROBM 模型是由印第安纳大学凯利商学院一位名叫梅索德·伯纳什的会计学教授发明的。在其 1999 年的论文《盈余操纵检验方法》中，伯纳什教授提出了诊断财务报表操纵行为的量化模型，并把该模型命名为操纵概率模型，简称为 PROBM 模型。梅索德·伯纳什教授的研究表明，财务操纵企业在丑闻被揭发前的 PMAN（操纵的概率值）的均值为 39.86%。学生们发现，安然公司的 PMAN 值为 30.5%。

与华尔街分析师一样，学生们也认为安然是一家备受尊敬的企业，但与华尔街不一样的是，学生们虽然主观上不相信安然存在欺诈行为，但依然“如奴隶般”地相信模型的结论，建议卖出安然公司。为什么是一群商学院的学生发现的问题呢？可能是因为他们离华尔街远一些，噪音少一些，更重要的是，他们坚信 PROBM 模型的结论。

在 1998 年至 2020 年间发生的 17 个著名财务欺诈案件中，PROBM 模型提前识别出 12 个。在 1993 年至 2007 年间，被 PROBM 模型标记为潜在财务操纵者股票的年复合收益率比未被标记的股票低 9.7%。因此，PROBM 模型可以作为识别危险信号的工具。

能够发现危险信号并系统帮我们避开质量存在瑕疵的股票的不只有 PROBM 模型，理查德·托托里罗在《量化投资策略：如何实现超额收益 Alpha》一书中，用了整整一章的篇幅来阐述危险信号，主要包括财务杠杆与债务偿付、资本密集度、资本支出回报率、运营资本效率以及会计保守程度等 5 类危险信号。

2009 年，伯纳什和尼克尔斯发现以下行为可以作为危险信号：改善会计利润或现金流但不改善实际核心业务的行为，会计操纵、近期发生过并购、股权发行等公司治理行为；反映在财务指标中，主要包括净销售额高于自由现金流、高市净率、高销售增长、每股经营性现金流与股价比率过低、近5年进行过收购，以及近2年股份增发大于行业平均水平等情形。

关于危险信号，托托里罗认为，这些模型或因子本身表现并不突出，有效性可能并不高，但它们具备两方面的优势。一方面，这些模型或因子可以衡量企业财务状况或经营状况的健康程度，识别出有质量瑕疵的股票。另一方面，这些模型或因子大部分与其他基础因子相互独立，能够作为组件因子与其他因子一起使用，以显著增强多因子模型的选股能力。危险信号可以有效地用于多因子建模，提升多因子模型的辨识度，加深投资者对股票市场的理解。顺便说一句，本书测试的大部分单因子指标的最差分位都可以作为危险信号使用。

4类危险信号

本章主要阐述4类基本面危险信号，主要包括现金流量占比、利润质量、偿债能力和运营能力。这些信号用于衡量企业财务状况和经营状况的健康程度。

1. 现金流量占比用于衡量经营活动产生的现金流在营业收入或营业利润中的占比。本章测试经营活动产生的现金流量净额与营业利润的比值，以及销售商品或提供劳务收到的现金与营业收入的比值等两个因子。
2. 利润质量用于衡量主营业务产生的利润在利润总额中的占比。本章测试营业利润与利润总额的比值。
3. 偿债能力用于衡量企业产生的现金流或总利润偿付债务的能

力。本章测试利息保障倍数。

4. 营运能力用于衡量企业的运营效率。本章测试应收账款周转天数。

经营活动产生的现金流量净额与营业利润的比值

现金流被誉为企业运营的血液，优则生，劣则死。因此，经营活动产生的现金流量净额与营业利润比值越大，企业把营业利润转化为现金流的能力就越强，造血功能越强大，企业运营越稳健。反之，该比值越小，营业利润转化为现金流的能力就越差，造血功能越弱，企业运营越可能存在风险。

从图 12－1 和表 12－1 可以看出，随着经营活动产生的现金流量净额与营业利润的比值从大到小变化，各个十分位的年复合收益率呈现凸面特征。收益率最高的是第四分位，其他分位诸如第二、第三、第五和第六分位的收益率都不错，超过整体股票。收益率最低的是第九分位，第一分位与后四分位的收益率都低于整体股票。

第四分位各项指标几乎都表现最优，第九分位几乎都表现最差。

图 12－2 和表 12－2 实证数据显示，在大盘股票池中，年复合收益率最高的是第五分位，其他分位诸如第二、第三、第四、第六和第七分位表现都不错，收益率都高于大盘股。收益率最低的是第九分位，第一分位与后三分位的收益率都大幅度低于大盘股。

第五分位各项指标几乎都表现最优，第九分位几乎都最差。

从这几幅图表可以初步窥见危险信号的特征，当危险信号被触发时，相应股票表现非常差劲；没有被触发时，无法有效分辨出股票优劣。也就是说，危险信号仅适用于锁定业绩较差的股票。

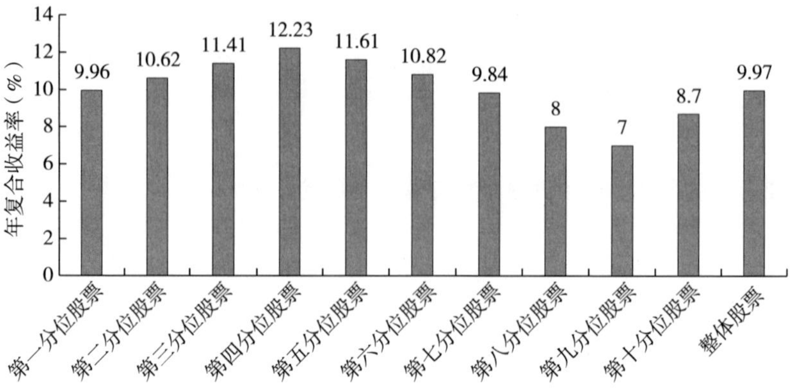

图 12－1　整体股票池按经营活动产生的现金流量净额比营业利润从大到小排序十分位法分组股票模拟组合的年复合收益率（1999/03/31～2020/12/31）

表 12－1　整体股票池按经营活动产生的现金流量净额比营业利润从大到小排序十分位法分组股票模拟组合的分析结果（1999/03/31～2020/12/31）

	10 万元初始投资的最终结果（万元）	年复合收益率（%）	标准差（%）	下行标准差（%）	最大回撤（%）	夏普比率（无风险利率 =5%）	索提诺比率（无风险利率 =5%）
第一分位股票	78.9	9.96	32.7	19.53	－70.07	0.15	0.25
第二分位股票	89.76	10.62	31.79	19.06	－66.5	0.18	0.29
第三分位股票	104.91	11.41	31	18.84	－66.7	0.21	0.34
第四分位股票	122.9	12.23	30.67	18.43	－66.06	0.24	0.39
第五分位股票	108.94	11.61	30.94	18.45	－67.05	0.21	0.36
第六分位股票	93.46	10.82	30.33	17.95	－64.89	0.19	0.32
第七分位股票	77.05	9.84	31.31	18.21	－67.68	0.15	0.27
第八分位股票	53.37	8	32.44	18.77	－70.06	0.09	0.16
第九分位股票	43.56	7	33.26	19.36	－72.15	0.06	0.1
第十分位股票	61.4	8.7	34.09	19.66	－74.54	0.11	0.19
整体股票	78.99	9.97	31.54	18.68	－67.62	0.16	0.27

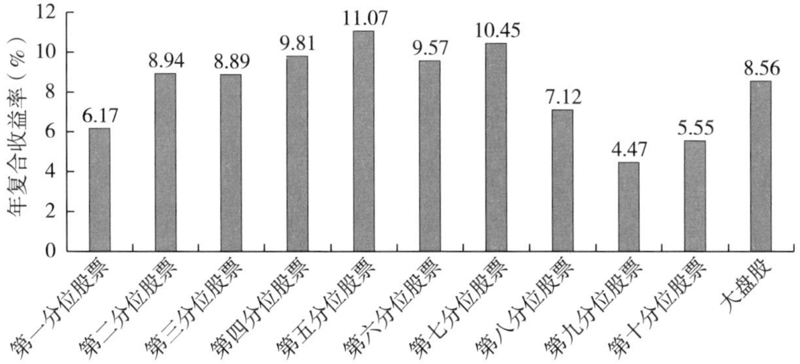

图 12－2　大盘股票池按经营活动产生的现金流量净额比营业利润从大到小排序十分位法分组股票模拟组合的年复合收益率（1999/03/31～2020/12/31）

表 12－2　大盘股票池按经营活动产生的现金流量净额比营业利润从大到小排序十分位法分组股票模拟组合的分析结果（1999/03/31～2020/12/31）

	10 万元初始投资的最终结果（万元）	年复合收益率（%）	标准差（%）	下行标准差（%）	最大回撤（%）	夏普比率（无风险利率 =5%）	索提诺比率（无风险利率 =5%）
第一分位股票	36.74	6.17	30.25	18.68	－69.33	0.04	0.06
第二分位股票	64.39	8.94	30.2	18.54	－71.31	0.13	0.21
第三分位股票	63.78	8.89	28.68	18.39	－69.77	0.14	0.21
第四分位股票	76.5	9.81	28.38	17.35	－66.81	0.17	0.28
第五分位股票	98.16	11.07	29.07	17.9	－69.19	0.21	0.34
第六分位股票	73.01	9.57	31.08	18.02	－67.93	0.15	0.25
第七分位股票	86.94	10.45	28.07	17.04	－64.97	0.19	0.32
第八分位股票	44.67	7.12	29.53	19.33	－72.91	0.07	0.11
第九分位股票	25.9	4.47	31.38	19.32	－75.35	－0.02	－0.03
第十分位股票	32.4	5.55	32.82	18.83	－73.65	0.02	0.03
大盘股	59.68	8.56	28.76	17.97	－69.73	0.12	0.2

销售商品或提供劳务收到的现金与营业收入的比值

现金流被誉为企业的血液。销售商品或提供劳务收到的现金与营业收入比值越大，企业把营业收入转化为现金流的能力就越强，造血功能越强，企业运营越稳健。反之，该比值越小，企业把营业收入转化为现金流的能力就越差，造血功能越弱，企业运营越可能存在风险。

实证数据显示，在整体股票池中，第十分位业绩很差，危险信号特征尽显。

在大盘股票池中，各个十分位的年复合收益率呈现整体递减的趋势。该指标在大盘股票池中的选股有效性优于整体股票池。收益率最高的是第一分位。前三分位表现都不错，收益率都超越大盘股。收益率最低的是第十分位。后七分位表现不佳，收益率都低于大盘股。第一分位各项指标几乎都最优；第十分位各项指标几乎都最差。既可以挑选优异股票，也可以锁定较差股票。

无论是整体股票池，还是大盘股票池，都显示了危险信号的特征——一旦危险信号被触发，对应股票将表现不佳。实证表现最差的，正是触发危险信号的第十分位。

营业利润与利润总额的比值

利润总额为营业利润和营业外利润的总和，而营业外利润并非我们最看重的企业持续经营利润，营业利润才是。因此，营业利润与利润总额的比值这一指标衡量企业持续经营产生的营业利润在利润总额中的占比。

在整体股票池中，各个十分位分组股票的年复合收益率呈现凸面特征。收益率最高的是第六分位，其他分位诸如第三、第四、第五和第九分位表现也不错，收益率都高于整体股票。收益率最低的是第八分位，其他分位诸如第一、第二、第七和第十分位表现很差，收益率都低于整体股票。

第六分位各项指标几乎都最优。第八分位获取了最差的10万元初始投资的最终结果和年复合收益率。第十分位获取了最差的标准差、下行标准差、最大回撤、夏普比率和索提诺比率。

在大盘股票池中，营业利润与利润总额的比值这一指标的有效性高于整体股票池。各个十分位分组股票年复合收益率呈现整体下降的趋势，收益率最差的是第九分位。

实证数据再次印证了危险信号的特征，一旦触发危险信号，该分组股票业绩一定很差。

利息保障倍数

利息保障倍数 = 息税前利润/利息费用。利息费用反映企业为筹集生产经营所需资金等而发生的应予费用化的利息支出，因此，利息保障倍数这一指标衡量企业息税前利润偿付利息费用的能力。

从图12－3和表12－3可以看出，在整体股票池中，随着利息保障倍数从大到小变化，各个十分位分组股票的年复合收益率呈现阶梯形下降的趋势。收益率最高的是第二分位，前三分位表现都不错，收益率都超越整体股票。收益率最低的是第十分位，后七分位表现都不佳，收益率都低于整体股票。

第二分位获取了最优的10万元初始投资的最终结果、年复合收益率、夏普比率和索提诺比率。第一分位获取了最优的标准差和下行标准差。第十分位各项指标几乎都最差。

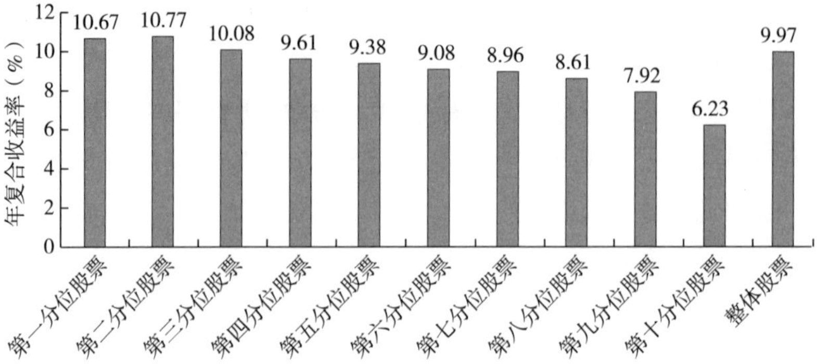

图 12－3　整体股票池按利息保障倍数从大到小排序十分位法分组股票模拟组合的年复合收益率（1998/12/31~2020/12/31）

表 12－3　整体股票池按利息保障倍数从大到小排序十分位法分组股票模拟组合的分析结果（1998/12/31~2020/12/31）

	10 万元初始投资的最终结果（万元）	年复合收益率（%）	标准差（%）	下行标准差（%）	最大回撤（%）	夏普比率（无风险利率 =5%）	索提诺比率（无风险利率 =5%）
第一分位股票	93.08	10.67	30.18	18.11	－67.91	0.19	0.31
第二分位股票	95	10.77	30.48	18.55	－68.24	0.19	0.31
第三分位股票	82.78	10.08	30.18	18.25	－68.49	0.17	0.28
第四分位股票	75.33	9.61	31.4	18.84	－68.85	0.15	0.24
第五分位股票	71.83	9.38	31.22	18.9	－68.14	0.14	0.23
第六分位股票	67.66	9.08	31.85	19.05	－67.88	0.13	0.21
第七分位股票	66.09	8.96	32.93	19.36	－71.88	0.12	0.2
第八分位股票	61.5	8.61	33.24	19.72	－72.23	0.11	0.18
第九分位股票	53.47	7.92	34.43	19.99	－76.15	0.08	0.15
第十分位股票	37.82	6.23	34.09	20.07	－76.5	0.04	0.06
整体股票	80.99	9.97	31.42	18.61	－67.62	0.16	0.27

从图 12－4 和表 12－4 可以看出，在大盘股票池中，各个十分位分组股票的年复合收益率呈现整体下降的趋势。收益率最高的是第一分位，其他分位诸如第三和第四分位表现也不错，收益率都高于大盘股。收益率最低的是第九分位，第二分位和后六分位表现都不佳，收益率都低于大盘股。

第一分位各项指标几乎都最优。第九分位获取了最差的 10 万元初始投资的最终结果、年复合收益率、夏普比率和索提诺比率。第十分位获取了最差的标准差、下行标准差和最大回撤值。

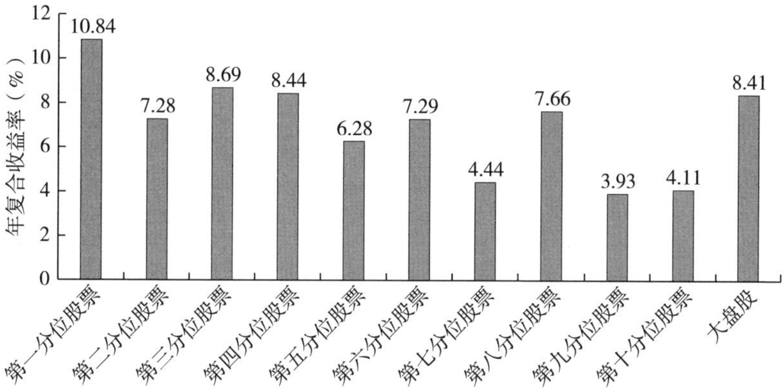

图 12－4　大盘股票池按利息保障倍数从大到小排序十分位法分组股票模拟组合的年复合收益率（1998/12/31~2020/12/31）

表 12－4　大盘股票池按利息保障倍数从大到小排序十分位法分组股票模拟组合的分析结果（1998/12/31~2020/12/31）

	10 万元初始投资的最终结果（万元）	年复合收益率（%）	标准差（%）	下行标准差（%）	最大回撤（%）	夏普比率（无风险利率 =5%）	索提诺比率（无风险利率 =5%）
第一分位股票	96.3	10.84	29.64	17.55	－69.05	0.2	0.33
第二分位股票	46.95	7.28	30.78	18.7	－72.87	0.07	0.12

续表

	10万元初始投资的最终结果（万元）	年复合收益率（%）	标准差（%）	下行标准差（%）	最大回撤（%）	夏普比率（无风险利率=5%）	索提诺比率（无风险利率=5%）
第三分位股票	62.56	8.69	29.9	17.69	-70.59	0.12	0.21
第四分位股票	59.4	8.44	29.75	19.4	-73.76	0.12	0.18
第五分位股票	38.19	6.28	28.37	18.47	-73.4	0.05	0.07
第六分位股票	46.99	7.29	29.37	19.31	-74.36	0.08	0.12
第七分位股票	26.01	4.44	30.41	18.25	-67.57	-0.02	-0.03
第八分位股票	50.75	7.66	31.19	18.87	-67.41	0.09	0.14
第九分位股票	23.33	3.93	31.32	18.95	-73.16	-0.03	-0.06
第十分位股票	24.27	4.11	32.29	19.62	-76.83	-0.03	-0.05
大盘股	59.1	8.41	28.61	17.88	-69.73	0.12	0.19

上述图表展示出了危险信号的特征，一旦触发了危险信号，该分组股票表现不佳。但与其他危险信号不同，年复合收益率呈现整体下降的特征，第一分位表现不错，因此，利息保障倍数也可用于筛选业绩较优的股票。

应收账款周转天数

应收账款周转天数=360/应收账款周转率。其中，应收账款周转率=营业收入×2/[期末（应收账款+应收票据+预付款项）+期初（应收账款+应收票据+预付款项）]。应收账款周转天数代表一家企业的经营实力，周转天数越短，经营实力越强；周转天数越长，经营实力越差。

在整体股票池中，随着应收账款周转天数从小到大变化，各个十分位分组股票的年复合收益率呈现整体下降的趋势。收益率最高的是第三分位，前八分位表现都不错，收益率都高于整体股票。收益率最低的是第十分位，后二分位表现都很差，收益率都低于整体股票。

第三分位获取了最优的10万元初始投资的最终结果、年复合收益率、夏普比率和索提诺比率。第一分位获取了最优的标准差和下行标准差。第十分位各项指标几乎都最差。

在大盘股票池中，除了第十分位表现非常差、第一分位表现非常好，各个十分位分组股票没有表现出明显的趋势特征。

应收账款周转天数指标表现出明显的危险信号特征，触发危险信号的股票（第十分位）表现很差。

危险信号综合指标

你可能会好奇，如果把前述5个单因子指标综合在一起，构建一个危险信号综合指标，筛选股票的效果会如何呢？我们一起看看。

从图12－5和表12－5可以看出，在整体股票池中，各个十分位分组的年复合收益率呈现阶梯形递减的趋势。把多个危险信号综合在一起之后，危险信号除了能锁定业绩较差的股票，还能够挑选出业绩相对优异的股票。虽然综合指标模型更加有效和稳健，但锁定最差股票的能力有所下降。

收益率最高的是第一分位，前两分位都战胜整体股票。收益率最低的是第十分位，后八分位都跑输整体股票。

第一分位各项指标几乎都最优，第十分位几乎都最差。

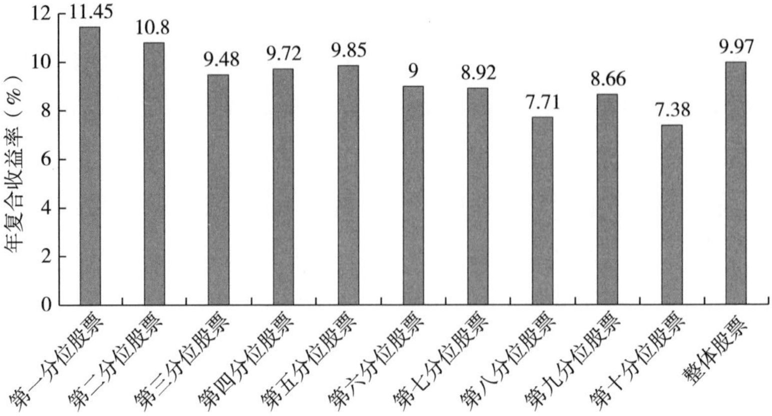

图 12 -5　整体股票池按危险信号综合多因子模型十分位法分组股票模拟组合的年复合收益率（1998/12/31~2020/12/31）

表 12 -5　整体股票池按危险信号综合多因子模型十分位法分组股票模拟组合的分析结果（1998/12/31~2020/12/31）

	10 万元初始投资的最终结果（万元）	年复合收益率（%）	标准差（%）	下行标准差（%）	最大回撤（%）	夏普比率（无风险利率 =5%）	索提诺比率（无风险利率 =5%）
第一分位股票	108.65	11.45	29.43	18.7	-68.7	0.22	0.35
第二分位股票	95.49	10.8	30.16	18.04	-66.62	0.19	0.32
第三分位股票	73.29	9.48	30.71	18.68	-67.66	0.15	0.24
第四分位股票	76.91	9.72	31.28	19.07	-68.74	0.15	0.25
第五分位股票	79.06	9.85	31.96	19.17	-68.51	0.15	0.25
第六分位股票	66.56	9	32.11	19.03	-70.18	0.12	0.21
第七分位股票	65.48	8.92	32.72	19.05	-68.77	0.12	0.21
第八分位股票	51.22	7.71	33.26	19.64	-72.56	0.08	0.14
第九分位股票	62.21	8.66	33.29	19.42	-70.77	0.11	0.19
第十分位股票	47.92	7.38	34.49	19.54	-75.79	0.07	0.12
整体股票	80.99	9.97	31.42	18.61	-67.62	0.16	0.27

从图 12 - 6 和表 12 - 6 可以看出，在大盘股票池中，各个十分位分组股票的年复合收益率呈现整体递减的趋势。收益率最高的是第一分位，最低的是第十分位。第一分位与第十分位收益率的差别非常大，超越了整体股票池中的差额。因此，相对于整体股票池，危险信号综合指标可能更适用于大盘股票池。

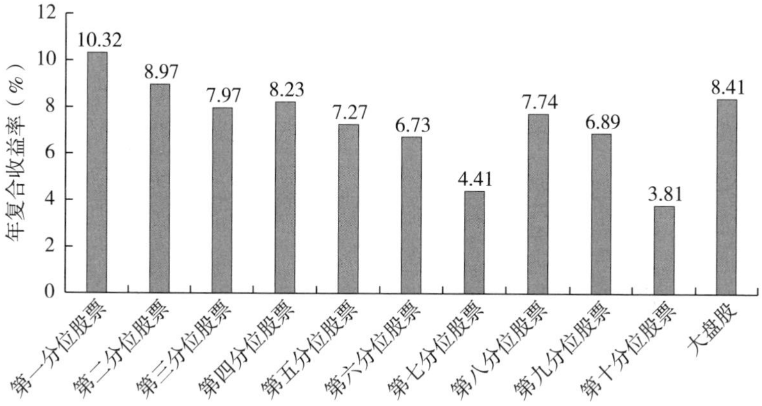

图 12 -6　大盘股票池按危险信号综合多因子模型十分位法分组股票模拟组合的年复合收益率（1998/12/31~2020/12/31）

表 12 -6　大盘股票池按危险信号综合多因子模型十分位法分组股票模拟组合的分析结果（1998/12/31~2020/12/31）

	10 万元初始投资的最终结果（万元）	年复合收益率（%）	标准差（%）	下行标准差（%）	最大回撤（%）	夏普比率（无风险利率 =5%）	索提诺比率（无风险利率 =5%）
第一分位股票	86. 7	10. 32	31. 7	19. 83	-75. 59	0. 17	0. 27
第二分位股票	66. 12	8. 97	30. 29	19. 61	-75. 06	0. 13	0. 2
第三分位股票	54. 05	7. 97	29. 35	18. 28	-69. 46	0. 1	0. 16
第四分位股票	57	8. 23	23. 86	13. 4	-57. 28	0. 14	0. 24
第五分位股票	46. 78	7. 27	29. 64	19	-74. 17	0. 08	0. 12

续表

	10 万元初始投资的最终结果（万元）	年复合收益率（%）	标准差（%）	下行标准差（%）	最大回撤（%）	夏普比率（无风险利率 =5%）	索提诺比率（无风险利率 =5%）
第六分位股票	41.87	6.73	29.92	18.76	-71.85	0.06	0.09
第七分位股票	25.83	4.41	23.01	13.41	-54.15	-0.03	-0.04
第八分位股票	51.54	7.74	30.02	18.11	-69.12	0.09	0.15
第九分位股票	43.31	6.89	31.78	19.98	-76.22	0.06	0.09
第十分位股票	22.78	3.81	31.18	18.23	-67.21	-0.04	-0.07
大盘股	59.1	8.41	28.61	17.88	-69.73	0.12	0.19

从上述图表可以得出两个结论：第一，相比单个指标，危险信号综合指标更加稳健；第二，危险信号综合指标除了能够锁定业绩较差的股票，还能够挑选出业绩较好的股票，这是单因子指标无法实现的功能。

危险信号综合与净资产收益率双因子模型

我们在上一节中已经通过等权方法构建了危险信号综合指标，如果把该综合指标与净资产收益率结合在一起，用双因子方法构建一个混合模型，会得到什么样的结果呢？我们一起来看看。

从图 12－7 和表 12－7 可以看出，在危险信号综合指标中加入净资产收益率后，混合模型的表现非常好，各个五分位年复合收益率、10 万元初始投资的最终结果、夏普比率和索提诺比率也呈现严格单调递减的特征。混合模型的表现优于危险信号综合指标与净资产收益率的单独表现。在没有考虑价格或估值因素的情况下就有如此之好的表现，实在超出了预期。如果加入了价格或估值因子，相信该模型会表现得更好。

第一分位的收益率最高，数值为12.45%。前两分位表现都不错，收益率都高于整体股票。第五分位的收益率最低，数值为5.9%。后三分位表现较差，收益率都低于整体股票。

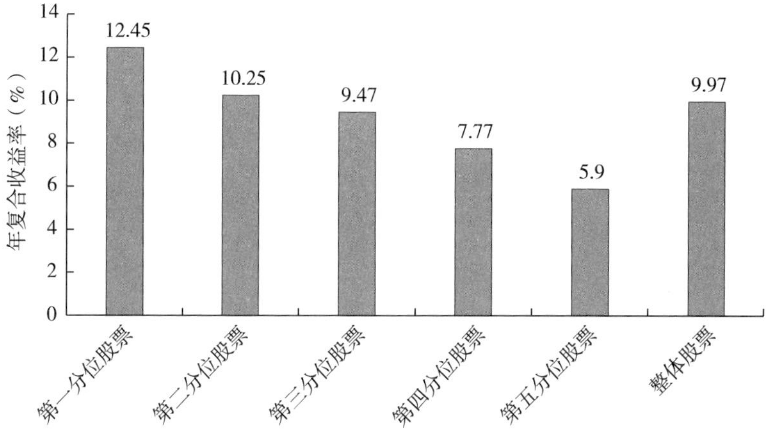

图12-7　整体股票池按危险信号综合指标与净资产收益率混合模型五分位法分组股票模拟组合的年复合收益率（1998/12/31~2020/12/31）

表12-7　整体股票池按危险信号综合指标与净资产收益率混合模型五分位法分组股票模拟组合的分析结果（1998/12/31~2020/12/31）

	10万元初始投资的最终结果（万元）	年复合收益率（%）	标准差（%）	下行标准差（%）	最大回撤（%）	夏普比率（无风险利率=5%）	索提诺比率（无风险利率=5%）
第一分位股票	132.18	12.45	30.15	18.72	-71.17	0.25	0.4
第二分位股票	85.62	10.25	30.29	18.99	-68.35	0.17	0.28
第三分位股票	73.14	9.47	32.23	18.75	-70.11	0.14	0.24
第四分位股票	51.86	7.77	33.96	19.55	-75.97	0.08	0.14
第五分位股票	35.28	5.9	35.19	19.82	-79.51	0.03	0.05
整体股票	80.99	9.97	31.42	18.61	-67.62	0.16	0.27

从图 12 - 8 和表 12 - 8 可以看出，在大盘股票池中，各个五分位分组的年复合收益率、10 万元初始投资的最终结果、夏普比率和索提诺比率呈现严格单调递减的特征。混合模型的表现优于两个构成因子的单独表现。

第一分位的收益率为 11.61%，前两分位表现都不错，收益率都高于大盘股。第五分位的收益率为 4.11%，后三分位都表现不佳，收益率都低于大盘股。

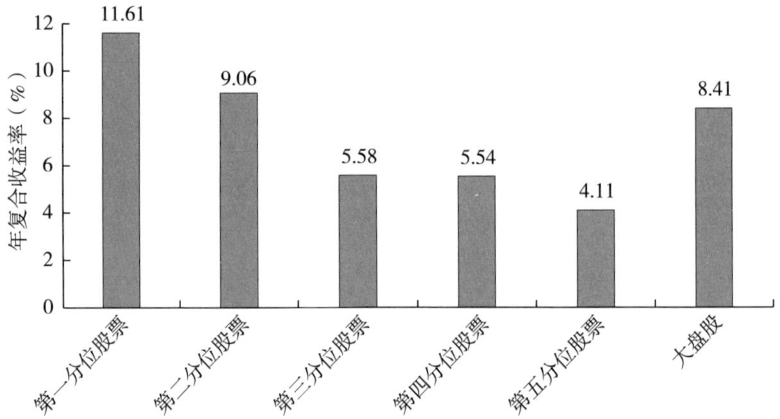

图 12 - 8　大盘股票池按危险信号综合指标与净资产收益率混合模型五分位法分组股票模拟组合的年复合收益率（1998/12/31~2020/12/31）

表 12 - 8　大盘股票池按危险信号综合指标与净资产收益率混合模型五分位法分组股票模拟组合的分析结果（1998/12/31~2020/12/31）

	10 万元初始投资的最终结果（万元）	年复合收益率（%）	标准差（%）	下行标准差（%）	最大回撤（%）	夏普比率（无风险利率 =5%）	索提诺比率（无风险利率 =5%）
第一分位股票	112.01	11.61	28.85	16.34	-69.36	0.23	0.4
第二分位股票	67.39	9.06	24.55	13.35	-51.52	0.17	0.3
第三分位股票	33.03	5.58	22.34	11.94	-56.28	0.03	0.05

续表

	10 万元初始投资的最终结果（万元）	年复合收益率（%）	标准差（%）	下行标准差（%）	最大回撤（%）	夏普比率（无风险利率 =5%）	索提诺比率（无风险利率 =5%）
第四分位股票	32.77	5.54	23.73	12.16	-47.19	0.02	0.04
第五分位股票	24.25	4.11	19.71	11.66	-51.32	-0.05	-0.08
大盘股	59.1	8.41	28.61	17.88	-69.73	0.12	0.19

对投资者的启迪

1. 完善选股模型之后，我们应该像吉姆·西蒙斯所建议的那样，“如奴隶般地套用模型”。乔尔·格林布拉特的实证研究也证明了这一点。另外，严格按照模型投资股票，可以避免与众不同带来的压力与不适。
2. 梅索德·伯纳什教授提出的 PROBM 模型（操纵概率模型）属于危险信号模型。康奈尔大学的 MBA 学生运用该模型，率先发现了安然公司可能存在会计操纵行为。
3. 本章主要讨论了经营活动产生的现金流量净额与营业利润的比值、销售商品或提供劳务收到的现金与营业收入的比值、营业利润与利润总额的比值、利息保障倍数以及应收账款周转天数等 5 个危险信号。然后，根据这 5 个危险信号构建了综合指标。最后，用综合指标与净资产收益率构建了混合模型。
4. 危险信号的特征是，一旦触发危险信号，分组股票表现非常差劲；没有触发危险信号时，无法有效区别分组股票的优劣。
5. 相比单个指标，危险信号综合指标更加稳健，除了能够锁定业绩较差的股票，还能够挑选出业绩较好的股票。但代价是，锁定最差股票的能力有所下降。

6. 在没有考虑价格或估值因素的情况下，危险信号综合指标与净资产收益率混合模型就已经表现得非常好了。如果在该模型中加入价格或估值因子，相信该模型将表现得更好。

第13章

5大类21个效果不错的财务指标

我的工作就是阅读，阅读我所关注公司的年报，及其竞争对手的年报，这是我最主要的阅读材料。

——沃伦·巴菲特

会计学的缘起与财务数据在股市中的大用

1494 年，卢卡 · 帕乔利的《算术、几何、比与比例概要》（又名《数学全书》）一书出版。帕乔利在书中归纳总结了公元前 4 世纪至 15 世纪建立起来的关于算术、代数、几何、概率以及会计等多门学科的基本原则。该书促成了后期多个学科包括会计学的爆炸式发展。书中“详论会计与记录”一章可能是最早系统性阐述复式记账法的文献。虽然有证据表明复式记账法并不是帕乔利发明的，早在 1305 年意大利就有一家名叫嘉乐泥的企业采用了复式记账法，但由于帕乔利的卓越贡献，依然被后人尊称为“会计学之父”。

在现代社会中，人们基于会计学构建企业财务报表，并通过财务报表解析企业的经营状况。财务报表生成过程是一个从宏观政策、行业环境、企业战略到经营活动，再到报表数字的顺向过程，而财务报表分析过程是一个从报表结果反过来看会计假设与处理质量、经营活动结果、公司战略、行业环境和宏观环境的逆向过程。

一般来讲，财务报表分析有 4 重作用：第一，企业员工基于一家企业的财务报表评估将自身人力资本投资于该企业的风险与收益；第二，供应商基于一家企业的财务报表评估与该企业生意往来的风险与收益；第三，债权人基于一家企业的财务报表评估该企业的违约风险，并决定是否借款给该企业；第四，投资者基于一家企业的财务报表分析企业的内在价值，根据股票价格高低决定是否买卖该股票。在股票市场中，第四重作用尤为重要。

1970 年，威廉·比佛、保罗·凯特与迈伦·斯科尔斯共同发表了《市场风险指标与会计风险指标之间的相关关系》一文，他们可能是最早使用基本财务报表数字来度量股票贝塔值（贝塔值可用于进一步计算潜在收益率和潜在股票价格）的学术界人士。他们发现，股息率、财务杠杆、收益质量与稳定性等指标不仅与贝塔值高度相关，而且能够很好地预测下一期贝塔值。

在业界，财务报表分析已经早早地用于筛选优质股票。1940 年，本杰明·格雷厄姆和戴维·多德在《证券分析》一书中花了 80% 的篇幅阐述如何分析财务报表，提倡对财务报表进行深入分析，并据此判断企业是否具备赚取投资收益的能力。该方法被巴菲特及其旗舰投资公司伯克希尔 - 哈撒韦发扬光大，并被全球投资者效仿。

财务报表分析就是试图从财务报表中寻找到被市场忽略或误读的信息，并据此发掘市场中被错误定价的股票；以及寻找能够长期影响企业的信息，从而发掘长期具备投资价值的企业。

财务报表中的原始数据通常由于在不同行业或不同企业而不具备可比性，为了解决这一问题，人们创造了财务比率方法。这一方法可以把数据纳入同一个量纲之下，让所有数据具备可比性。比如说，总利润并不是跨行业或者跨企业可比的，但是总利润与营业收入的比值却是可比的。我们通过两种方法“制造”财务比率：第一种是比较当前值与历史值，描述某个会计项目的变化情况，比如说第 9 章中的成长性指标，就是这么“制造”出来的；第二种是比较财务报表中时间截面上有逻辑相关的项目，比如说总利润与营业收入比值。经过这样处理，大部分财务比率对于所有股票都具有可比性。

本章收录了 5 大类共 21 个比较有特色并相对有效的财务比率指标。

第一类，盈利能力。盈利能力衡量企业利用现有资源创造经济效益的能力，投资者通常偏好于具备较强盈利能力的企业。盈利能力指标除了包含前面讨论过的资本回报率、利润率等指标，还包括本章收录的营业总成本比营业总收入以及贝利比率 2 个指标。

第二类，收益质量。收益质量判断财务报表中收益信息的可靠性与可持续性，投资者通常偏好于具备高收益质量以及高持续性的企业。学术界已经有多篇通过应计利润以及盈余操纵判断收益质量的文献，但受限于数据可得性，本章没有测试此类指标。本章主要收录了营业外收支净额比利润总额以及价值变动净收益比利润总额 2 个指标。

第三类，资本结构。资本结构衡量资产负债表中相关会计项目的优劣。企业战略决定资本结构，资本结构决定企业收益特征，因此，资本结构越好，企业质地越优良，创造效益的能力就越强；资本结构越差，企业创造效益的能力就越差。本章主要收录了资产现金回收率、资产负债率、非流动资产比率、长期负债比资产总计和无形资产比率 5 个指标。

第四类，偿债能力。偿债能力是 5 类指标中表现最突出的一类。偿债能力衡量企业的变现能力、流动资产相对于流动负债的充足程度，以及偿还长期债务的能力，投资者可以通过偿债能力指标发现企业隐藏的流动性危机，或破产可能性。本章主要收录了现金流动负债比、流动比率、有形净值比净债务、经营活动产生的现金流量净额比净债务、速动比率、产权比率、长期负债比运营资金、归属母公司的股东权益比带息债务、市场杠杆9个指标。

第五类，营运能力。营运能力衡量企业把资产转化为销售额或者现金流入的效率。效率越高，企业创造销售或现金流入的能力就越强，收益能力也越强，该企业质地越优良。本章主要收录了固定资产周转率、净资产周转率以及总资产周转率等3个营运能力指标。在营运能力中，投资者比较熟悉的存货周转天数指标在整体股票池和大盘股票池中无效，另一个比较熟悉的指标现金转换周期在整体股票池中可以用作危险信号，但在大盘股票池中无效。因此，营运能力是5类指标中表现较差的一类。

2个盈利能力指标

营业总成本比营业总收入

营业总成本比营业总收入衡量创造相同营业总收入所需要花费的成本。该指标越高，创造一单位营业总收入所需要花费的成本就越高，企业持续经营的成本也就越高，运营越不稳健，股票价格越脆弱；反之，该指标越低，创造一单位营业总收入所需要花费的成本越低，企业花费极低成本即可维持持续经营，企业运营越稳健，股票价格越强势。

从图13－1和表13－1可以看出，在整体股票池中，营业总成本比营业总收入指标的有效性非常强，各个十分位分组的年复合收益率呈现几乎严格递减的趋势。该指标在整体股票池中表现出较强的区分股票优劣的能力，有效性高于同样表征盈利能力的贝利比率。

年复合收益率最高的是第一分位，数值为11.89%，最低的是第十分位，数值为5.71%。投资10万元于第一分位的期末资产总值为

118.41 万元，是第十分位 33.94 万元的 3.49 倍。

第一分位各项指标表现最优，第十分位表现最差。

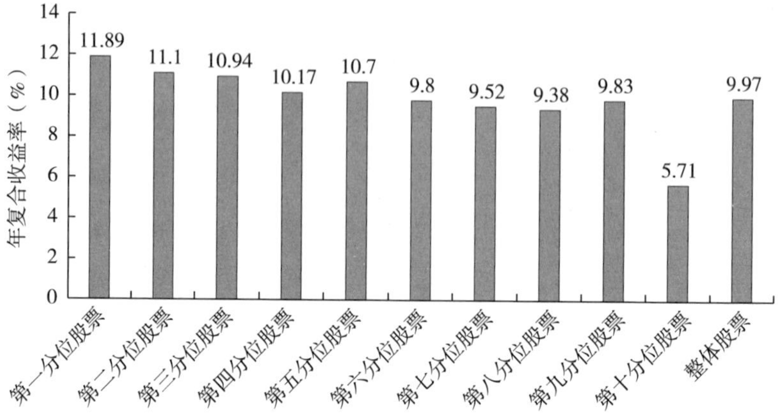

图 13－1　整体股票池按营业总成本比营业总收入十分位法分组股票模拟组合的年复合收益率（1998/12/31~2020/12/31）

表 13－1　整体股票池按营业总成本比营业总收入十分位法分组股票模拟组合的分析结果（1998/12/31~2020/12/31）

	10 万元初始投资的最终结果（万元）	年复合收益率（%）	标准差（%）	下行标准差（%）	最大回撤（%）	夏普比率（无风险利率 =5%）	索提诺比率（无风险利率 =5%）
第一分位股票	118.41	11.89	29.2	17.16	－64.54	0.24	0.4
第二分位股票	101.36	11.1	30.99	18.31	－69.53	0.2	0.33
第三分位股票	98.07	10.94	31.2	18.66	－68.49	0.19	0.32
第四分位股票	84.16	10.17	31.68	18.52	－68.84	0.16	0.28
第五分位股票	93.64	10.7	31.58	18.99	－67.24	0.18	0.3
第六分位股票	78.18	9.8	32.01	19.26	－67.31	0.15	0.25
第七分位股票	73.93	9.52	32.42	19.13	－69.68	0.14	0.24
第八分位股票	71.82	9.38	32.64	19.5	－69.61	0.13	0.22
第九分位股票	78.7	9.83	33.64	19.61	－72.5	0.14	0.25

续表

	10万元初始投资的最终结果（万元）	年复合收益率（%）	标准差（%）	下行标准差（%）	最大回撤（%）	夏普比率（无风险利率=5%）	索提诺比率（无风险利率=5%）
第十分位股票	33.94	5.71	34.3	20.26	-77.73	0.02	0.04
整体股票	80.99	9.97	31.42	18.61	-67.62	0.16	0.27

从图13-2和表13-2可以看出，营业总成本比营业总收入指标在大盘股票池中的表现还不错，年复合收益率呈现整体递减的趋势。业绩表现最好的是前三分位，可以用于筛选优质股票；业绩表现最差的是后二分位，可以用作危险信号以锁定业绩较差的股票。

年复合收益率最高的是第二分位，数值为10.81%，最低的是第九分位，数值为4.6%。投资10万元于第二分位的最终资产总值为95.57万元，是第九分位26.89万元的3.55倍。

第一分位各项指标表现最优。第九分位获取了最低的夏普比率和索提诺比率，第十分位获取了最差的标准差、下行标准差和最大回撤。

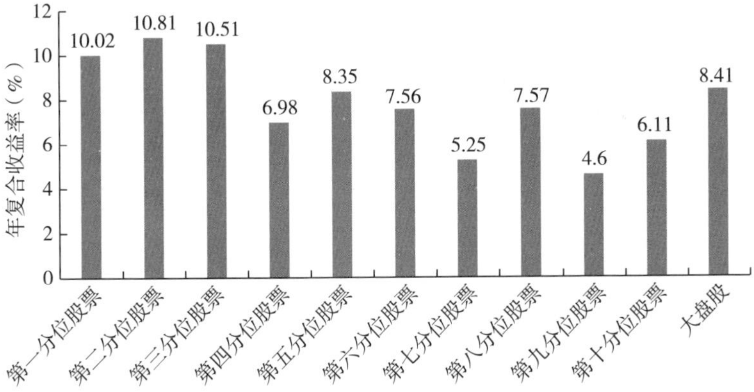

图13-2　大盘股票池按营业总成本比营业总收入十分位法分组股票模拟组合的年复合收益率（1998/12/31~2020/12/31）

表 13-2 大盘股票池按营业总成本比营业总收入十分位法分组股票模拟组合的分析结果（1998/12/31~2020/12/31）

	10 万元初始投资的最终结果（万元）	年复合收益率（%）	标准差（%）	下行标准差（%）	最大回撤（%）	夏普比率（无风险利率 =5%）	索提诺比率（无风险利率 =5%）
第一分位股票	81.68	10.02	25.13	14.75	-56.11	0.2	0.34
第二分位股票	95.57	10.81	31.2	18.92	-73	0.19	0.31
第三分位股票	90.11	10.51	29.91	18.8	-71.06	0.18	0.29
第四分位股票	44.14	6.98	30.43	18.68	-74.23	0.07	0.11
第五分位股票	58.36	8.35	29.58	18.67	-70.57	0.11	0.18
第六分位股票	49.73	7.56	29.21	18.85	-69.37	0.09	0.14
第七分位股票	30.8	5.25	29.73	19.57	-74.64	0.01	0.01
第八分位股票	49.82	7.57	30.52	18.66	-72.08	0.08	0.14
第九分位股票	26.89	4.6	29.78	17.95	-69.31	-0.01	-0.02
第十分位股票	36.86	6.11	32.4	20.04	-76.5	0.03	0.06
大盘股	59.1	8.41	28.61	17.88	-69.73	0.12	0.19

总体来看，营业总成本比营业总收入指标在整体股票池和大盘股票池中的表现不错，该指标较低的股票能够带来较高的投资收益，该指标较高的股票不尽如人意。

贝利比率

贝利比率衡量消耗相同运营费用所创造的毛利润，属于盈利能力指标。贝利比率 = 毛利润/运营费用。其中，运营费用 = 销售费用 + 管理费用 + 财务费用。

1998 年 12 月 31 日至 2020 年 12 月 31 日实证数据显示，在整体股票池中，贝利比率有效性并不是特别强。第十分位年复合收益率非常低，因此，贝利比率最大的作用是作为危险信号以锁定业绩较差的股票。

年复合收益率最高的是第五分位，数值为11.16%，最低的是第十分位，数值为5.8%。投资10万元于第五分位的期末资产总值为102.62万元，是第十分位34.6万元的2.97倍。

第五分位获取了最优的夏普比率和索提诺比率，第一分位获取了最优的标准差和下行标准差。无论从哪个角度看，第十分位都表现最差。

在大盘股票池中，第十分位表现最差，后三分位表现都不好。贝利比率可以用作危险信号来锁定绩效较差的股票。

年复合收益率最高的是第四分位，数值为10.88%，最低的是第十分位，数值为4.64%。投资10万元于第四分位的最终资产总值为97.02万元，是第十分位27.13万元的3.58倍。

第四分位获取了最高的夏普比率和索提诺比率，第十分位获取了最低的夏普比率和索提诺比率。

总体来看，在筛选优质股票时，贝利比率不太稳定，但在锁定较差股票时，该指标表现突出。在投资中，我们要规避该指标较低的股票，这种股票消耗一单位运营费用所创造的毛利润较低。

2个收益质量指标

营业外收支净额比利润总额

营业外收支净额比利润总额衡量营业外收支净额在利润总额中的占比。营业外收支净额属于偶发性的经济效益，与企业持续经营无关。该指标越大，营业外收支净额在利润总额中的占比越高，企业持续经营创造的经济效益就越低，企业经营稳定性就越差。

在整体股票池中，各个十分位的年复合收益率并没有呈现明显的趋势特征。因此，营业外收支净额比利润总额指标的有效性并不高，勉强可以用作危险信号。

年复合收益率最高的是第六分位，数值为10.91%，最低的是第十分位，数值为8.98%。投资10万元于第六分位的期末资产总值为97.64万元，是第十分位66.26万元的1.47倍。

第十分位各项指标都最差。因此，我们要规避营业外收支净额在利润总额中占比较高的股票。

在大盘股票池中，后三分位年复合收益率较低，该指标可用作危险信号。

年复合收益率最高的是第二分位，数值为9.79%，最低的是第十分位，数值为5.78%。投资10万元于第二分位的期末资产总值为78.07万元，是第十分位34.44万元的2.27倍。另外，第十分位还获取了最低的夏普比率和索提诺比率。

总体来看，营业外收支净额比利润总额指标的最佳用途是作为危险信号，尤其是在大盘股票池中，我们要尽量规避该指标较高的股票。

价值变动净收益比利润总额

价值变动净收益比利润总额衡量企业利润总额中价值变动净收益的占比。价值变动净收益包括投资净收益、公允价值变动净收益、汇兑净收益等项目，反映企业投资获利水平。价值变动净收益发生额取决于被投资标的的收益质量、证券资产的质量、国内外金融市场的变化等。这些项目创造的收益不确定性较高，可持续性较差。该指标越高，企业利润总额中价值变动净收益的占比越高，利润可持续性就越差，股票风险也就越大。

在整体股票池中，价值变动净收益比利润总额指标的有效性并不高。

年复合收益率最高的是第五分位，数值为12.08%，最低的是第九分位，数值为8.55%。投资10万元于第五分位的期末资产总值为122.8万元，是第九分位60.83万元的2.02倍。

第五分位拥有最高的夏普比率和索提诺比率，第九分位获取了最低的夏普比率和索提诺比率。

在大盘股票池中，价值变动净收益比利润总额指标的表现优于整体股票池。后四分位表现较差，因此，该指标可以用作危险信号。在大盘股票池中，我们尤其要规避该指标较高的股票。可能的原因是，在大盘股票池中，机构投资者占比较大，这类投资者比较在意利润可持续性。该指标越高，利润可持续性越差。

年复合收益率最高的是第三分位，数值为11.02%，最低的是第九分位，数值为4.23%。投资10万元于第三分位的期末资产总值为99.82万元，是第九分位24.89万元的4.01倍。

第三分位获取了最高的夏普比率和索提诺比率，第九分位获取了最低的夏普比率和索提诺比率。

总体来看，价值变动净收益比利润总额指标筛选股票的能力不强。在大盘股票池中，该指标可用作危险信号，我们要尽量避开该指标较高的股票。

5个资本结构指标

资产现金回收率

资产现金回收率衡量使用全部资产创造经营活动现金流量的能力，属于资本结构指标。资产现金回收率 = 经营活动现金流量净额/总资产。

从图 13 - 3 和表 13 - 3 可以看出，在整体股票池中，各个十分位的年复合收益率呈现几乎严格递减的走势。因此，资产现金回收率属于有效性非常强的指标，能够有效区分优质或低劣股票。

年复合收益率最高的是第一分位，数值为 14.25%，最低的是第十分位，数值为 6.6%。投资 10 万元于第一分位的期末资产总值为 181.29 万元，是第十分位 40.18 万元的 4.51 倍。

第一分位各项指标几乎都最优，第十分位几乎都最差。

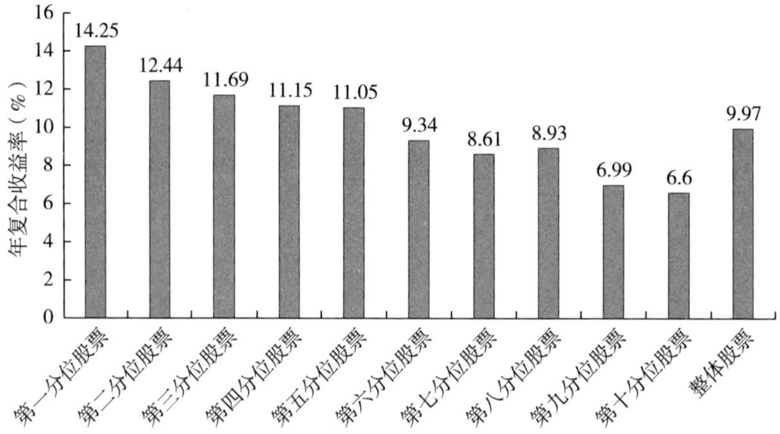

图 13 - 3　整体股票池按资产现金回收率十分位法分组股票模拟组合的年复合收益率（1999/03/31~2020/12/31）

表 13 - 3　整体股票池按资产现金回收率十分位法分组股票模拟组合的分析结果（1999/03/31~2020/12/31）

	10 万元初始投资的最终结果（万元）	年复合收益率（%）	标准差（%）	下行标准差（%）	最大回撤（%）	夏普比率（无风险利率 =5%）	索提诺比率（无风险利率 =5%）
第一分位股票	181.29	14.25	29.51	18.12	-66.21	0.31	0.51
第二分位股票	128	12.44	29.73	18.21	-65.35	0.25	0.41

续表

	10万元初始投资的最终结果（万元）	年复合收益率（%）	标准差（%）	下行标准差（%）	最大回撤（%）	夏普比率（无风险利率=5%）	索提诺比率（无风险利率=5%）
第三分位股票	110.63	11.69	31.19	18.65	-67.2	0.21	0.36
第四分位股票	99.68	11.15	31.74	18.81	-66.62	0.19	0.33
第五分位股票	97.82	11.05	31.78	18.58	-66.58	0.19	0.33
第六分位股票	69.78	9.34	32.19	19.06	-68.1	0.13	0.23
第七分位股票	60.29	8.61	32.76	18.98	-69.52	0.11	0.19
第八分位股票	64.21	8.93	33.33	19.51	-71.75	0.12	0.2
第九分位股票	43.51	6.99	33.4	19.12	-73.1	0.06	0.1
第十分位股票	40.18	6.6	33.54	19.23	-75.21	0.05	0.08
整体股票	78.99	9.97	31.54	18.68	-67.62	0.16	0.27

从图13-4和表13-4可以看出，在大盘股票池中，各个十分位的年复合收益率也呈现几乎严格递减的趋势。因此，在大盘股票池中，资产现金回收率指标的有效性也非常强。

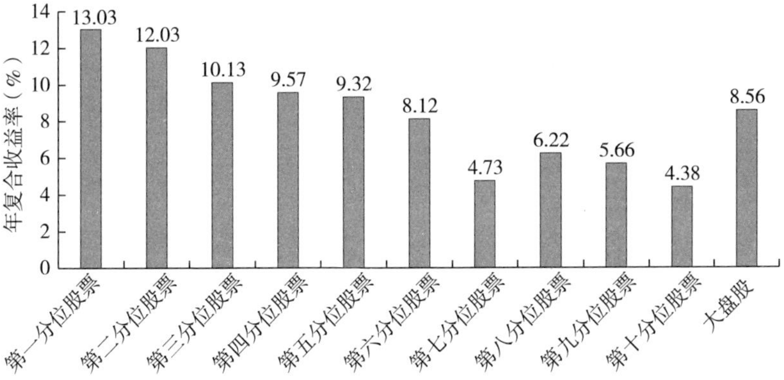

图13-4　大盘股票池按资产现金回收率十分位法分组股票模拟组合的年复合收益率（1999/03/31~2020/12/31）

表 13-4 大盘股票池按资产现金回收率十分位法分组股票模拟组合的分析结果（1999/03/31~2020/12/31）

	10 万元初始投资的最终结果（万元）	年复合收益率（%）	标准差（%）	下行标准差（%）	最大回撤（%）	夏普比率（无风险利率 =5%）	索提诺比率（无风险利率 =5%）
第一分位股票	143.66	13.03	29.87	18.51	-66.51	0.27	0.43
第二分位股票	118.28	12.03	28.54	18.4	-69.69	0.25	0.38
第三分位股票	81.53	10.13	29.29	18.03	-70.2	0.18	0.28
第四分位股票	73.04	9.57	29.5	18.9	-71.25	0.16	0.24
第五分位股票	69.42	9.32	30.63	17.51	-69.79	0.14	0.25
第六分位股票	54.62	8.12	29.36	17.7	-69.78	0.11	0.18
第七分位股票	27.3	4.73	28.53	17.32	-70.27	-0.01	-0.02
第八分位股票	37.13	6.22	30.83	18.25	-71.63	0.04	0.07
第九分位股票	33.11	5.66	30.94	18.35	-72.69	0.02	0.04
第十分位股票	25.43	4.38	33.07	18.9	-74.04	-0.02	-0.03
大盘股	59.68	8.56	28.76	17.97	-69.73	0.12	0.2

年复合收益率最高的是第一分位，数值为 13.03%，最低的是第十分位，数值为 4.38%。投资 10 万元于第一分位的期末资产总值为 143.66 万元，是第十分位 25.43 万元的 5.65 倍。

第一分位获取了最优的最大回撤、夏普比率和索提诺比率。第十分位各项指标都最差。

总体来看，资产现金回收率指标在整体股票池和大盘股票池中的有效性都非常高。该指标较高的股票能够带来很高的投资收益率，值得我们投资；该指标较低的股票，其投资收益率很低，我们要尽量远离此类股票。

资产负债率

资产负债率衡量总负债在总资产中的占比。众多学术文献表明，负债经营是一把双刃剑。负债经营能够提升企业经营杠杆，使股东利益最大化，但如果杠杆过高，很有可能导致债务利息过高以及偿还能力不足，进而导致企业破产风险大增，使股东利益受损。在股票市场中，真的是这样吗？我们一起来看看实证结论。

从图 13－5 和表 13－5 可以看出，在整体股票池中，随着资产负债率从大到小变化，各个十分位年复合收益率呈现先涨后跌的凸面特征。资产负债率并非越高越好，也并非越低越好，适中的资产负债率才能带来较好的投资回报率。实证结论与学术研究结论一致。

年复合收益率最高的是该指标适中的第七分位，数值为 10. 18%，最低的是第三分位，数值为 8. 23%。投资 10 万元于第七分位的期末资产总值为 82. 33 万元，是第三分位 55. 82 万元的 1. 47 倍。

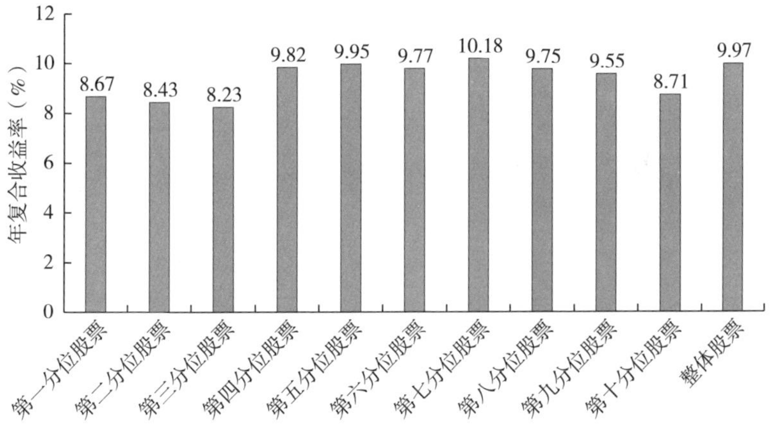

图 13－5　整体股票池按资产负债率十分位法分组股票模拟组合的年复合收益率（1999/03/31~2020/12/31）

表 13－5　整体股票池按资产负债率十分位法分组股票模拟组合的分析结果 (1999/03/31~2020/12/31)

	10 万元初始投资的最终结果（万元）	年复合收益率（%）	标准差（%）	下行标准差（%）	最大回撤（%）	夏普比率（无风险利率 =5%）	索提诺比率（无风险利率 =5%）
第一分位股票	60.98	8.67	30.4	17.51	－68.61	0.12	0.21
第二分位股票	58.16	8.43	31.86	19.01	－69.99	0.11	0.18
第三分位股票	55.82	8.23	31.97	19	－69.6	0.1	0.17
第四分位股票	76.71	9.82	32.08	19.07	－67.73	0.15	0.25
第五分位股票	78.65	9.95	31.11	18.92	－67.4	0.16	0.26
第六分位股票	75.95	9.77	31.49	18.92	－68.62	0.15	0.25
第七分位股票	82.33	10.18	31.22	19.03	－67.33	0.17	0.27
第八分位股票	75.7	9.75	31.01	18.76	－66.09	0.15	0.25
第九分位股票	72.75	9.55	31.17	18.75	－66.82	0.15	0.24
第十分位股票	61.55	8.71	30.85	17.96	－64.33	0.12	0.21
整体股票	78.99	9.97	31.54	18.68	－67.62	0.16	0.27

从图 13－6 和表 13－6 可以看出，各个十分位的年复合收益率形状比较奇特，第一分位远远高于其他九分位。因此，在大盘股票池中，负债经营最高最好，实证结论与学术研究结论发生冲突。这可能是由大盘股的特性决定的。一般来讲，大盘股的运营都非常稳健，增加负债不大可能导致债务利率提升，也不大可能导致企业的破产风险增加，因此，负债经营的负面影响较小，同时，提升经营杠杆使股东利益最大化的正面效应突出。在大盘股票池中，我们应该重视资产负债率最高 10% 的股票。

年复合收益率最高的是第一分位，数值为 11.67%，最低的是第四分位，数值为 2.85%。投资 10 万元于第一分位的期末资产总值为

110.35 万元，是第四分位 18.43 万元的 5.99 倍。

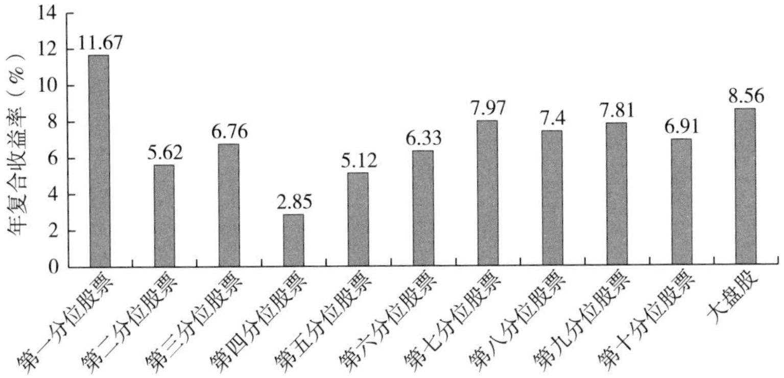

图 13－6 大盘股票池按资产负债率十分位法分组股票模拟组合的年复合收益率（1999/03/31~2020/12/31）

表 13－6 大盘股票池按资产负债率十分位法分组股票模拟组合的分析结果（1999/03/31~2020/12/31）

	10 万元初始投资的最终结果（万元）	年复合收益率（%）	标准差（%）	下行标准差（%）	最大回撤（%）	夏普比率（无风险利率 =5%）	索提诺比率（无风险利率 =5%）
第一分位股票	110.35	11.67	28.97	16.92	－67.02	0.23	0.39
第二分位股票	32.84	5.62	34.18	18.64	－72.8	0.02	0.03
第三分位股票	41.46	6.76	32.55	19.45	－69.8	0.05	0.09
第四分位股票	18.43	2.85	32.25	20.05	－75.51	－0.07	－0.11
第五分位股票	29.64	5.12	30.4	18.33	－68.55	0	0.01
第六分位股票	37.99	6.33	28.74	19.36	－72.43	0.05	0.07
第七分位股票	52.99	7.97	28.29	18.72	－69.9	0.1	0.16
第八分位股票	47.22	7.4	27.8	17.12	－67.1	0.09	0.14
第九分位股票	51.36	7.81	28.69	18.56	－71.26	0.1	0.15
第十分位股票	42.74	6.91	27.5	18.07	－67.87	0.07	0.11
大盘股	59.68	8.56	28.76	17.97	－69.73	0.12	0.2

总体来看，在整体股票池中，适中的资产负债率能够带来较高的投资回报率。但在大盘股票池中，前面的规律无效，只有最高 10% 的资产负债率才能带来最好的投资回报率。

非流动资产比率

非流动资产比率衡量非流动资产在总资产中的占比，属于资本结构指标。非流动资产比率 = 非流动资产/总资产。

1998 年 12 月 31 日至 2020 年 12 月 31 日实证数据显示，在整体股票池中，前六分位年复合收益率整体优于后四分位，第十分位表现较差。

年复合收益率最高的是第二分位，数值为 11.02%，最低的是第十分位，数值为 7.89%。投资 10 万元于第二分位的期末资产总值为 99.77 万元，是第十分位 53.18 万元的 1.8 倍。第十分位还获取了最低的夏普比率和索提诺比率，危险信号特性明显。

在大盘股票池中，第十分位表现非常差，除此以外，各个十分位年复合收益率图形杂乱，没有规律可言。

年复合收益率最高的是第三分位，数值为 10.77%，最低的是第十分位，数值为 5.72%。投资 10 万元于第三分位的期末资产总值为 94.81 万元，是第十分位 33.98 万元的 2.79 倍。第十分位还获取了最差的夏普比率和索提诺比率，佐证其危险信号特性。

总体来看，无论是整体股票池，还是大盘股票池，非流动资产比率最好的用途是作为危险信号，我们要尽量规避该指标较高的股票。

长期负债比资产总计

长期负债比资产总计衡量长期负债在总资产中的占比，隶属于资本结构指标。长期负债比资产总计＝非流动负债合计/资产总计。该指标越高，意味着企业的债务利率越高，所需要付出的总利息就越多，企业经营成本也就越高。

在整体股票池中，前四分位的年复合收益率总体优于后六分位，第十分位表现不佳。

年复合收益率最高的是第三分位，数值为11.78%，最低的是第十分位，数值为8.34%。投资10万元于第三分位的期末资产总值为112.74万元，是第十分位57.07万元的1.98倍。第十分位还获取了最差的下行标准差、夏普比率和索提诺比率，佐证了其危险信号特征。

在大盘股票池中，前二分位的年复合收益率明显高于后八分位，第十分位表现一般。

年复合收益率最高的是第二分位，数值为9.97%，第十分位相对较差，数值为7.27%。投资10万元于第二分位的期末资产总值为78.94万元，是第十分位46.03万元的1.71倍。

总体来看，在整体股票池和大盘股票池中，长期负债在总资产中占比较低的股票都表现较好，此类股票值得关注。该指标较高的股票表现较差，我们要尽量规避此类股票。

无形资产比率

无形资产比率也隶属于资本结构指标。无形资产比率＝（无形资产＋开发支出＋商誉）/资产总计。

众多学术文献表明，无形资产是一把双刃剑，过高不行，过低也不行。过高可能是由商誉过多造成的，而商誉很容易演化成资产减值；过低可能是研发支出不足导致的，研发不足很可能导致核心竞争力下降。

商誉减值很有可能导致股价大幅度下跌。2021 年 1 月 18 日晚间，数字货币概念股高伟达发布公告称，公司拟计提商誉减值准备 6.45 亿～7.94 亿元，预计 2020 年全年亏损 5.32 亿～6.88 亿元，同比由盈转亏。截至 18 日收盘，高伟达报 11.13 元，相比 2020 年 7 月 21 元的阶段新高后，短短半年时间股价已经“腰斩”。

在整体股票池中，各个十分位年复合收益率呈现先上升后下降的凸面特征，实证结果与学术研究的结论保持一致。中间五分位（第三分位至第七分位）的表现较好；第十分位表现非常差，第一分位也不佳。因此，我们要选择无形资产比率适中的股票，规避该比率较低或较高的股票。

年复合收益率最高的是第四分位，数值为 11.22%，最低的是第十分位，数值为 5.11%。投资 10 万元于第四分位的期末资产总值为 101.13 万元，是第十分位 29.54 万元的 3.42 倍。

在大盘股票池中，各个十分位年复合收益率呈现先上升后下降的凸面特征，实证结果与学术研究的结论保持一致。中间三分位（第五分位至第七分位）表现较好，第十分位表现非常差。

年复合收益率最高的是第七分位，数值为 10.57%，最低的是第十分位，数值为 2.34%。投资 10 万元于第七分位的期末资产总值为 89.02 万元，是第十分位 16.55 万元的 5.38 倍。第十分位获取了 -0.25的夏普比率和 -0.41 的索提诺比率，风险收益比远远落后于其他分位，佐证了其危险信号的特征。

总体来看，无论是在整体股票池还是大盘股票池中，无形资产比率适中的股票都能够获取较高的投资收益率，这些是值得我们选择的股票。该指标还可以作为危险信号使用，我们要尽量规避无形资产比率非常低的股票。

9 个偿债能力指标

现金流动负债比

现金流动负债比衡量经营活动产生的现金流量净额覆盖流动负债的能力，隶属于偿债能力指标。现金流动负债比 = 经营活动产生的现金流量净额/流动负债。

从图 13 - 7 和表 13 - 7 可以看出，在整体股票池中，各个十分位股票的年复合收益率呈现严格单调递减的趋势，该指标区分股票的有效性非常强。我们可以用其筛选业绩较好的股票，也可以用其锁定投资回报较差的股票。

年复合收益率最高的是第一分位，数值为 13.43%，最低的是第十分位，数值为 6.5%。投资 10 万元于第一分位的期末资产总值为 154.98 万元，是第十分位 39.34 万元的 3.94 倍。

各个十分位的夏普比率和索提诺比率呈现严格单调递减的特征，标准差、下行标准差和最大回撤呈现严格单调递增的特征。这些特征都佐证了现金流动负债比指标在整体股票池中的有效性异乎寻常地高。

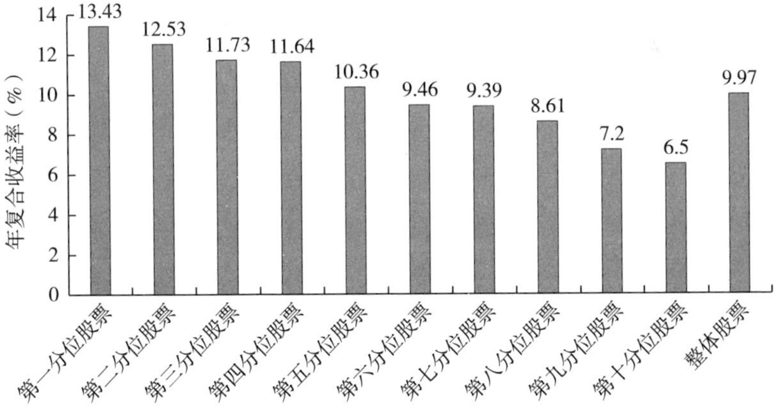

图 13 - 7　整体股票池按现金流动负债比十分位法分组股票模拟组合的年复合收益率（1999/03/31~2020/12/31）

表 13－7 整体股票池按现金流动负债比十分位法分组股票模拟组合的分析结果（1999/03/31~2020/12/31）

	10 万元初始投资的最终结果（万元）	年复合收益率（%）	标准差（%）	下行标准差（%）	最大回撤（%）	夏普比率（无风险利率 =5%）	索提诺比率（无风险利率 =5%）
第一分位股票	154.98	13.43	29.86	18.17	－65.61	0.28	0.46
第二分位股票	130.31	12.53	30.59	18.33	－66.38	0.25	0.41
第三分位股票	111.55	11.73	31.03	18.45	－67.04	0.22	0.36
第四分位股票	109.64	11.64	31.46	19.01	－66.98	0.21	0.35
第五分位股票	85.28	10.36	32.14	19.02	－67.9	0.17	0.28
第六分位股票	71.38	9.46	32.37	19.51	－68.9	0.14	0.23
第七分位股票	70.47	9.39	32.8	19.17	－70.17	0.13	0.23
第八分位股票	60.3	8.61	33.16	19.67	－71.47	0.11	0.18
第九分位股票	45.39	7.2	33.54	19	－72.67	0.07	0.12
第十分位股票	39.34	6.5	33.67	19.17	－75.25	0.04	0.08
整体股票	78.99	9.97	31.54	18.68	－67.62	0.16	0.27

从图 13－8 和表 13－8 可以看出，各个十分位的年复合收益率呈现整体下降的趋势。在大盘股票池中，现金流动负债比的有效性较强。

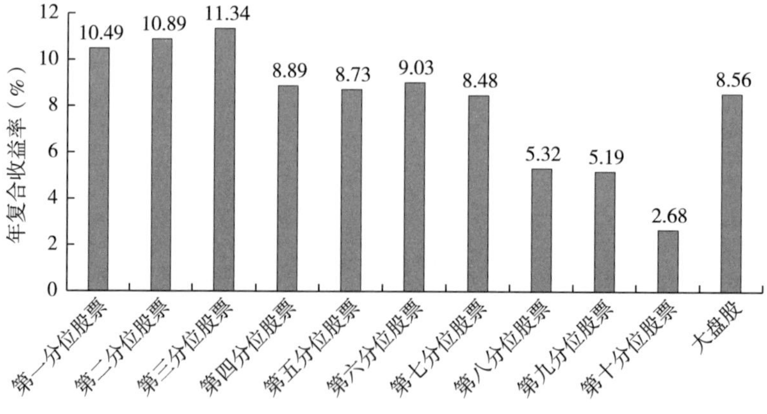

图 13－8 大盘股票池按现金流动负债比十分位法分组股票模拟组合的年复合收益率（1999/03/31~2020/12/31）

表 13 –8　大盘股票池按现金流动负债比十分位法分组股票模拟组合的分析结果（1999/03/31 ~2020/12/31）

	10 万元初始投资的最终结果（万元）	年复合收益率（%）	标准差（%）	下行标准差（%）	最大回撤（%）	夏普比率（无风险利率 =5%）	索提诺比率（无风险利率 =5%）
第一分位股票	87.61	10.49	27.53	18.06	-68	0.2	0.3
第二分位股票	94.76	10.89	28.74	18.73	-68.82	0.21	0.31
第三分位股票	103.49	11.34	28.83	18.58	-70.54	0.22	0.34
第四分位股票	63.75	8.89	29.18	18.96	-72.21	0.13	0.21
第五分位股票	61.74	8.73	29.21	18.17	-70.64	0.13	0.21
第六分位股票	65.58	9.03	29.33	18.7	-71.73	0.14	0.22
第七分位股票	58.72	8.48	31.27	17.93	-69.03	0.11	0.19
第八分位股票	30.87	5.32	30.37	19.51	-73.6	0.01	0.02
第九分位股票	30.08	5.19	31.85	19.41	-74.22	0.01	0.01
第十分位股票	17.76	2.68	31.5	18.5	-75.06	-0.07	-0.13
大盘股	59.68	8.56	28.76	17.97	-69.73	0.12	0.2

年复合收益率最高的是第三分位，数值为 11.34%，最低的是第十分位，数值为 2.68%。投资 10 万元于第三分位的期末资产总值为 103.49 万元，是第十分位 17.76 万元的 5.83 倍。

总体来看，现金流动负债比率指标的有效性很高，尤其是在整体股票池中。我们要尽量选择该指标较高的股票，规避该指标较低的股票。

流动比率

流动比率衡量流动资产覆盖流动负债的能力，属于短期偿债能力指标。

从图 13 –9 和表 13 –9 可以看出，在整体股票池中，各个十分位的年复合收益率呈现整体下降的特征，流动比率筛选股票的有效性相对较强。

年复合收益率最高的是第二分位，数值为11.66%，最低的是第十分位，数值为8.39%。投资10万元于第二分位的期末资产总值为113.23万元，是第十分位58.91万元的1.92倍。

第二分位各项指标都最优。第十分位获取了最差的夏普比率和索提诺比率。

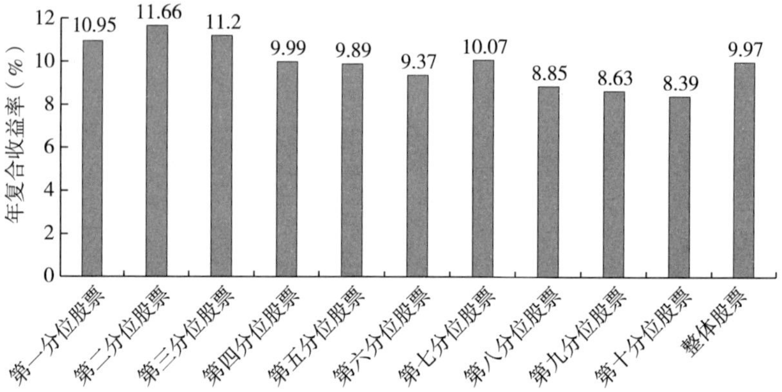

图13-9　整体股票池按流动比率十分位法分组股票模拟组合的年复合收益率（1998/12/31~2020/12/31）

表13-9　整体股票池按流动比率十分位法分组股票模拟组合的分析结果（1998/12/31~2020/12/31）

	10万元初始投资的最终结果（万元）	年复合收益率（%）	标准差（%）	下行标准差（%）	最大回撤（%）	夏普比率（无风险利率=5%）	索提诺比率（无风险利率=5%）
第一分位股票	98.4	10.95	32.59	18.15	-66.25	0.18	0.33
第二分位股票	113.23	11.66	32.23	18	-65.83	0.21	0.37
第三分位股票	103.43	11.2	32.19	18.8	-67.79	0.19	0.33
第四分位股票	81.2	9.99	31.8	18.94	-69.98	0.16	0.26

续表

	10万元初始投资的最终结果（万元）	年复合收益率（%）	标准差（%）	下行标准差（%）	最大回撤（%）	夏普比率（无风险利率=5%）	索提诺比率（无风险利率=5%）
第五分位股票	79.6	9.89	32.03	18.73	-69.25	0.15	0.26
第六分位股票	71.68	9.37	31.56	18.91	-68.23	0.14	0.23
第七分位股票	82.58	10.07	32.39	19.29	-69	0.16	0.26
第八分位股票	64.6	8.85	31.67	19.01	-69.27	0.12	0.2
第九分位股票	61.82	8.63	31.8	19.05	-68.64	0.11	0.19
第十分位股票	58.91	8.39	30.49	18.66	-67.59	0.11	0.18
整体股票	80.99	9.97	31.42	18.61	-67.62	0.16	0.27

从图13-10和表13-10可以看出，在大盘股票池中，前两分位表现较好，后三分位表现非常差。因此，流动比率在大盘股票池中有效性虽然弱于整体股票池，但依然既可以用于筛选优质股票，又可以用作危险信号。我们优先选择流动比率较高的股票，尽量规避流动比率较低的股票。

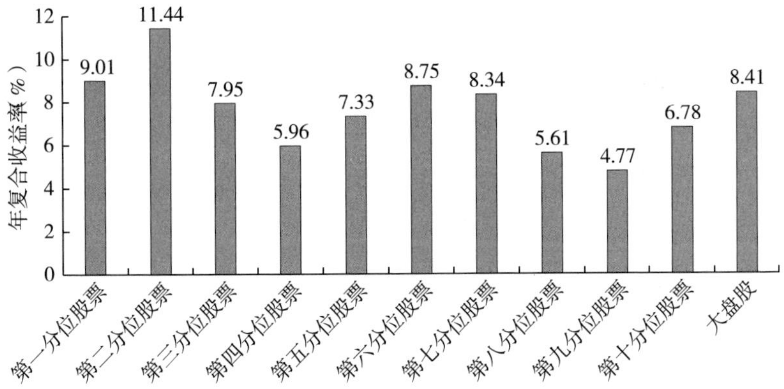

图13-10　大盘股票池按流动比率十分位法分组股票模拟组合的年复合收益率（1998/12/31~2020/12/31）

表 13－10 大盘股票池按流动比率十分位法分组股票模拟组合的分析结果（1998/12/31～2020/12/31）

	10 万元初始投资的最终结果（万元）	年复合收益率（%）	标准差（%）	下行标准差（%）	最大回撤（%）	夏普比率（无风险利率 =5%）	索提诺比率（无风险利率 =5%）
第一分位股票	66.67	9.01	27.45	16.52	－64.15	0.15	0.24
第二分位股票	108.3	11.44	30.13	17.32	－68.46	0.21	0.37
第三分位股票	53.86	7.95	29.81	19.23	－73.47	0.1	0.15
第四分位股票	35.75	5.96	29.71	18.18	－74.92	0.03	0.05
第五分位股票	47.41	7.33	29.64	17.95	－71.39	0.08	0.13
第六分位股票	63.33	8.75	31.02	20.04	－74.48	0.12	0.19
第七分位股票	58.21	8.34	31.55	20.15	－72.54	0.11	0.17
第八分位股票	33.26	5.61	30.48	18.68	－71.31	0.02	0.03
第九分位股票	27.85	4.77	29.4	19.29	－73.25	－0.01	－0.01
第十分位股票	42.31	6.78	28.16	18.23	－69.26	0.06	0.1
大盘股	59.1	8.41	28.61	17.88	－69.73	0.12	0.19

年复合收益率最高的是第二分位，数值为 11.44%，最低的是第九分位，数值为 4.77%。投资 10 万元于第二分位的期末资产总值为 108.3 万元，是第九分位 27.85 万元的 3.89 倍。

第二分位获取了最优的夏普比率和索提诺比率，第九分位获取了最差的夏普比率和索提诺比率。

总体来看，不管是在整体股票池中，还是在大盘股票池中，流动比率较高的股票值得我们关注，尽量规避流动比率较低的股票。

有形净值比净债务

有形净值比净债务为产权比率的延伸，更为谨慎、保守地反映了在企业清算时债权人投入的资本受到股东权益的保障程度，隶属于偿债能力指标。有形净值比净债务 = 有形净值/净债务。有形净值是指股东权益中扣除无形资产之后的余额。有形净值 = 归属母公司的股东权益 - 无形资产 - 开发支出 - 商誉 - 长期待摊费用 - 递延所得税资产。净债务指的是短期和长期带息债务之和减去现金及现金等价物后的余额，扣除现金及现金等价物是因为这部分资产可以随时用来偿还债务。净债务 = 带息债务 - 货币资金。

从图 13 - 11 和表 13 - 11 可以看出，在整体股票池中，各个十分位的年复合收益率呈现整体下降的趋势。因此，该指标筛选股票的有效性比较强。我们应该关注该指标较高的股票，剔除该指标较低的股票。

年复合收益率最高的是第三分位，数值为 10.82%，最低的是第十分位，数值为 6.95%。投资 10 万元于第三分位的期末资产总值为 95.9 万元，是第十分位 43.86 万元的 2.19 倍。

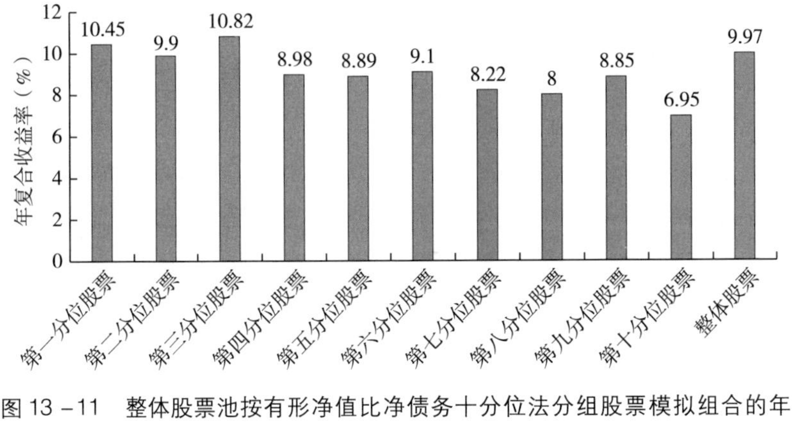

图 13 - 11　整体股票池按有形净值比净债务十分位法分组股票模拟组合的年复合收益率（1998/12/31~2020/12/31）

表 13－11　整体股票池按有形净值比净债务十分位法分组股票模拟组合的分析结果（1998/12/31~2020/12/31）

	10 万元初始投资的最终结果（万元）	年复合收益率（%）	标准差（%）	下行标准差（%）	最大回撤（%）	夏普比率（无风险利率 =5%）	索提诺比率（无风险利率 =5%）
第一分位股票	89.05	10.45	31.82	18.33	－67.46	0.17	0.3
第二分位股票	79.8	9.9	31.97	19.1	－69.1	0.15	0.26
第三分位股票	95.9	10.82	32.33	19.12	－69.72	0.18	0.3
第四分位股票	66.3	8.98	31.84	18.93	－67.86	0.12	0.21
第五分位股票	65.18	8.89	31.84	19.05	－68.22	0.12	0.2
第六分位股票	67.88	9.1	32.09	19.45	－69.22	0.13	0.21
第七分位股票	56.89	8.22	32.73	19.84	－68.78	0.1	0.16
第八分位股票	54.38	8	32.6	19.19	－69.08	0.09	0.16
第九分位股票	64.63	8.85	32.06	19.56	－70.1	0.12	0.2
第十分位股票	43.86	6.95	32.27	19.08	－71.5	0.06	0.1
整体股票	80.99	9.97	31.42	18.61	－67.62	0.16	0.27

从图 13－12 和表 13－12 可以看出，在大盘股票池中，各个十分位的年复合收益率呈现整体下降的趋势，有形净值比净债务指标在大盘股票池中筛选股票的有效性较强。

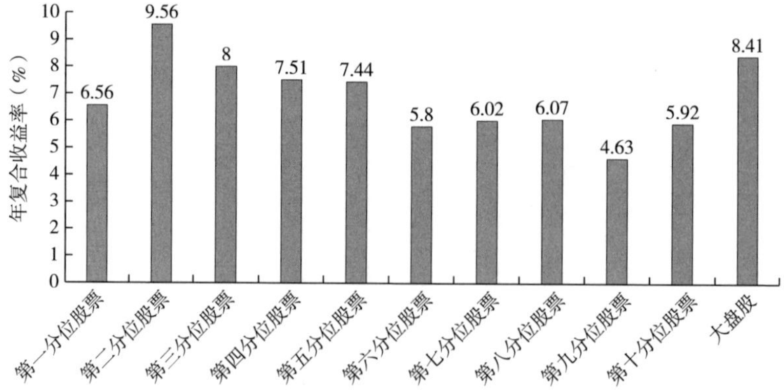

图 13－12　大盘股票池按有形净值比净债务十分位法分组股票模拟组合的年复合收益率（1998/12/31~2020/12/31）

表 13-12　大盘股票池按有形净值比净债务十分位法分组股票模拟组合的分析结果（1998/12/31~2020/12/31）

	10 万元初始投资的最终结果（万元）	年复合收益率（%）	标准差（%）	下行标准差（%）	最大回撤（%）	夏普比率（无风险利率 =5%）	索提诺比率（无风险利率 =5%）
第一分位股票	40.45	6.56	28.59	17.63	-65.02	0.05	0.09
第二分位股票	74.51	9.56	30.93	18.78	-71.78	0.15	0.24
第三分位股票	54.38	8	28.67	18.73	-74.2	0.1	0.16
第四分位股票	49.18	7.51	29.85	18.63	-71.87	0.08	0.13
第五分位股票	48.44	7.44	29.15	17.44	-68.28	0.08	0.14
第六分位股票	34.54	5.8	30.72	19.59	-71.27	0.03	0.04
第七分位股票	36.18	6.02	31.16	20.09	-73.86	0.03	0.05
第八分位股票	36.53	6.07	30.95	19.04	-68.32	0.03	0.06
第九分位股票	27.04	4.63	31.54	20.47	-75.33	-0.01	-0.02
第十分位股票	35.46	5.92	33.41	19.37	-72.52	0.03	0.05
大盘股	59.1	8.41	28.61	17.88	-69.73	0.12	0.19

年复合收益率最高的是第二分位，数值为 9.56%，最低的是第九分位，数值为 4.63%。投资 10 万元于第二分位的期末资产总值为 74.51 万元，是第九分位 27.04 万元的 2.76 倍。

总体来看，无论是在整体股票池还是大盘股票池中，脱胎于产权比率的有形净值比净债务指标的有效性较好，筛选股票的能力强于产权比率。长期来看，该指标较高的股票值得关注，尽量规避该指标较低的股票。

经营活动产生的现金流量净额比净债务

经营活动产生的现金流量净额比净债务指标衡量经营活动产生的

现金流偿付净债务的能力，属于偿债能力指标。该指标 = 经营活动产生的现金流量净额/净债务。

从理论上讲，该指标越高，企业经营活动产生的现金流量偿付净债务的能力就越强，企业运营越没有后顾之忧，还可以把多余的现金流量用于企业长远发展，推动股票价格走高。

在整体股票池中，各个十分位的年复合收益率呈现先下降后上升的凹面特征，实证结果与理论相冲突。实证结果表明，该指标越高或者越低的股票表现越好，而越靠近中间，表现越差。可能的原因是，该指标越高的股票，在一定负债情况下产生现金流量的能力越强。指标越低的股票，合理使用现金流量以高杠杆经营的能力越强。指标靠中间的股票，虽然能够产生一定的现金流量，但相对于指标较低的股票，有效使用现金流量的能力不足，相对于指标较高的股票，产生现金流量的能力不足。两头不沾，导致企业创造经济效益的能力不足。

年复合收益率最高的是第一分位，数值为 11.64%，最低的是第六分位，数值为 8.1%。投资 10 万元于第一分位的期末资产总值为 109.56 万元，是第六分位 54.4 万元的 2.01 倍。

在大盘股票池中，各个十分位的年复合收益率也呈现先下降后上升的凹面特征，实证结果与理论相冲突。

总体来看，无论是在整体股票池还是在大盘股票池中，经营活动产生的现金流量净额比净债务指标的各个十分位呈现凹面特征，越偏两端，表现越好，越靠近中间，表现越差。因此，我们要尽量规避产生现金流量能力不强并且运用杠杆能力不强的股票。

速动比率

速动比率衡量流动资产中流动性更好的资产（扣除存货）覆盖流

动负债的能力，属于偿债能力指标。速动比率 =（流动资产合计 - 存货）/ 流动负债合计。

在整体股票池中，速动比率筛选股票的有效性比较强，各个十分位的年复合收益率呈现整体递减的趋势。

年复合收益率最高的是第二分位，数值为 11.68%，最低的是第九分位，数值为 8.53%。投资 10 万元于第二分位的期末资产总值为 113.57 万元，是第九分位 60.56 万元的 1.8 倍。

速动比率在大盘股票池中的有效性比较差，仅勉强可作为筛选优质股票的方法。我们可以投资速动比率较高的股票。

总体来看，速动比率在整体股票池中的有效性比较强，可以有效区分股票优劣，但在大盘股票池中的有效性比较差，只能用于筛选优质股票。

产权比率

产权比率的倒数可以用来衡量股东权益覆盖总债务的能力。该指标也隶属于偿债能力指标。产权比率 = 负债合计/归属母公司的股东权益。

在整体股票池中，前五分位的表现优于后五分位。产权比率越低，股东权益覆盖总债务的能力就越强，投资收益率也就越高。实证结果表明，同等条件下，我们要优先选择产权比率较低的股票。

年复合收益率最高的是第三分位，数值为 11.18%，最低的是第十分位，数值为 8.51%。投资 10 万元于第三分位的期末资产总值为 102.97 万元，是第十分位 60.25 万元的 1.71 倍。

第三分位拥有最优的夏普比率和索提诺比率，第十分位获取了最差的夏普比率和索提诺比率。

在大盘股票池中，产权比率的表现比较奇特，各个十分位年复合收益率呈现先下降后上升的凹面特征。

年复合收益率最高的是第十分位，也就是产权比率最大的10%分位。该分位的股东权益覆盖总债务的能力最差，理论上风险最高，却获得了最高的年复合收益率。可能的原因是，在大盘股票池中，企业的运营风险普遍较低，基本上都可以持续经营。在持续经营的前提下，如果能够通过提高产权比例增加经营杠杆，就能够提升股东权益回报率，进而推动股票价格上涨，创造更高的投资收益率。

总体而言，在整体股票池中，产权比率较低的股票，投资收益率相对较高，但在大盘股票池中，产权比率最高10%的股票获取了最高的投资收益率。

长期负债比运营资金

长期负债比运营资金的倒数衡量运营资金覆盖长期负债的能力。该指标也隶属于偿债能力指标。该指标＝非流动负债／（流动资产 －流动负债）。

在整体股票池中，各个十分位的年复合收益率呈现整体递减的趋势。因此，长期负债比运营资金指标筛选股票的有效性较强。

年复合收益率最高的是第一分位，数值为11.64%，最低的是第九分位，数值为9.05%。投资10万元于第一分位的期末资产总值为112.81万元，是第九分位67.21万元的1.68倍。

第一分位各项指标几乎都最优。第十分位获取了最差的夏普比率和索提诺比率。

在大盘股票池中，除了第一分位表现突出，其他九分位的业绩没有趋势可言。

总体而言，长期负债比运营资金在整体股票池中筛选股票的有效性高于大盘股票池。无论是在整体股票池中，还是在大盘股票池中，我们都尽量选择该指标较低的股票，规避该指标较高的股票。

归属母公司的股东权益比带息债务

归属母公司的股东权益比带息债务 = 归属母公司的股东权益/带息债务。带息负债是指有偿使用的债务资本。带息负债 = 负债合计 - 无息流动负债 - 无息非流动负债。

在整体股票池中，各个十分位的年复合收益率呈现几乎严格递减的趋势，归属母公司的股东权益比带息债务指标区分股票的有效性非常高。

年复合收益率最高的是第一分位，数值为 11.5%，最低的是第十分位，数值为 7.45%。投资 10 万元于第一分位的期末资产总值为 109.63 万元，是第十分位 48.59 万元的 2.26 倍。

第一分位各项指标几乎都最优。第十分位获取了最差的夏普比率和索提诺比率。我们尽量选择该指标较高的股票，规避该指标较低的股票。

在大盘股票池中，该指标具备一定的有效性，但有效性弱于整体股票池；该指标用作危险信号的效果可能更佳，我们尽量规避该指标较低的股票。

各个十分位的年复合收益率呈现整体下降的趋势。年复合收益率最高的是第一分位，数值为 10.22%，最低的是第十分位，数值为 5.12%。投资 10 万元于第一分位的期末资产总值为 85.08 万元，是第十分位 29.98 万元的 2.84 倍。第十分位各项指标都最差，佐证了其危险信号特征。

总体来看，在整体股票池和大盘股票池中，归属母公司的股东权益比带息债务指标区分股票的有效性都非常高，在大盘股票池中用作危险信号更佳。

市场杠杆

市场杠杆 = 非流动负债合计/(非流动负债合计 + 总市值)。

该指标可以视作资产负债率（总负债比总资产）的延伸，所不同的是总负债被非流动负债替代，股东权益（净资产）被总市值替代。该指标衡量非流动负债在非流动负债与总市值之和中的占比。该指标越高，非流动负债占比越高，企业使用相同市值撬动的运营杠杆就越高，可以通过杠杆提升更多的经营效率，但同时面临的利率成本和利息总额也越高，偿债能力越弱。反之，该指标越低，非流动负债占比越低，企业面临的利率成本和利息总额越低，偿债能力越强，但企业在同样市值下撬动的运营杠杆越低，不能通过杠杆提升经营效率。

在整体股票池中，各个十分位的年复合收益率呈现先下降后上升的凹面特征。市场杠杆较低（偿债能力较强）的股票表现不错，市场杠杆较高（可以通过杠杆提升经营效率）的股票也表现不错。表现较差的是市场杠杆处于中间状态的股票，可能这些中间状态股票的负债利率成本与利息总额不低，偿债能力一般，同时使用的杠杆不够高，经营效率提升效果一般。

年复合收益率最高的是第三分位，数值为 11.5%，最低的是第七分位，数值为 8.78%。投资 10 万元于第三分位的期末资产总值为 109.59 万元，是第七分位 63.64 万元的 1.72 倍。

在大盘股票池中，各个十分位的年复合收益率也呈现凹面特征。市场杠杆较低的股票表现较好，市场杠杆较高的股票表现也不错，表现最差的是市场杠杆处于中间状态的股票。

总体来看，无论是在整体股票池中，还是在大盘股票池中，我们都要尽量规避市场杠杆处于中间状态的股票，选择市场杠杆处于两端（较低或较高）的股票。

3 个营运能力指标

固定资产周转率

固定资产周转率衡量在一个会计年度内固定资产周转的次数，隶属于营运能力指标。

在整体股票池中，各个十分位的年复合收益率呈现先上升后下降的凸面特征。固定资产周转率并非越高越好，而是越靠近中间越好。

年复合收益率最高的是第五分位，数值为 11.17%，最低的是第十分位，数值为 6%。投资 10 万元于第五分位的期末资产总值为 69.7 万元，是第十分位 29.08 万元的 2.4 倍。第十分位获取了最差的夏普比率和索提诺比率，证实了其危险信号的特征。

在大盘股票池中，各个十分位的年复合收益率展示出一定的凸面特征。中间分位表现较好，越靠近两端，表现越差，尤其是第十分位。

年复合收益率最高的是第五分位，数值为 12.06%，最低的是第十分位，数值为 5.17%。投资 10 万元于第五分位的期末资产总值为 80.66 万元，是第十分位 25.19 万元的 3.2 倍。

总体来看，无论是在整体股票池中，还是在大盘股票池中，我们都要尽量规避固定资产周转率相对较低的股票。

净资产周转率

净资产周转率用来分析企业净资产的周转速度，隶属于营运能力指标。

在整体股票池中，除了第九分位和第十分位业绩较差，各个十分位的年复合收益率没有展示出规律性的特征。因此，净资产周转率仅可作为危险信号使用。

年复合收益率最高的是第三分位，数值为 11.54%，最低的是第十分位，数值为 7.51%。投资 10 万元于第三分位的期末资产总值为 110.5 万元，是第十分位 49.16 万元的 2.25 倍。第十分位获取了最差的回撤值、夏普比率和索提诺比率，证实了其危险信号特性。

在大盘股票池中，净资产周转率仅可作为危险信号使用。

年复合收益率最高的是第三分位，数值为 9.21%，最低的是第九分位，数值为 4.52%。投资 10 万元于第三分位的期末资产总值为 69.4 万元，是第九分位 26.45 万元的 2.62 倍。第九分位的夏普比率和索提诺比率都最差。

总体来看，无论是在整体股票池中，还是在大盘股票池中，净资产周转率指标都适合作为危险信号使用，我们要尽量规避净资产周转率比较低的股票。

总资产周转率

总资产周转率衡量同等资产投资规模创造销售收入的能力，隶属于营运能力指标。

在整体股票池中，各个十分位的年复合收益率呈现递减的趋势，总资产周转率指标在整体股票池中的有效性非常强。

年复合收益率最高的是第二分位，数值为 11.46%，最低的是第十分位，数值为 7.31%。投资 10 万元于第二分位的期末资产总值为 108.78 万元，是第十分位 47.2 万元的 2.3 倍。

第二分位获取了最优的夏普比率和索提诺比率，第十分位获取了最差的夏普比率和索提诺比率。

在大盘股票池中，前九分位年复合收益率呈现递减的趋势，但第十分位出奇地高，超过前九分位。在大盘股票中存在这样一类企业，由于拥有独特的竞争优势和行业地位，其利润率或使用的经营杠杆较高，或者二者兼而有之。这类企业虽然总资产周转率偏低（比如说片仔癀），但创造经济效益的能力很强，高利润率或高杠杆对企业经营效益的正向影响，完全覆盖了总资产周转率偏低对企业经营效益的负向影响。

总体来看，总资产周转率指标在整体股票池中有效性非常强，但在大盘股票池中有其独特性。

以上就是本章收录的5大类共21个单因子指标。这些指标是有优劣之分的。在本章中有效性最好的是偿债能力指标，能够有效区分各个分组股票，有效性最差的是营运能力指标，大部分情况下仅可作为危险信号使用。

对投资者的启迪

1. 我们可以使用财务比率确定股票优劣。每种财务比率都有独特的性能，我们可以把具备不同性能的财务比率组合在一起，构建自己的选股模型。
2. 盈利能力指标筛选股票的有效性一般，表现相对较好的是营业总成本比营业总收入指标。
3. 收益质量指标筛选股票的有效性一般，表现较好的是价值变动净收益比利润总额指标。
4. 某些资本结构指标筛选股票的有效性非常强，比如资产现金回收率。同类其他指标表现一般。
5. 偿债能力中有很多指标表现较好，比如现金流动负债比、有形净值比净债务、归属母公司的股东权益比带息债务、流动比率与速动比率等。
6. 营运能力指标整体表现一般，尽量只作为危险信号使用。

第14章

动量、反转与波动的选股效果也很好

市场波动为某些人提供了大把赚钱的机会，但波动带来的不确定性导致另一些人不仅没有收益，还巨幅亏损。

——约翰·梅纳德·凯恩斯

价格波动的周期性源泉

1951 年，约翰·克林德宁发表了论文《质量与价格作为影响股票价格波动的因素》，这是较早研究哪些因素会导致股票价格波动的文献。克林德宁认为，市场达到理性的前提条件之一是，在其他条件相同的情况下，高价股的波动率应当与低价股相同。这个观点看似与布莱克－斯科尔斯模型的提出者之一费希尔·布莱克的观点冲突，但各有道理，差异是由观察视角不同造成的。克林德宁基于横截面以及理性人假设得出结论，而布莱克基于时间序列以及真实市场得出结论。

深入理解股价波动非常重要，本杰明·格雷厄姆认为："投资者应该充分了解股票市场历史，尤其是关于重大波动的。只有具备这些背景知识，投资者才能对市场机会或风险做出合理判断。"

从大的方面看，价格波动来自产业变迁的周期性变化，而这种周期性变化每隔 3～5 年就会重复一次。1867 年，约翰·斯图亚特·米尔率先分析了这种周期性变化，及其带来的泡沫产生与破灭。他认为，这种周期性变化的"根源不在于金钱，而在于人性"。米尔周期模型共有 5 个阶段，如图 14－1 所示。

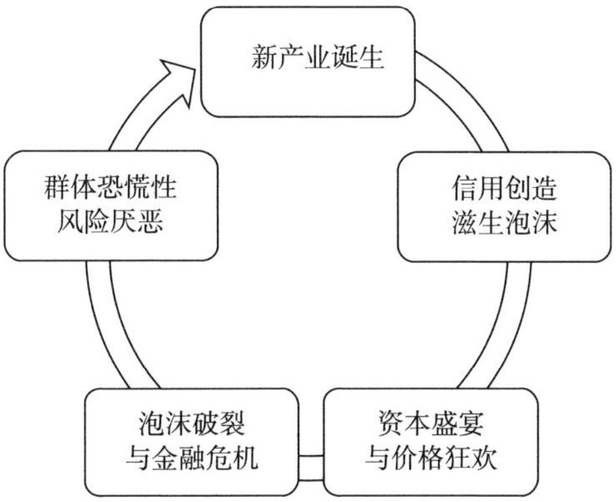

图 14 -1　米尔 5 阶段周期性模型

第一阶段，新产业诞生。每隔一段时间，就会产生一种新的经济模式或产业模式，并与旧模式相区别。这种模式会被命名为“新经济”或“新产业”等。2020 年常说的“新经济”一词，最早可追溯至 1980 年出版的投资书。“新经济”并不是个新词，而是很早就有了，只不过每隔多年才被提及一次。新一代人成长起来之前，没听说过它，才误以为是新词。不过，由于产业变迁，“新经济”在每个时代的内涵各不相同。自行车、汽车、铁路、收音机、电视机、电脑、互联网、移动互联网，以及现在的光伏和新能源汽车，等等，都属于“新经济”。

新产业初期，成长比较缓慢，甚至有阶段性倒退的可能性，市场信心处于萌芽状态。

第二阶段，信用创造滋生泡沫。正如后勤补给不足，将军不可能打胜仗一样，如果没有货币扩张和信用创造的造血与供血，新产业很难高速发展。好消息是，一旦金融业发现新产业创造利润的能力超过了旧产业，就会通过信贷或者新型信用工具为其“创造”货币。在这个阶段，信贷呈现爆发式增长，企业成长速度加快，利润持续增加。

第三阶段，资本盛宴与价格狂欢。人们似乎故意忽视了泡沫，幻想价格永远上涨。传统估值方法被抛弃，为了适应当前高价格，新兴估值方法被创造出来。全市场充满了过度乐观的气氛，人们都在谈论新时代，普遍高估收益、低估风险。

在这个阶段，市场充满病态的过度自信，没有人关注投入资本能否转化为更高的经济效益，只看到价格和投机行为以最迅猛的方式增长，并幻想继续高速增长。可惜，幻想终究是要破灭的。

第四阶段，泡沫破裂与金融危机。天下没有不散的筵席，盛宴总有收尾的时候，但在资本市场中，收尾就没有那么简单了。盛宴期间创建的高杠杆成了此阶段最大的难题。投资者和企业家发现，在危机时刻，资产价格一落千丈。为了偿付即将到期的债务，他们被迫以极低的价格出售产品或资产以筹措资金，但似乎是杯水车薪。无法偿还债务的企业被迫宣布破产，资产价格越来越低。

泡沫破裂前车之鉴非常多，最著名的一次是18世纪发生在英国的南海泡沫。泡沫破裂后，艾萨克·牛顿爵士因为投机而损失惨重，说出了经典名言："我可以计算天体的运行轨道，却无法计算人性的疯狂。"这个悲伤的故事可能提醒我们，本杰明·格雷厄姆关于深入理解股价波动的忠告是多么有用。

第五阶段，群体恐慌性风险厌恶。经历过群体性疯狂，群体性恐慌如约而至。一轮经济周期末期，泡沫破裂，投资者亏损严重。在资本盛宴中创造的货币财富，一夜之间毁于一旦。在大恐慌期间，人们对于刚刚发生的泡沫破灭事件心有余悸。宁愿持有现金，也不愿意再涉足市场，导致资产价格进一步杀跌。杀完业绩杀估值，资本市场似乎暗无天日。

至此，一轮经济周期惨淡结束，但经济还在继续发展，新产业已经悄悄萌芽，“小荷才露尖尖角”。时间会慢慢抚平所有被重创的心灵，并在深深的伤口之上形成一道健康的伤疤。在伤疤之上，新产业发力，复苏之路开启，新一轮经济周期开启，新一轮价格上涨与下跌周期开启。

价格动量、反转与波动的学术性结论

1993 年，杰嘉迪新与迪特曼发表了首篇研究股票价格动量的论文《做多盈利股与做空亏损股的投资回报：基于股票市场有效性的应用》，发现此前 3～12 个月股票中的盈利者与亏损者在未来将继续盈利或亏损。在一段时期内，股价走势保持惯性，这就是价格动量效应。此后，众多学术界人士进一步发现：第一，动量效应在大多数股票以及其他金融产品市场中都存在；第二，即将披露的信息对资本市场越重要，动量效应越强烈；第三，在信息被披露前，动量效应已经启动。

动量效应产生的原因可能是，在金融市场中，投资者对新增信息反应的速度与力度不足。新增信息需要一定时间才能被消化和吸收，之后，才能完全反映在股票价格上。股票价格并非一步调整到位，而是逐渐发酵并调整，形成了动量效应。另外，资本市场羊群效应、投资者追涨杀跌偏好，以及上市企业逐步释放利好或利空信息等行为，也进一步助长了动量效应。

除了动量效应，学术界还发现，此前 2～3 年内股票中的盈利者将在未来亏损，亏损者将在未来盈利，也就是说，时间拉长之后，动量效应演化为反转效应。反转效应在大多数股票以及其他金融市场中都存在。

实证数据表明，中国股票市场的动量效应非常明显，尤其是1个月期的动量效应；反转效应也非常明显，尤其是3年期的反转效应。

现代金融体系中一个广为接受的理论是高风险高收益、低风险低收益（该理论来自有效市场假说和CAPM资本资产定价模型），也就是说，投资者想获取较高的投资收益，必须承担较高的风险；投资者不愿承担高风险，只能获取较低的收益。但据我观察，这个理论存在一定瑕疵。该理论只在跨金融产品市场中有效，也就是说，在债券、股票以及期货等不同标的的市场中，该理论是有效的，但在同一市场中，该理论无效。

1976年，费希尔·布莱克发表了《股价波动变化研究》一文。布莱克是最早从实证上验证股票价格时间序列中收益波动与股票价格走势相关系数为负的学者之一。如果一只股票收益波动增加，该股票价格可能走低；如果一只股票收益波动下降，该股票价格可能走高。简单来说，股价波动与股价走势负相关。

实证数据表明，中国股票市场的收益波动与股票价格走势呈现负相关的特征。

本章先后测试了价格动量、反转与波动率3大类共7个指标在股票市场中的表现。相较于本书前面的指标，这些指标虽然不考虑估值、成长性或财务比率，也不考虑企业的经营质量，仅仅考虑由价格构成的动量和收益波动率，但选股效果还不错。

第一类，价格动量。本章收录了1、3、6和12个月（1年）共4个价格动量指标。

第二类，反转。本章收录了3年价格反转指标。

第三类，波动率。本章收录了6个月波动率和过去1年个股与市场波动率比值共2个波动率指标。

动量越足，未来投资收益越可期

1 个月价格动量

从图 14－2 和表 14－1 可以看出，在整体股票池中，各个十分位的年复合收益率呈现先上涨后下降的凸面特征，越靠近中间，年复合收益率越高，越靠近两端，年复合收益率越低。

第四分位各项指标几乎都最优。第十分位获取了最差的 10 万元初始投资的最终结果、年复合收益率、标准差、夏普比率和索提诺比率；第一分位获取了最差的下行标准差和最大回撤。

1 个月价格动量更适合作为危险信号使用，我们要剔除价格动量不足的股票。另外，价格动量最高 10% 的股票，也不值得投资。

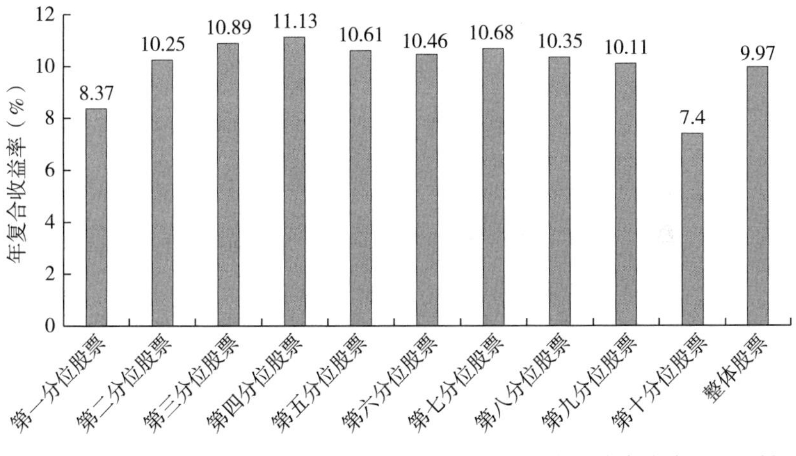

图 14－2　整体股票池按 1 个月价格动量从大到小排序十分位法分组股票模拟组合的年复合收益率（1998/12/31~2020/12/31）

表 14－1　整体股票池按 1 个月价格动量从大到小排序十分位法分组股票模拟组合的分析结果（1998/12/31~2020/12/31）

	10 万元初始投资的最终结果（万元）	年复合收益率（%）	标准差（%）	下行标准差（%）	最大回撤（%）	夏普比率（无风险利率 =5%）	索提诺比率（无风险利率 =5%）
第一分位股票	58.65	8.37	31.74	19.09	－70.7	0.11	0.18
第二分位股票	85.49	10.25	30.96	18.69	－68.37	0.17	0.28
第三分位股票	97.17	10.89	31.08	18.42	－66.54	0.19	0.32
第四分位股票	101.87	11.13	31.16	18.57	－66.58	0.2	0.33
第五分位股票	91.89	10.61	31.43	18.57	－66.72	0.18	0.3
第六分位股票	89.21	10.46	31.47	18.81	－67.28	0.17	0.29
第七分位股票	93.29	10.68	31.54	18.7	－66.86	0.18	0.3
第八分位股票	87.29	10.35	31.72	18.54	－67.08	0.17	0.29
第九分位股票	83.19	10.11	32.11	18.69	－68.04	0.16	0.27
第十分位股票	48.05	7.4	32.4	18.64	－70.52	0.07	0.13
整体股票	80.99	9.97	31.42	18.61	－67.62	0.16	0.27

从图 14－3 和表 14－2 可以看出，在大盘股票池中，各个十分位的年复合收益率也呈现先上涨后下降的凸面特征。

年复合收益率最高的是第四分位，数值为 10.44%，最低的是第十分位，数值为 5.45%。投资 10 万元于第四分位的期末资产总值为 88.87 万元，是第十分位 32.12 万元的 2.77 倍。

第四分位获取了最优的夏普比率和索提诺比率，第十分位获取了最差的夏普比率和索提诺比率，第一分位获取了最差的标准差、下行标准差和最大回撤。价格动量越靠近两端（诸如第十分位和第一分位），越不值得投资。

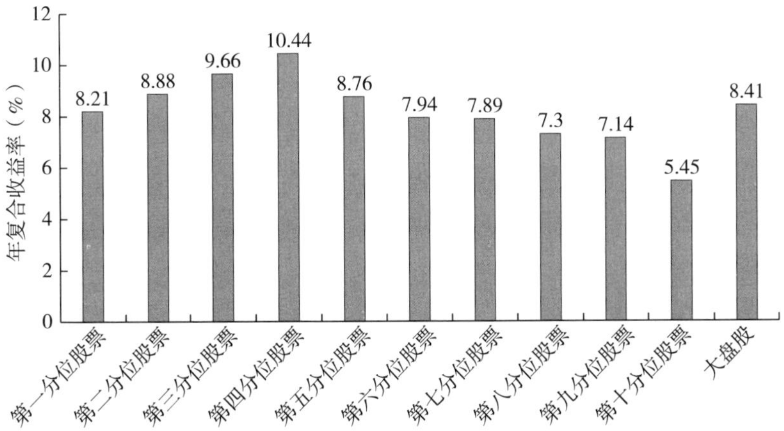

图 14－3　大盘股票池按 1 个月价格动量从大到小排序十分位法分组股票模拟组合的年复合收益率（1998/12/31~2020/12/31）

表 14－2　大盘股票池按 1 个月价格动量从大到小排序十分位法分组股票模拟组合的分析结果（1998/12/31~2020/12/31）

	10 万元初始投资的最终结果（万元）	年复合收益率（%）	标准差（%）	下行标准差（%）	最大回撤（%）	夏普比率（无风险利率 =5%）	索提诺比率（无风险利率 =5%）
第一分位股票	56.71	8.21	30.03	18.82	－72.45	0.11	0.17
第二分位股票	64.97	8.88	28.29	18.38	－71.16	0.14	0.21
第三分位股票	76.07	9.66	28.52	17.79	－70.27	0.16	0.26
第四分位股票	88.87	10.44	28.77	17.72	－68.87	0.19	0.31
第五分位股票	63.45	8.76	29.01	17.74	－70.56	0.13	0.21
第六分位股票	53.72	7.94	28.75	17.82	－69.58	0.1	0.17
第七分位股票	53.21	7.89	29.15	17.81	－68.5	0.1	0.16
第八分位股票	47.08	7.3	28.53	17.88	－68.52	0.08	0.13
第九分位股票	45.6	7.14	28.91	17.65	－70.09	0.07	0.12
第十分位股票	32.12	5.45	29.79	18.1	－70.15	0.02	0.02
大盘股	59.1	8.41	28.61	17.88	－69.73	0.12	0.19

3 个月价格动量

实证数据显示，在整体股票池中，3 个月价格动量的年复合收益率呈现先上涨后下跌的凸面特征。年复合收益率最高的是第六分位，数值为11.37%；最低的是第十分位，数值为6.6%。投资10 万元于第六分位的期末资产总值为 106.96 万元，是第十分位 40.83 万元的2.62 倍。

第六分位与第四分位一起获取了最优的夏普比率和索提诺比率，第十分位各项指标几乎都最差。

在大盘股票池中，3 个月价格动量的表现更好，各个十分位的年复合收益率表现出整体递减的趋势。年复合收益率最高的是第二分位，数值为10.22%，最低的是第十分位，数值为5.03%。投资10 万元于第二分位的期末资产总值为 85.13 万元，是第十分位 29.41 万元的2.89 倍。

总体来讲，在整体股票池中，3 个月价格动量并没有表现出如学术研究中的近期越好未来越好、近期越差未来越差的特征，反而是近期越好或越差的在未来越差，近期适中的在未来越好。这种现象在1 个月、6 个月动量中也存在。在大盘股票池中，3 个月价格动量有效性高于整体股票池，年复合收益率呈现总体下降的趋势，与学术研究基本一致。

6 个月价格动量

在整体股票池中，各个十分位的年复合收益率呈现先上升后下降的凸面特征。年复合收益率最高的是第五分位，数值为11.2%；最低的是第十分位，数值为5.93%。投资10 万元于第五分位的期末资产总值为103.4 万元，是第十分位35.54 万元的2.91 倍。

第五分位与第四分位一起获取了最优的夏普比率和索提诺比率。

从各个角度衡量，第十分位都表现最差，不值得投资。

在大盘股票池中，6 个月价格动量的有效性高于整体股票池，各个十分位的年复合收益率呈现总体下降的趋势。年复合收益率最高的是第三分位，数值为 9.94%；最低的是第十分位，数值为 3.63%。投资 10 万元于第三分位的期末资产总值为 80.45 万元，是第十分位 21.91 万元的 3.67 倍。

第三分位获取了最优的标准差、夏普比率和索提诺比率，第十分位获取了最差的夏普比率和索提诺比率。值得注意的是，第一分位获取了最差的标准差、下行标准差和最大回撤，动量最高分组股票的风险也不可小觑。

总体来看，6 个月价格动量在整体股票池中呈现凸面特征，在大盘股票池中呈现逐步下降的特征。

1 年价格动量

在整体股票池中，对比 1 个月、3 个月、6 个月和 1 年价格动量，我们不难发现，年复合收益率最高的分位不断向右移，从 1 个月的第四分位移至 1 年的第八分位。并且，价格动量在 1 年期仿佛失效：第一，后五分位的年复合收益率整体高于前五分位；第二，前三分位的年复合收益率低于整体股票。1 年期呈现一定的反转特征。

反转特征更明显的是 3 年指标，事实上，从 1 个月、3 个月、6 个月到 1 年，再到 3 年，价格动量效应逐步演化为反转效应。

在大盘股票池中，1 年价格动量的表现也不佳，该指标仅可作为危险信号使用。

总体来看，有别于国际市场，在中国股票市场中，1 年价格动量的有效性不佳。因此，我们应尽量采用低于 1 年期的价格动量指标来筛选股票。

反转能量越强，投资收益越高

我们把 3 年价格反转指标从大到小排序。这是全书中唯一一次把表现较差的组合放在第一分位，并把表现较好的组合放在第十分位，为的是和前面几个动量模型对照。

从图 14－4 和表 14－3 可以明显看出，与价格动量效应相反，3 年期指标表现出明显的反转效应。第一，各个十分位的年复合收益率呈现整体上涨的趋势。第二，过去 3 年收益率越高，未来的收益率越低；过去 3 年收益率越低，未来的收益率越高。年复合收益率最高的是第八分位，数值为 11.71%，最低的是第一分位，数值为 6.97%。投资 10 万元于第八分位的期末资产总值为 114.33 万元，是第一分位 44.01 万元的 2.6 倍。

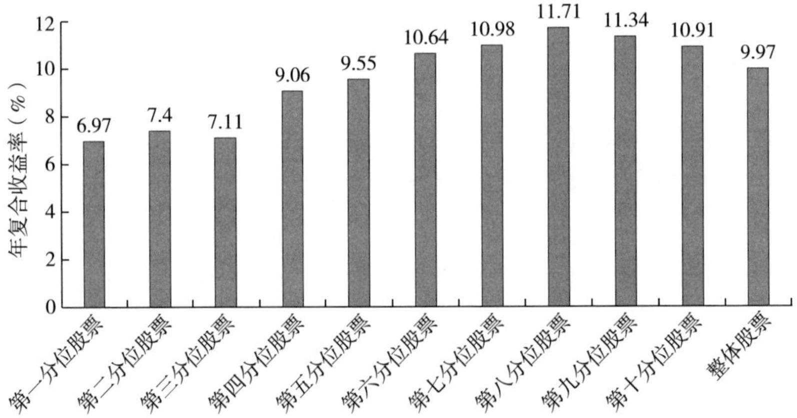

图 14－4　整体股票池按 3 年价格动量从大到小排序十分位法分组股票模拟组合的年复合收益率（1998/12/31~2020/12/31）

表 14－3　整体股票池按 3 年价格动量从大到小排序十分位法分组股票模拟组合的分析结果（1998/12/31~2020/12/31）

	10 万元初始投资的最终结果（万元）	年复合收益率（%）	标准差（%）	下行标准差（%）	最大回撤（%）	夏普比率（无风险利率 =5%）	索提诺比率（无风险利率 =5%）
第一分位股票	44.01	6.97	31.76	20.09	－72.1	0.06	0.1
第二分位股票	48.1	7.4	31.14	19.02	－70.06	0.08	0.13
第三分位股票	45.31	7.11	31.79	19.32	－70.13	0.07	0.11
第四分位股票	67.38	9.06	32.14	19.18	－68.85	0.13	0.21
第五分位股票	74.34	9.55	31.94	19.29	－68.44	0.14	0.24
第六分位股票	92.4	10.64	32.24	19.21	－67.93	0.17	0.29
第七分位股票	98.9	10.98	32.55	19.08	－67.44	0.18	0.31
第八分位股票	114.33	11.71	32.75	19.12	－68.8	0.2	0.35
第九分位股票	106.34	11.34	32.93	19.04	－71.04	0.19	0.33
第十分位股票	97.53	10.91	32.87	19.44	－71.89	0.18	0.3
整体股票	80.99	9.97	31.42	18.61	－67.62	0.16	0.27

第八分位获取了最优的夏普比率和索提诺比率，第一分位各项指标几乎都最差。

从图 14－5 和表 14－4 可以看出，在大盘股票池中，该指标也表现出明显的反转效应，前五分位的年复合收益率整体低于后五分位。我们要规避 3 年期收益率较高的股票。

年复合收益率最低的是第一分位，数值为 4.67%，低于大盘股的 8.41%。投资 10 万元于第一分位的期末资产总值为 27.31 万元，约占大盘股 59.1 万元的 46.21%。

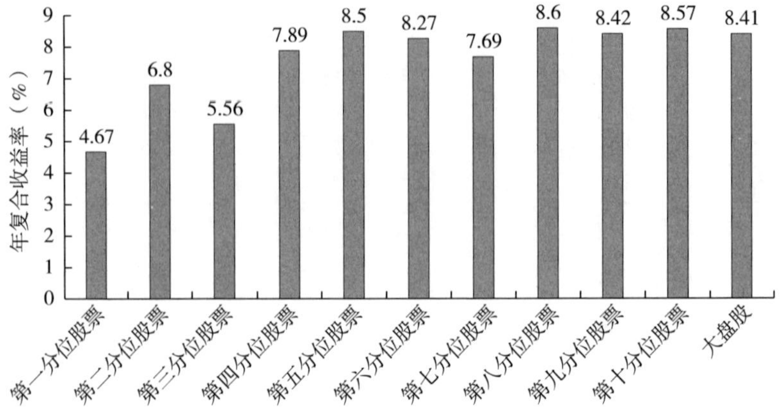

图 14-5　大盘股票池按 3 年价格动量从大到小排序十分位法分组股票模拟组合的年复合收益率（1998/12/31~2020/12/31）

表 14-4　大盘股票池按 3 年价格动量从大到小排序十分位法分组股票模拟组合的分析结果（1998/12/31~2020/12/31）

	10 万元初始投资的最终结果（万元）	年复合收益率（%）	标准差（%）	下行标准差（%）	最大回撤（%）	夏普比率（无风险利率 =5%）	索提诺比率（无风险利率 =5%）
第一分位股票	27.31	4.67	32.53	21.54	-78.92	-0.01	-0.02
第二分位股票	42.54	6.8	30.01	19.85	-74.21	0.06	0.09
第三分位股票	32.88	5.56	29.09	19.27	-73.64	0.02	0.03
第四分位股票	53.19	7.89	28.83	18.6	-69.07	0.1	0.16
第五分位股票	60.21	8.5	29.14	17.85	-68.09	0.12	0.2
第六分位股票	57.39	8.27	29.65	17.89	-70.58	0.11	0.18
第七分位股票	51.05	7.69	29.52	18.13	-71.19	0.09	0.15
第八分位股票	61.44	8.6	29.39	18.06	-69.29	0.12	0.2
第九分位股票	59.16	8.42	29.12	17.65	-67.12	0.12	0.19

续表

	10 万元初始投资的最终结果（万元）	年复合收益率（%）	标准差（%）	下行标准差（%）	最大回撤（%）	夏普比率（无风险利率 =5%）	索提诺比率（无风险利率 =5%）
第十分位股票	61.03	8.57	30.24	17.17	-62.99	0.12	0.21
大盘股	59.1	8.41	28.61	17.88	-69.73	0.12	0.19

总体来看，无论是在整体股票池中，还是在大盘股票池中，3 年期收益率表现出明显的反转效应。我们应尽量规避该指标较高的股票，挑选该指标较低的股票。

低波动，高收益

6 个月波动率

该指标衡量个股在过去 6 个月中每日收益率的标准差。《低风险，高回报》作者平·范·弗利特在书中表示，标准差越高，波动率越高，年复合收益率越低；标准差越低，波动率越低，年复合收益率越高。

从下文图表可知，在中国股票市场中，波动率指标非常有效，可以通过低波动率筛选业绩优异的股票。那么，这一思路是否在全球股票市场中都有效呢？罗伯特·豪根和纳丁·巴克在其合著的论文《股票市场：低风险股票跑赢全球所有可观测市场》中表示，在全球 33 个国家的股票市场中，低风险股票的投资收益率显著战胜整体和高风险股票。看完这个结论，我们可能会进一步提问，波动率指标能够用于不同的行业吗？还是平·范·弗利特，他在和罗纳德·达斯维克合著的论文《全球战术资产配置：一个数量化的结论》中表示，从全球主要股票市场来看，周期型行业（波动率较高，被认定为风险较高）并没有比防守型行业（波动率较低，被认定为风险较低）带来更高的投资收益率。鉴于防守型行业风险较低，该行业应该受到投资者偏爱，因为该行业可以提供较好的风险收益性价比。

实证结果显示，在美国股票市场中，各个十分位呈现先上升后下降的凸面特征，波动率指标的有效性远远低于中国市场。

从图 14－6 和表 14－5 可以看出，各个十分位的年复合收益率、10 万元初始投资的最终结果、夏普比率和索提诺比率呈现几乎严格单调递减的特征，6 个月波动率指标区分股票优劣的有效性非常强，出乎我的意料。年复合收益率最高的是第二分位，前七分位表现都较好，超越整体股票。收益率最低的是第十分位，后三分位表现非常差，低于整体股票。第二分位的期末资产总值为 161.09 万元，是第十分位 13.59 万元的 11.85 倍，倍数之高，令人咋舌。第一分位各项指标几乎都最优，第十分位各项指标都最差。

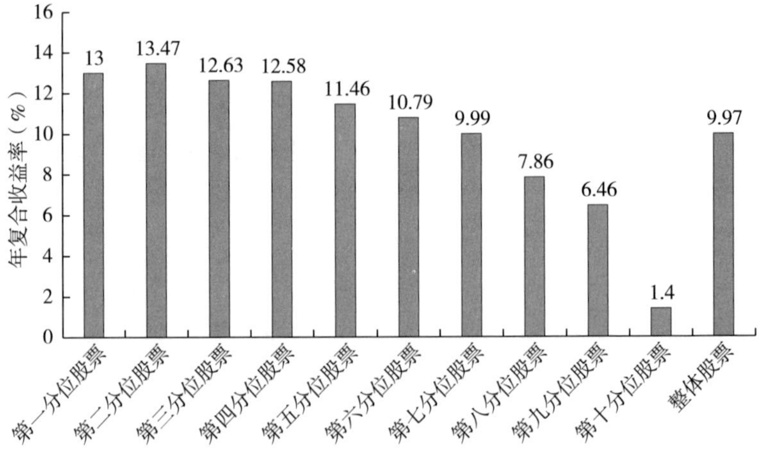

图 14－6　整体股票池按过去 6 个月收益标准差从小到大排序十分位法分组股票模拟组合的年复合收益率（1998/12/31~2020/12/31）

表 14 -5　整体股票池按过去 6 个月收益标准差从小到大排序十分位法分组股票模拟组合的分析结果（1998/12/31~2020/12/31）

	10 万元初始投资的最终结果（万元）	年复合收益率（%）	标准差（%）	下行标准差（%）	最大回撤（%）	夏普比率（无风险利率 =5%）	索提诺比率（无风险利率 =5%）
第一分位股票	147.13	13	26.89	15.89	-58.98	0.3	0.5
第二分位股票	161.09	13.47	29.46	17.81	-62.98	0.29	0.48
第三分位股票	136.77	12.63	30.36	18.41	-65.36	0.25	0.41
第四分位股票	135.63	12.58	31.32	18.73	-66.79	0.24	0.4
第五分位股票	108.75	11.46	31.96	18.86	-67.72	0.2	0.34
第六分位股票	95.25	10.79	32.38	19.2	-69.75	0.18	0.3
第七分位股票	81.32	9.99	32.89	19.28	-69.66	0.15	0.26
第八分位股票	52.84	7.86	33.5	19.41	-70.84	0.09	0.15
第九分位股票	39.65	6.46	34.19	19.57	-72.85	0.04	0.07
第十分位股票	13.59	1.4	35.41	20.39	-76.61	-0.1	-0.18
整体股票	80.99	9.97	31.42	18.61	-67.62	0.16	0.27

从图 14 -7 和表 14 -6 可以看出，各个十分位的年复合收益率、10 万元初始投资的最终结果、夏普比率和索提诺比率呈现几乎严格单调递减的特征。在大盘股票池中，6 个月波动率区分股票优劣的有效性非常强。年复合收益率最高的是第二分位，数值为 11.17%，最低的是第十分位，数值为 1.16%。投资 10 万元于第二分位的期末资产总值为 102.81 万元，是第十分位 12.89 万元的 7.98 倍。第二分位获得了最优的夏普比率和索提诺比率，第一分位获取了最优的标准差、下行标准差和最大回撤，第十分位各项指标都最差。

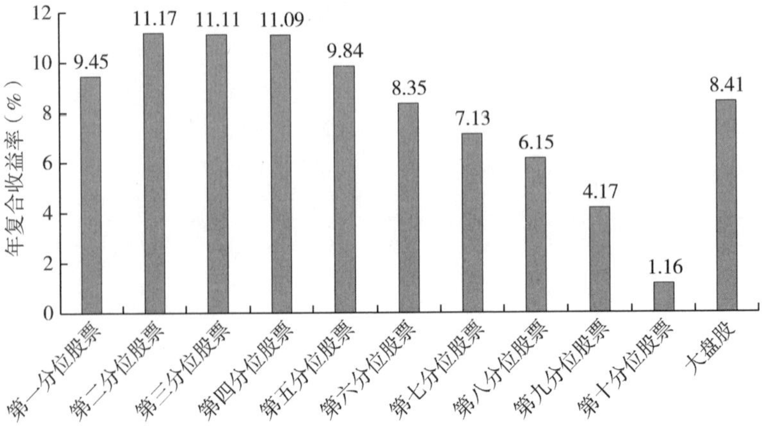

图 14 -7　大盘股票池按过去 6 个月收益标准差从小到大排序十分位法分组股票模拟组合的年复合收益率（1998/12/31~2020/12/31）

表 14 -6　大盘股票池按过去 6 个月收益标准差从小到大排序十分位法分组股票模拟组合的分析结果（1998/12/31~2020/12/31）

	10 万元初始投资的最终结果（万元）	年复合收益率（%）	标准差（%）	下行标准差（%）	最大回撤（%）	夏普比率（无风险利率 =5%）	索提诺比率（无风险利率 =5%）
第一分位股票	72.92	9.45	24.76	13.77	-60.3	0.18	0.32
第二分位股票	102.81	11.17	26.54	15.07	-62.65	0.23	0.41
第三分位股票	101.46	11.11	27.92	16.84	-65.72	0.22	0.36
第四分位股票	101.16	11.09	28.13	17.55	-66.88	0.22	0.35
第五分位股票	78.82	9.84	28.94	18.08	-70.25	0.17	0.27
第六分位股票	58.35	8.35	29.67	18.47	-71.59	0.11	0.18
第七分位股票	45.5	7.13	30.16	19.19	-72.52	0.07	0.11
第八分位股票	37.14	6.15	31.91	19.96	-75.74	0.04	0.06
第九分位股票	24.57	4.17	33.01	20.48	-76.97	-0.03	-0.04
第十分位股票	12.89	1.16	35.68	21.81	-78.66	-0.11	-0.18
大盘股	59.1	8.41	28.61	17.88	-69.73	0.12	0.19

总体来看，无论是在整体股票池中，还是在大盘股票池中，6 个月波动率指标的有效性非常强。

过去 1 年个股与市场波动率比值

该指标衡量个股在过去一年中每日收益率标准差相对于沪深 300 指数的倍数。

在整体股票池中，各个十分位的年复合收益率、10 万元初始投资的最终结果、夏普比率和索提诺比率呈现几乎严格单调递减的趋势。因此，该指标区分股票优劣的有效性非常强。

整体股票的年复合收益率非常高，数值为 15.18%，远远高于上一节中的 9.97%，主要原因是，由于数据可得性，本节数据起点为 2005 年 1 月 31 日。由第 2 章的表 2－2 可知，该时间点非常接近 2005 年 5 月第 2 轮熊市的终点。经过长达 4 年的熊市，股票价格非常低，低价投资带来的年复合收益率非常高。实证结论说明，当别人以及全市场最恐慌时，一定记得像段永平所说的那样，来这里看一看，把所有能投资的钱全部投进来。此时是最佳投资时机。

年复合收益率最高的是第三分位，数值为 18.21%，最低的是第十分位，数值为 7.18%。投资 10 万元于第三分位的期末资产总值为 143.42 万元，是第十分位 30.14 万元的 4.76 倍。

虽然第三分位年复合收益率最高，但夏普比率和索提诺比率最高的却是第一分位，该分位的风险收益性价比是最高的。第十分位各项指标都最差。

简单来说，该指标越高，越不值得投资；指标越低，越值得投资。

在大盘股票池中，各个十分位的年复合收益率、10 万元初始投资的最终结果、夏普比率和索提诺比率呈现总体下降的趋势。因此，该指标在大盘股票池中的有效性较好。

年复合收益率最高的是第一分位，数值为15.47%，最低的是第十分位，数值为6.02%。投资10万元于第一分位的期末资产总值为98.69万元，是第十分位25.35万元的3.89倍。

第一分位各项指标都最优，第十分位各项指标都最差。

总体来看，无论是在整体股票池中，还是在大盘股票池中，该指标的有效性都比较强，我们应尽量选择该指标较低的股票，回避该指标较高的股票。

6个月波动率与1个月价格动量多因子与双因子模型

多因子模型

看过了波动率与价格动量单因子指标的测试结果，有人可能会好奇，如果把两个指标结合在一起，构建一个多因子模型，结果会如何呢？我们一起来看看。

从图14-8和表14-7可以看出，在整体股票池中，各个十分位的年复合收益率、10万元初始投资的最终结果、夏普比率和索提诺比率呈现严格单调递减的趋势。因此，该多因子模型区分股票优劣的有效性非常强。顺便说一句，构建选股模型的组件因子没有必要全是单因子，我们可以把多因子作为组件因子使用，比如说本节的多因子。

年复合收益率最高的是第一分位，数值为14.01%。仅仅考量了股票价格及其变动，没有考量股票质量、估值以及成长性等因素，该多因子模型能有如此优异的表现，实在出乎意料。年复合收益率最低的是第十分位，数值为5.18%。投资10万元于第一分位的期末资产总值为178.79万元，是第十分位30.36万元的5.89倍。

第一分位各项指标都最优，第十分位各项指标都最差。

因此，我们应尽量选择6个月波动率最低且1个月价格动量最高的股票，规避6个月波动率最高且1个月价格动量最低的股票。

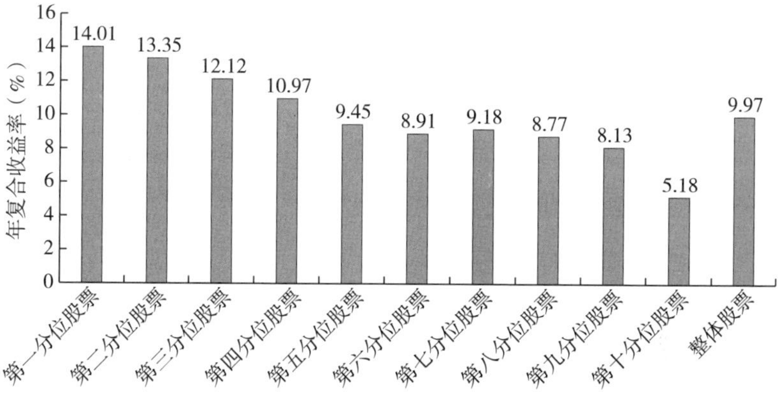

图14-8　整体股票池按6个月波动率与1个月价格动量多因子模型十分位法分组股票模拟组合的年复合收益率（1998/12/31~2020/12/31）

表14-7　整体股票池按6个月波动率与1个月价格动量多因子模型十分位法分组股票模拟组合的分析结果（1998/12/31~2020/12/31）

	10万元初始投资的最终结果（万元）	年复合收益率（%）	标准差（%）	下行标准差（%）	最大回撤（%）	夏普比率（无风险利率=5%）	索提诺比率（无风险利率=5%）
第一分位股票	178.79	14.01	28	17.21	-61.77	0.32	0.52
第二分位股票	157.52	13.35	29.73	18.07	-65.04	0.28	0.46
第三分位股票	123.81	12.12	30.65	18.59	-66.72	0.23	0.38
第四分位股票	98.65	10.97	30.99	18.61	-66.76	0.19	0.32
第五分位股票	72.89	9.45	31.65	18.69	-68.24	0.14	0.24
第六分位股票	65.4	8.91	32.06	18.73	-69.38	0.12	0.21
第七分位股票	69.06	9.18	32.55	18.91	-69.5	0.13	0.22
第八分位股票	63.56	8.77	33.09	19.19	-69.9	0.11	0.2

续表

	10万元初始投资的最终结果（万元）	年复合收益率（%）	标准差（%）	下行标准差（%）	最大回撤（%）	夏普比率（无风险利率=5%）	索提诺比率（无风险利率=5%）
第九分位股票	55.79	8.13	33.44	19.32	-71.26	0.09	0.16
第十分位股票	30.36	5.18	34.45	19.65	-74.32	0.01	0.01
整体股票	80.99	9.97	31.42	18.61	-67.62	0.16	0.27

从图14-9和表14-8可以看出，在大盘股票池中，各个十分位的年复合收益率、10万元初始投资的最终结果、夏普比率和索提诺比率呈现严格单调递减的趋势，因此，该多因子模型在大盘股票池中的有效性非常好。

年复合收益率最高的是第一分位，数值为12.6%，最低的是第十分位，数值为3.11%。投资10万元于第一分位的期末资产总值为136.14万元，是第十分位19.62万元的6.94倍。第一分位各项指标都最优，第十分位各项指标都最差。

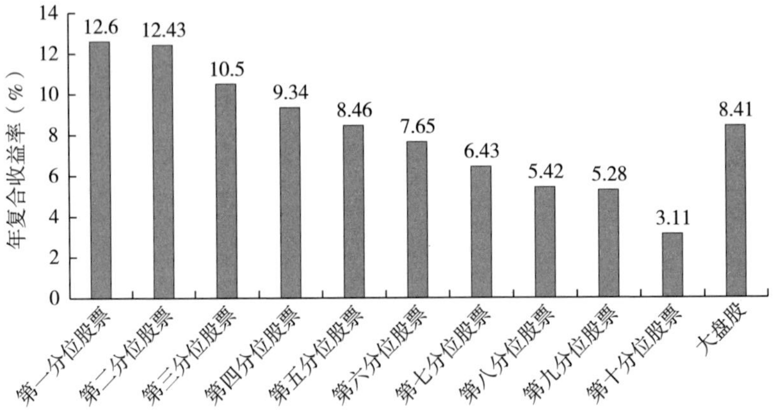

图14-9　大盘股票池按6个月波动率与1个月价格动量多因子模型十分位法分组股票模拟组合的年复合收益率（1998/12/31~2020/12/31）

表 14-8　大盘股票池按 6 个月波动率与 1 个月价格动量多因子模型十分位法分组股票模拟组合的分析结果（1998/12/31~2020/12/31）

	10 万元初始投资的最终结果（万元）	年复合收益率（%）	标准差（%）	下行标准差（%）	最大回撤（%）	夏普比率（无风险利率 =5%）	索提诺比率（无风险利率 =5%）
第一分位股票	136.14	12.6	26.11	15.39	-63.74	0.29	0.49
第二分位股票	131.53	12.43	27.13	16.03	-65.29	0.27	0.46
第三分位股票	90.03	10.5	27.36	16.42	-67.26	0.2	0.34
第四分位股票	71.24	9.34	28.02	17.2	-69.15	0.15	0.25
第五分位股票	59.73	8.46	28.52	18.03	-70.07	0.12	0.19
第六分位股票	50.63	7.65	29.17	18.35	-71.31	0.09	0.14
第七分位股票	39.39	6.43	29.94	18.74	-71.94	0.05	0.08
第八分位股票	31.96	5.42	30.58	19.11	-72.07	0.01	0.02
第九分位股票	31	5.28	31.9	19.94	-73.58	0.01	0.01
第十分位股票	19.62	3.11	33.18	20.38	-74.7	-0.06	-0.09
大盘股	59.1	8.41	28.61	17.88	-69.73	0.12	0.19

总体来看，无论是在整体股票池中，还是在大盘股票池中，该多因子模型的有效性都非常强。我们应尽量选择波动低、动量足的股票，规避波动高、动量不足的股票。

双因子模型

假如不通过多因子模型处理波动率与价格动量指标，而是通过双因子模型处理，会如何呢？我们一起来看看实证结果。

在整体股票池中，各个五分位的年复合收益率、10 万元初始投资的最终结果、夏普比率和索提诺比率呈现严格单调递减的趋势，因此，该双因子模型筛选股票的有效性非常强。

年复合收益率最高的是第一分位，数值为15.02%，高于多因子模型第一分位的14.01%；最低的是第五分位，数值为3.81%，低于多因子模型第十分位的5.18%。因此，双因子模型的有效性高于多因子模型。

投资10万元于第一分位的期末资产总值为217.1万元，是第五分位22.75万元的9.54倍。22年，9.54倍的差距，时间告诉我们，第五分位不值得投资，第一分位才值得投资。第一分位各项指标都最优，第五分位各项指标都最差。

在大盘股票池中，各个五分位的年复合收益率、10万元初始投资的最终结果、夏普比率和索提诺比率呈现严格单调递减的趋势，因此，该双因子模型在大盘股票池中的有效性非常强。

年复合收益率最高的是第一分位，数值为12.25%，最低的是第五分位，数值为2.29%。投资10万元于第一分位的期末资产总值为127.01万元，是第五分位16.46万元的7.72倍。

第一分位各项指标都最优，第五分位各项指标都最差。

总体来看，无论是在整体股票池中，还是在大盘股票池中，22年时间证明了一件事情，收益波动率较低、价格动量较高的股票值得关注，相反，收益波动率较高、价格动量较低的股票不但不值得花费精力去关注，还要尽早剔除出股票池，以免误选，导致投资收益率不高。

对投资者的启迪

1. 资产价格变化主要源自产业变迁的周期性变化。这种周期性变化每隔3~5年就会重复一次，主要包括新产业诞生、信用创造滋生泡沫、资本盛宴与价格狂欢、泡沫破裂与金融危机，以及群体恐慌性风险厌恶等5个阶段。

2. 我们经历过的“新经济”，包括自行车、汽车、铁路、收音机、电视机、电脑、互联网、移动互联网，以及现在的光伏和新能源汽车等。
3. 研究人员发现，在股票市场中，此前3~12个月中的盈利者与亏损者将在未来继续盈利或亏损，这种效应被称为动量效应。随着投资时间拉长，动量效应逐步演变为反转效应，过往盈利者将在未来亏损，亏损者将在未来盈利。
4. 研究人员发现，在股票市场中，股价波动率与未来价格走势负相关。这一点在中国股票市场中得到了极好的验证。
5. 在整体股票池中，1个月、3个月和6个月价格动量指标并没有表现出如学术研究中的近期越好则未来越好、近期越差则未来越差的特征，反而是近期越好或越差的在未来越差，近期适中的在未来越好。
6. 无论是在整体股票池中，还是在大盘股票池中，个股3年期收益率均表现出明显的反转效应。
7. 无论是多因子模型，还是双因子模型，都优于其成分中的6个月标准差和1个月价格动量单因子指标。

第15章

动手搭建自己专属的选股模型

简约是最终的成就。在一个人不断演奏了大量的音符之后，简约之美将会如皇冠般闪耀出现。

——肖邦

多因子模型的由来

1963 年，威廉·福赛斯·夏普发表了论文《一个投资组合分析的简化模型》，首次提出证券收益的市场因子模型。该模型简化了马科维茨最优均值方差投资组合的计算过程。该模型认为，单个证券所实现的超额收益与市场超额收益（市场风险溢价）存在线性关系。

模型表达式为 $r_i - r_f = \alpha_i + \beta_i *(r_M - r_f) + \varepsilon_i$，其中，$r_i$ 为单个证券的收益，该收益与无风险利率（r_f）的差额（$r_i - r_f$）可以分解为超额收益（α_i）、市场提供的收益，以及随机误差项（ε_i）；市场提供的收益又可分解为证券的系统性风险（β_i）和市场超额收益（$r_M - r_f$）。该模型后来演化为金融界耳熟能详的资本资产定价模型（CAPM）。

1966 年，在夏普的基础上，本杰明·金发表了论文《股价行为中的市场与行业因素》，该论文研究了 1929—1960 年 63 只来自多个行业的美国股票。金证实了股票收益与市场收益存在高度相关关系。此外，金还发现，行业因素也可用于解释股票收益。

1967 年，在金的基础上，卡尔曼·科恩和杰里·波格共同发表了论文《对两种投资组合选择模型的经验评价》，提出多因子模型，从而扩展了夏普的单因子市场模型。

但是，由于资本资产定价模型的巨大影响力，在多因子提出之后约 10 年的时间内，学术界认为影响股价波动的因素有很多，但只有一个因素也就是市场因子才能被定价，妄想用多种因素对股票进行定价的想法经常会被人看作异端。现在流行的多因子选股模型在 1970 年前后会被学术界看作异端中的异端。

虽然被学术界认为是异端，但仍有研究人员矢志不渝寻找其他影响股价波动的因素。学术界逐步发现，在多因子模型中，其他因子也可以被定价。1992 年，尤金·法玛和肯尼思·弗兰奇发表了论文《股票预期收益的横截面因素》，他们发现，贝塔、股票市值和账面市值比 3 个因素可以解释绝大部分的股票价格变动。1993 年，通过模拟市场风险、市值风险和账面市值比风险，他们构造了三因子模型，用于解释股票收益的变化。至此，多因子模型的江湖地位就此确立。2013 年，法玛和弗兰奇更进一步，在三因子模型的基础上加入了盈利水平风险（净资产收益率）和投资水平风险（总资产增长率），创建了五因子模型，该模型更加充分地解释了个股收益的来源。

相对于学术界的后知后觉，业界对于多因子的理解与应用要领先很多年。战胜赌场后建立对冲基金的爱德华·索普教授在其回忆录中表示，1970 年，他已经运用市盈率、市值、波动率等多个因子对股票收益率进行建模。在对冲基金中，索普教授率先在可转债套利策略中对期权进行多因子建模，确定期权的价格。布莱克和斯科尔斯于 1973 年发表了论文《期权定价与公司负债》，推导了布莱克－斯科尔斯期权定价公式，成为衍生品定价的经典文献，斯科尔斯由此获得诺贝尔经济学奖。

自己动手，把选股指标组合在一起

荷宝投资集团的杨・德・科宁认为，“单一的投资指标很难提供最佳解决方案”。本书一共研究了53个单因子和31个多因子，这都可以看作搭建多因子模型的组件因子。对组件因子的研究，构成了本书的基础研究。我把组件因子定义为具有投资价值的单因子或多因子指标，这些指标能够带来稳定的或正或负的超额收益。组件因子之所以重要，是因为它们不仅单独具有投资价值，而且可以与其他组件因子拼搭在一起构建复杂的选股模型，从而产生高额且稳定的超额收益。就像搭积木一样，我们可以将单个组件搭建成雄伟高大的各种建筑。多因子模型也一样，只要你有灵感，想用我提供的53个单因子和31个多因子组件拼搭心仪的模型，动手做就行了。

有时候，组件因子前几分位的表现远远好于后几分位，这一点告诉我们应该买什么；有时候，组件因子后几分位的负差额超过前几分位的正超额收益，这一点告诉我们应该避免什么。有时候，组件因子相关系数非常小，简单多因子模型就能产生较大超额收益，我们不需要“画蛇添足”来增加模型的复杂性；有时候，组件因子相关系数非常大，可能导致我们选择出过于相关或类似的股票，在这种情况下，提升模型复杂性并不一定能增加超额收益，甚至可能引发风险共振，增大风险但降低超额收益。通过观察不同因子的特点，我们可以看出哪些因子是强有效的，哪些因子是密切相关的，哪些因子是相互独立的。在密切相关因子中，我们挑选有效性最强的，或者把密切相关因子构建成综合指标。我们把相互独立的因子组合在一起，让其各自优势最大化，构成强大的多因子模型，带来更多的超额收益和更强的稳定性。

本章着眼于演示选股模型的搭建逻辑和过程，除了演示简单二因子和三因子模型，还演示如何构建更强大的多因子模型，并以乔尔·格林布拉特的神奇公式为例，演示如何加入组件因子使得神奇公式在中国股票市场更加强大。本章测试的模型都很出色，我不只是列举出它们，还会告诉你，模型搭建的内在逻辑，你也可以在我的思路上更进一步，自由拼搭组件因子。

本书对于指标的选择和测试只是一个序曲，提供了基本面指标研究的起点。看完所有指标表现后，你完全可以自主决定如何构建选股模型，并把模型应用到股票投资与获取收益上。

用 2 个选股指标搭建模型的范例

资本回报率与估值

在单因子测试中，这两个组件因子都很强，并且相互独立。它们一个衡量股票的盈利性，一个衡量股票贵还是便宜。把这两个因子组合在一起，代表的意义是：第一，投资者选择的股票能够利用现有资源创造高额的经济效益；第二，投资者不会为这只股票的创造能力支付过高的价格。

我们选用投入资本回报率与市销率构建模型。该模型选出这两个指标较优的股票，然后按照综合得分选出前 20 只或 40 只股票。本章都采用这种方法。

从表 15－1、表 15－2 和表 15－3 可以看出，投资 10 万元于 20 只股票的期末资产总值为 140.75 万元，40 只股票为 160.35 万元，都高于整体股票的 80.99 万元。20 只股票的总增长率为 1307.54%，是整体股票的 1.8 倍。40 只股票的总增长率为 1503.51%，是整体股票的 2.1 倍。

20只股票的年复合收益率为12.77%，40只股票为13.44%，都高于整体股票。二者的标准差和下行标准差都低于整体股票，夏普比率和索提诺比率都高于整体股票。随着投资时间的增长，二者战胜整体股票的概率不断提升。

表15-1 投入资本回报率与市销率模型20只、40只和整体股票模拟组合的基本统计数据（1998/12/31~2020/12/31）

	20只股票	40只股票	整体股票
总的投资期数（月）	264	264	264
总的投资时长（年）	22	22	22
10万元初始投资的最终结果（万元）	140.75	160.35	80.99
期间总的增长率（%）	1307.54	1503.51	709.94
简单算术平均值（%）	59.43	68.34	32.27
算术平均值（%）	16.38	16.93	14.40
几何平均值（%）	12.77	13.44	9.97
中位数（%）	7.45	10.95	7.45
标准差（%）	29.70	29.44	31.42
上行标准差（%）	22.83	21.81	23.03
下行标准差（%）	17.49	17.83	18.61
跟踪误差（%）	11.89	9.62	0.00
收益为正的投资期数（月）	147	148	140
收益为负的投资期数（月）	117	116	124
最大回撤（%）	-67.07	-68.15	-67.62
相对于基准的Beta值	0.98	1.02	1
T统计量（mean=0）	2.59	2.7	2.15
夏普比率（无风险利率=5%）	0.26	0.29	0.16

续表

	20 只股票	40 只股票	整体股票
索提诺比率（无风险利率 =5%）	0.44	0.47	0.27
1 年期最低收益（%）	-64.38	-65.15	-64.31
1 年期最高收益（%）	364.69	329.80	250.61
3 年期最低收益（%）	-14.18	-9.96	-22.83
3 年期最高收益（%）	81.11	85.74	72.41
5 年期最低收益（%）	-7.66	-7.86	-17.79
5 年期最高收益（%）	58.66	55.97	46.22
7 年期最低收益（%）	0.48	1.44	-3.05
7 年期最高收益（%）	35.65	34.51	28.58
10 年期最低收益（%）	1.33	3.90	3.25
10 年期最高收益（%）	30.20	32.55	32.41
最差情景预期收益（1 年期）（%）	-28.18	-27.23	-32.73
最优情景预期收益（1 年期）（%）	60.93	61.10	61.52

表 15-2　20 只股票模拟组合滚动投资 1、3、5、7 和 10 年期年复合收益率战胜整体股票的期数和占比

	总的投资期数	20 只股票战胜整体股票的期数	占比（%）	年平均超额收益率（%）
滚动 1 年期	253	154	61	3.53
滚动 3 年期	229	173	76	3.98
滚动 5 年期	205	149	73	4.13
滚动 7 年期	181	103	57	3.6
滚动 10 年期	145	116	80	3.72

表 15－3　40 只股票模拟组合滚动投资 1、3、5、7 和 10 年期年复合收益率战胜整体股票的期数和占比

	总的投资期数	40 只股票战胜整体股票的期数	占比（%）	年平均超额收益率（%）
滚动 1 年期	253	163	64	3.73
滚动 3 年期	229	172	75	4.73
滚动 5 年期	205	159	78	4.9
滚动 7 年期	181	148	82	4.5
滚动 10 年期	145	139	96	4.38

估值与成长性

估值和成长性也是相互独立的。成长性表明企业收入或现金流的增长能力，估值确保投资者不会为该增长支付过高的价格。这就是公募基金常用的合理价格的增长（Growth at a Reasonable Price，简写为 GARP）投资策略。我们选用市盈率与净利润增长率构建该模型。

从表 15－4、表 15－5 和表 15－6 可以看出，投资 10 万元于 20 只股票的期末资产总值为 143.45 万元，40 只股票为 146.11 万元，远远高于整体股票的 80.99 万元。20 只股票的总增长率为 1334.48%，是整体股票的 1.9 倍；40 只股票的总增长率为 1361.06%，也是整体股票的 1.9 倍。

二者的年复合收益率相差不大，分别为 12.87% 和 12.96%，都大于整体股票的 9.97%。20 只股票投资收益为正的期数为 154 期，40 只股票为 151 期，都超过了整体股票的 140 期。随着投资时间的延长，二者战胜整体股票的概率不断提升。

总体来看，市盈率与净利润增长率模型的选股能力还不错。菲利普·费雪认为，评估企业成长很具有艺术性。是的，成长性很难被建

模，如果我们能够更加有效地对成长性建模，那么该选股模型的能力将进一步增强。

表 15－4 市盈率与净利润增长率模型20只、40只和整体股票模拟组合的基本统计数据（1998/12/31~2020/12/31）

	20只股票	40只股票	整体股票
总的投资期数（月）	264	264	264
总的投资时长（年）	22	22	22
10万元初始投资的最终结果（万元）	143.45	146.11	80.99
期间总的增长率（%）	1334.48	1361.06	709.94
简单算术平均值（%）	60.66	61.87	32.27
算术平均值（%）	16.46	16.39	14.40
几何平均值（%）	12.87	12.96	9.97
中位数（%）	13.05	10.88	7.45
标准差（%）	29.73	29.18	31.42
上行标准差（%）	23.12	22.46	23.03
下行标准差（%）	17.21	16.95	18.61
跟踪误差（%）	14.60	12.14	0.00
收益为正的投资期数（月）	154	151	140
收益为负的投资期数（月）	110	113	124
最大回撤（%）	-63.89	-63.57	-67.62
相对于基准的Beta值	0.94	0.99	1
T统计量（mean=0）	2.6	2.63	2.15
夏普比率（无风险利率=5%）	0.26	0.27	0.16

续表

	20 只股票	40 只股票	整体股票
索提诺比率（无风险利率 =5%）	0.46	0.47	0.27
1 年期最低收益（%）	-60.12	-60.16	-64.31
1 年期最高收益（%）	291.74	280.64	250.61
3 年期最低收益（%）	-13.71	-12.39	-22.83
3 年期最高收益（%）	79.12	79.12	72.41
5 年期最低收益（%）	-8.69	-9.12	-17.79
5 年期最高收益（%）	45.94	48.51	46.22
7 年期最低收益（%）	-1.42	0.51	-3.05
7 年期最高收益（%）	30.52	31.34	28.58
10 年期最低收益（%）	6.25	6.00	3.25
10 年期最高收益（%）	29.08	31.19	32.41
最差情景预期收益（1 年期）（%）	-28.13	-27.38	-32.73
最优情景预期收益（1 年期）（%）	61.05	60.16	61.52

表 15-5　20 只股票模拟组合滚动投资 1、3、5、7 和 10 年期年复合收益率战胜整体股票的期数和占比

	总的投资期数	20 只股票战胜整体股票的期数	占比（%）	年平均超额收益率（%）
滚动 1 年期	253	145	57	2.76
滚动 3 年期	229	145	63	4.46
滚动 5 年期	205	140	68	4.22
滚动 7 年期	181	129	71	3.38
滚动 10 年期	145	114	79	2.76

表 15 -6　40 只股票模拟组合滚动投资 1、3、5、7 和 10 年期年复合收益率战胜整体股票的期数和占比

	总的投资期数	40 只股票战胜整体股票的期数	占比（%）	年平均超额收益率（%）
滚动 1 年期	253	158	62	2. 86
滚动 3 年期	229	157	69	4. 62
滚动 5 年期	205	161	79	4. 6
滚动 7 年期	181	147	81	3. 99
滚动 10 年期	145	136	94	3. 61

资本结构与估值

资本结构越好，资产质量越好，高资产质量决定了高未来收益。估值因子确保投资者不会为企业的这种高质量付出过高的代价。我们选用资产现金回收率与企业价值比销售额构建该模型。

从表 15 -7、表 15 -8 和表 15 -9 可以看出，投资 10 万元于 20 只股票的期末资产总值为 226. 68 万元，40 只股票为 214. 81 万元，都远远超过整体股票的 78. 99 万元。20 只股票的总增长率为 2166. 76%，是整体股票的 3. 1 倍；40 只股票的总增长率为 2048. 08%，是整体股票的 3 倍。

20 只股票的年复合收益率为 15. 43%，40 只股票为 15. 14%，远远超过整体股票的 9. 97%。随着投资时间的增加，二者战胜整体股票的概率不断增加。在滚动投资 10 年期的 142 个观察期中，二者全部跑赢整体股票。

总体来看，资产现金回收率与企业价值比销售额模型的选股能力非常强，简单模型就可以达到专业机构级别的筛选能力。有时候，当指标性能相互补充时，模型越简单，选股能力越强。反之，当指标性能相互冲销时，模型越复杂，选股能力反倒越差。

表 15 -7　资产现金回收率与企业价值比销售额模型 20 只、40 只和整体股票模拟组合的基本统计数据（1999/03/31~2020/12/31）

	20 只股票	40 只股票	整体股票
总的投资期数（月）	261	261	261
总的投资时长（年）	21.75	21.75	21.75
10 万元初始投资的最终结果（万元）	226.68	214.81	78.99
期间总的增长率（%）	2166.76	2048.08	689.90
简单算术平均值（%）	99.62	94.16	31.72
算术平均值（%）	18.90	18.49	14.43
几何平均值（%）	15.43	15.14	9.97
中位数（%）	13.46	12.20	8.38
标准差（%）	30.23	29.67	31.54
上行标准差（%）	22.39	21.97	23.13
下行标准差（%）	18.04	17.85	18.68
跟踪误差（%）	10.20	9.10	0.00
收益为正的投资期数（月）	149	152	139
收益为负的投资期数（月）	112	109	122
最大回撤（%）	-67.21	-66.16	-67.62
相对于基准的 Beta 值	0.99	1.02	1
T 统计量（mean =0）	2.92	2.91	2.13
夏普比率（无风险利率 =5%）	0.35	0.34	0.16
索提诺比率（无风险利率 =5%）	0.58	0.57	0.27
1 年期最低收益（%）	-64.17	-62.63	-64.31
1 年期最高收益（%）	323.27	304.53	250.61
3 年期最低收益（%）	-13.38	-12.46	-22.83
3 年期最高收益（%）	91.64	89.83	72.41
5 年期最低收益（%）	-10.23	-9.22	-17.79
5 年期最高收益（%）	56.49	55.17	46.22
7 年期最低收益（%）	2.99	2.96	-1.44

续表

	20 只股票	40 只股票	整体股票
7 年期最高收益（%）	34.15	33.34	28.58
10 年期最低收益（%）	6.35	5.87	3.25
10 年期最高收益（%）	35.74	35.24	32.41
最差情景预期收益（1 年期）（%）	-26.44	-26.02	-32.89
最优情景预期收益（1 年期）（%）	64.24	63.00	61.74

表 15-8　20 只股票模拟组合滚动投资 1、3、5、7 和 10 年期年复合收益率战胜整体股票的期数和占比

	总的投资期数	20 只股票战胜整体股票的期数	占比（%）	年平均超额收益率（%）
滚动 1 年期	250	175	70	6.34
滚动 3 年期	226	192	85	6.22
滚动 5 年期	202	177	88	5.98
滚动 7 年期	178	170	96	5.65
滚动 10 年期	142	142	100	5.4

表 15-9　40 只股票模拟组合滚动投资 1、3、5、7 和 10 年期年复合收益率战胜整体股票的期数和占比

	总的投资期数	40 只股票战胜整体股票的期数	占比（%）	年平均超额收益率（%）
滚动 1 年期	250	180	72	5.45
滚动 3 年期	226	187	83	5.89
滚动 5 年期	202	175	87	5.72
滚动 7 年期	178	170	96	5.39
滚动 10 年期	142	142	100	5.08

估值与波动率

估值能告诉我们哪些股票是便宜的，但不会告诉我们市场的预期如何。波动率提供了一种方法，告诉我们市场对该股票是否有分歧。市场分歧越小，波动率越小；市场分歧越大，波动率越大。两个因子结合在一起，投资者买到了市场分歧小且价格便宜的股票。我们选用市净率与6个月波动率构建模型。

从表15-10、表15-11和表15-12可以看出，投资10万元于20只股票的期末资产总值为222.52万元，40只股票为213.11万元，都远远大于整体股票的80.99万元。20只股票的总增长率为2125.23%，是整体股票的3倍；40只股票的总增长率为2031.05%，是整体股票的2.9倍。

20只股票的年复合收益率为15.14%，40只股票为14.92%，都大于整体股票的9.97%。随着投资时间的延长，二者战胜整体股票的概率不断上升。

这又是一个结构简单但选股能力不简单的模型，效果非常好。总体来看，市净率与6个月波动率模型的选股能力非常强，值得拥有。

表15-10 市净率与6个月波动率模型20只、40只和整体股票模拟组合的基本统计数据（1998/12/31~2020/12/31）

	20只股票	40只股票	整体股票
总的投资期数（月）	264	264	264
总的投资时长（年）	22	22	22
10万元初始投资的最终结果（万元）	222.52	213.11	80.99
期间总的增长率（%）	2125.23	2031.05	709.94
简单算术平均值（%）	96.60	92.32	32.27
算术平均值（%）	18.21	18.05	14.40

续表

	20 只股票	40 只股票	整体股票
几何平均值（%）	15.14	14.92	9.97
中位数（%）	9.20	12.64	7.45
标准差（%）	29.03	29.13	31.42
上行标准差（%）	23.75	23.46	23.03
下行标准差（%）	15.82	16.37	18.61
跟踪误差（%）	15.57	14.15	0.00
收益为正的投资期数（月）	144	144	140
收益为负的投资期数（月）	120	120	124
最大回撤（%）	-59.23	-60.25	-67.62
相对于基准的 Beta 值	0.94	0.96	1
T 统计量（mean =0）	2.94	2.91	2.15
夏普比率（无风险利率 =5%）	0.35	0.34	0.16
索提诺比率（无风险利率 =5%）	0.64	0.61	0.27
1 年期最低收益（%）	-54.27	-54.58	-64.31
1 年期最高收益（%）	303.92	302.96	250.61
3 年期最低收益（%）	-13.29	-11.89	-22.83
3 年期最高收益（%）	84.41	86.14	72.41
5 年期最低收益（%）	-7.23	-8.14	-17.79
5 年期最高收益（%）	48.39	50.25	46.22
7 年期最低收益（%）	-1.29	-0.54	-3.05
7 年期最高收益（%）	32.62	32.50	28.58
10 年期最低收益（%）	6.86	6.08	3.25
10 年期最高收益（%）	32.52	33.24	32.41
最差情景预期收益（1 年期）（%）	-25.34	-25.64	-32.73
最优情景预期收益（1 年期）（%）	61.76	61.74	61.52

表 15-11 20只股票模拟组合滚动投资1、3、5、7和10年期年复合收益率战胜整体股票的期数和占比

	总的投资期数	20只股票战胜整体股票的期数	占比(%)	年平均超额收益率(%)
滚动1年期	253	167	66	5.77
滚动3年期	229	164	72	6.9
滚动5年期	205	167	81	6.54
滚动7年期	181	139	77	5.48
滚动10年期	145	138	95	4.58

表 15-12 40只股票模拟组合滚动投资1、3、5、7和10年期年复合收益率战胜整体股票的期数和占比

	总的投资期数	40只股票战胜整体股票的期数	占比(%)	年平均超额收益率(%)
滚动1年期	253	169	67	5.5
滚动3年期	229	163	71	6.47
滚动5年期	205	176	86	6.16
滚动7年期	181	145	80	5.3
滚动10年期	145	143	99	4.6

估值与估值

估值是最强的单因子指标，每个单因子指标各有其优劣，把两个指标综合在一起，可以优势互补，改进单因子指标的选股效果。比如说，把企业价值比销售额与市盈率结合在一起，考量了企业价值、销售额、股价与净利润共4种要素，投资者买到了企业价值比销售额较低且市盈率较低的股票。

从表 15－13、表 15－14 和表 15－15 可以看出，投资 10 万元于 20 只股票的期末资产总值为 179.95 万元，40 只股票为 168.63 万元，高于整体股票的 80.99 万元。20 只股票的总增长率为 1699.55%，是整体股票的 2.4 倍；40 只股票的总增长率为 1586.33%，是整体股票的 2.2 倍。

20 只股票的年复合收益率为 14.04%，40 只股票为 13.70%，都高于整体股票的 9.97%。随着投资时间的增加，二者战胜整体股票的概率不断上升。

总体来看，企业价值比销售额与市盈率结合在一起，显著提升了单个指标的选股能力。这是两个优势互补的指标，相对于企业价值比销售额，该模型还考量了股价和净利润；相对于市盈率，该模型还考量了含债权的企业价值和销售收入。

表 15－13　企业价值比销售额与市盈率模型 20 只、40 只和整体股票模拟组合的基本统计数据（1998/12/31~2020/12/31）

	20 只股票	40 只股票	整体股票
总的投资期数（月）	264	264	264
总的投资时长（年）	22	22	22
10 万元初始投资的最终结果（万元）	179.95	168.63	80.99
期间总的增长率（%）	1699.55	1586.33	709.94
简单算术平均值（%）	77.25	72.11	32.27
算术平均值（%）	18.48	17.84	14.40
几何平均值（%）	14.04	13.70	9.97
中位数（%）	7.31	11.93	7.45
标准差（%）	32.88	31.71	31.42
上行标准差（%）	25.49	23.70	23.03
下行标准差（%）	19.31	18.87	18.61
跟踪误差（%）	16.25	14.10	0.00

续表

	20只股票	40只股票	整体股票
收益为正的投资期数（月）	144	145	140
收益为负的投资期数（月）	120	119	124
最大回撤（%）	-72.73	-71.57	-67.62
相对于基准的Beta值	0.83	0.89	1
T统计量（mean=0）	2.64	2.64	2.15
夏普比率（无风险利率=5%）	0.27	0.27	0.16
索提诺比率（无风险利率=5%）	0.47	0.46	0.27
1年期最低收益（%）	-70.48	-68.98	-64.31
1年期最高收益（%）	440.15	386.73	250.61
3年期最低收益（%）	-10.13	-10.87	-22.83
3年期最高收益（%）	85.71	84.98	72.41
5年期最低收益（%）	-8.78	-8.55	-17.79
5年期最高收益（%）	51.70	52.02	46.22
7年期最低收益（%）	-2.41	-1.47	-3.05
7年期最高收益（%）	31.44	30.48	28.58
10年期最低收益（%）	6.16	5.66	3.25
10年期最高收益（%）	32.34	32.12	32.41
最差情景预期收益（1年期）（%）	-30.85	-29.73	-32.73
最优情景预期收益（1年期）（%）	67.80	65.41	61.52

表15-14　20只股票模拟组合滚动投资1、3、5、7和10年期年复合收益率战胜整体股票的期数和占比

	总的投资期数	20只股票战胜整体股票的期数	占比（%）	年平均超额收益率（%）
滚动1年期	253	147	58	6.75
滚动3年期	229	168	73	5.78
滚动5年期	205	167	81	5.6
滚动7年期	181	150	83	4.8
滚动10年期	145	141	97	4.28

表 15－15　40 只股票模拟组合滚动投资 1、3、5、7 和 10 年期年复合收益率战胜整体股票的期数和占比

	总的投资期数	40 只股票战胜整体股票的期数	占比（%）	年平均超额收益率（%）
滚动 1 年期	253	146	58	5.34
滚动 3 年期	229	170	74	5.02
滚动 5 年期	205	159	78	4.86
滚动 7 年期	181	147	81	4.15
滚动 10 年期	145	141	97	3.76

偿债能力与资本回报率

把现金流动负债比与净资产收益率两个指标放在一起，我们选出了偿债能力较强、流动性风险或者破产风险低，并且创造经济效益能力较强的股票。

从表 15－16、表 15－17 和表 15－18 可以看出，投资 10 万元于 20 只股票的期末资产总值为 171.84 万元，40 只股票为 163.11 万元，都超过了整体股票的 78.99 万元。20 只股票的总增长率为 1618.39%，是整体股票的 2.3 倍；40 只股票的总增长率为 1531.09%，是整体股票的 2.2 倍。即便不考虑价格或估值，也能达到这么好的投资效果，实在超出了预期。

20 只股票的年复合收益率为 13.97%，40 只为 13.70%，都高于整体股票的 9.97%。随着投资时间的增加，二者战胜整体股票的概率不断提升。

总体来看，虽然没有考虑价格或估值，但是现金流动负债比与净资产收益率模型依然展示了优秀的选股能力。如果考虑到价格或估值，该模型将如虎添翼。

表 15－16　现金流动负债比与净资产收益率模型 20 只、40 只和整体股票模拟组合的基本统计数据（1999/03/31~2020/12/31）

	20 只股票	40 只股票	整体股票
总的投资期数（月）	261	261	261
总的投资时长（年）	21.75	21.75	21.75
10 万元初始投资的最终结果（万元）	171.84	163.11	78.99
期间总的增长率（%）	1618.39	1531.09	689.90
简单算术平均值（%）	74.41	70.39	31.72
算术平均值（%）	17.38	17.19	14.43
几何平均值（%）	13.97	13.70	9.97
中位数（%）	17.03	18.71	8.38
标准差（%）	29.18	29.34	31.54
上行标准差（%）	20.43	20.70	23.13
下行标准差（%）	19.29	19.19	18.68
跟踪误差（%）	13.63	11.85	0.00
收益为正的投资期数（月）	148	148	139
收益为负的投资期数（月）	113	113	122
最大回撤（%）	-66.88	-70.22	-67.62
相对于基准的 Beta 值	0.98	1	1
T 统计量（mean = 0）	2.78	2.73	2.13
夏普比率（无风险利率 = 5%）	0.31	0.3	0.16
索提诺比率（无风险利率 = 5%）	0.46	0.45	0.27
1 年期最低收益（%）	-66.28	-68.67	-64.31
1 年期最高收益（%）	310.56	342.87	250.61
3 年期最低收益（%）	-11.48	-10.83	-22.83
3 年期最高收益（%）	80.56	82.94	72.41
5 年期最低收益（%）	-10.11	-9.49	-17.79
5 年期最高收益（%）	48.53	49.32	46.22
7 年期最低收益（%）	1.10	-0.22	-1.44

续表

	20只股票	40只股票	整体股票
7年期最高收益（%）	28.39	29.21	28.58
10年期最低收益（%）	4.42	3.59	3.25
10年期最高收益（%）	30.16	30.14	32.41
最差情景预期收益（1年期）（%）	-26.39	-26.82	-32.89
最优情景预期收益（1年期）（%）	61.16	61.19	61.74

表15-17　20只股票模拟组合滚动投资1、3、5、7和10年期年复合收益率战胜整体股票的期数和占比

	总的投资期数	20只股票战胜整体股票的期数	占比（%）	年平均超额收益率（%）
滚动1年期	250	153	61	2.93
滚动3年期	226	146	65	3.85
滚动5年期	202	133	66	3.42
滚动7年期	178	134	75	2.87
滚动10年期	142	107	75	2.48

表15-18　40只股票模拟组合滚动投资1、3、5、7和10年期年复合收益率战胜整体股票的期数和占比

	总的投资期数	40只股票战胜整体股票的期数	占比（%）	年平均超额收益率（%）
滚动1年期	250	149	60	3.33
滚动3年期	226	152	67	3.68
滚动5年期	202	137	68	3.3
滚动7年期	178	132	74	2.77
滚动10年期	142	104	73	2.4

资本回报率与波动率

把净资产收益率与6个月波动率放在一起，我们选出了创造经济效益能力较强，并且未来股价预期分歧不大的股票。

从表15－19、表15－20和表15－21可以看出，投资10万元于20只股票的期末资产总值为310.15万元，40只股票为286.61万元，都高于整体股票的80.99万元。20只股票的总增长率为3001.55%，是整体股票的4.2倍；40只股票的总增长率为2766.11%，是整体股票的3.9倍。两个简单因子就能构建如此之强的模型，真是令人兴奋。如果可以，投资者应该把该模型或者组件因子加入自己的选股模型中。

假定未来我们还能经历两个这样的22年，那么1998年年底投资10万元于20只股票的期末资产总值为29.83亿元，40只股票为23.50亿元。相对较高的投资收益率，拉长的投资时间，让我们看到了复利的魔力。正因为看到了这样的数字并深受冲击，我所有的个人投资都是以10年为单位进行思考和布局的。

20只股票的年复合收益率为16.90%，40只为16.48%，都高于整体股票的9.97%。随着投资时间的增加，二者战胜整体股票的概率迅速增长。

这样一个结构简单但选股能力不简单的模型，投资者值得拥有。

表15－19　净资产收益率与6个月波动率模型20只、40只和整体股票模拟组合的基本统计数据（1998/12/31~2020/12/31）

	20只股票	40只股票	整体股票
总的投资期数（月）	264	264	264
总的投资时长（年）	22	22	22
10万元初始投资的最终结果（万元）	310.15	286.61	80.99
期间总的增长率（%）	3001.55	2766.11	709.94

续表

	20 只股票	40 只股票	整体股票
简单算术平均值（%）	136.43	125.73	32.27
算术平均值（%）	18.81	18.46	14.40
几何平均值（%）	16.90	16.48	9.97
中位数（%）	10.33	11.75	7.45
标准差（%）	25.46	25.48	31.42
上行标准差（%）	20.97	20.54	23.03
下行标准差（%）	14.10	14.44	18.61
跟踪误差（%）	15.45	13.86	0.00
收益为正的投资期数（月）	148	154	140
收益为负的投资期数（月）	116	110	124
最大回撤（%）	-55.97	-57.63	-67.62
相对于基准的 Beta 值	1.08	1.11	1
T 统计量（mean =0）	3.47	3.4	2.15
夏普比率（无风险利率 =5%）	0.47	0.45	0.16
索提诺比率（无风险利率 =5%）	0.84	0.8	0.27
1 年期最低收益（%）	-52.99	-54.94	-64.31
1 年期最高收益（%）	330.19	301.66	250.61
3 年期最低收益（%）	-11.52	-10.46	-22.83
3 年期最高收益（%）	90.11	85.01	72.41
5 年期最低收益（%）	-8.08	-7.04	-17.79
5 年期最高收益（%）	53.72	50.74	46.22
7 年期最低收益（%）	3.72	4.60	-3.05
7 年期最高收益（%）	34.29	33.04	28.58
10 年期最低收益（%）	11.17	9.98	3.25
10 年期最高收益（%）	35.86	34.05	32.41
最差情景预期收益（1 年期）（%）	-19.38	-19.76	-32.73
最优情景预期收益（1 年期）（%）	57.00	56.69	61.52

表 15 -20　20 只股票模拟组合滚动投资 1、3、5、7 和 10 年期年复合收益率战胜整体股票的期数和占比

	总的投资期数	20 只股票战胜整体股票的期数	占比（%）	年平均超额收益率（%）
滚动 1 年期	253	170	67	6.04
滚动 3 年期	229	202	88	8.39
滚动 5 年期	205	205	100	8.5
滚动 7 年期	181	178	98	8.16
滚动 10 年期	145	145	100	7.88

表 15 -21　40 只股票模拟组合滚动投资 1、3、5、7 和 10 年期年复合收益率战胜整体股票的期数和占比

	总的投资期数	40 只股票战胜整体股票的期数	占比（%）	年平均超额收益率（%）
滚动 1 年期	253	167	66	4.91
滚动 3 年期	229	199	87	7.26
滚动 5 年期	205	198	97	7.41
滚动 7 年期	181	174	96	6.99
滚动 10 年期	145	145	100	6.62

用 3 个选股指标搭建模型的范例

资本回报率、估值与动量

看完双因子模型，我们来看三因子模型。把资本回报率、估值与动量中最具代表性的 3 个指标放在一起，我们筛选出创造经济效益能力较强、估值相对便宜、近期被投资者追捧、未来价格走势较

好的股票。

从表15－22、表15－23和表15－24可以看出，投资10万元于20只股票的期末资产总值为253.3万元，40只股票为180.32万元，都高于整体股票的80.99万元。20只股票的总增长率为2433.02%，是整体股票的3.4倍；40只股票的总增长率为1703.19%，是整体股票的2.4倍。

20只股票的年复合收益率为15.82%，40只股票为14.05%，都高于整体股票的9.97%。随着投资时间的增加，二者战胜整体股票的概率不断提升。

总体来看，净资产收益率、市销率与3个月价格动量三因子模型的表现不错，为投资者带来了较高的投资回报。

表15－22　净资产收益率、市销率与3个月价格动量模型20只、40只和整体股票模拟组合的基本统计数据（1998/12/31~2020/12/31）

	20只股票	40只股票	整体股票
总的投资期数（月）	264	264	264
总的投资时长（年）	22	22	22
10万元初始投资的最终结果（万元）	253.3	180.32	80.99
期间总的增长率（%）	2433.02	1703.19	709.94
简单算术平均值（%）	110.59	77.42	32.27
算术平均值（%）	19.19	17.62	14.40
几何平均值（%）	15.82	14.05	9.97
中位数（%）	14.57	14.47	7.45
标准差（%）	29.92	29.89	31.42
上行标准差（%）	22.04	21.84	23.03
下行标准差（%）	18.47	18.55	18.61
跟踪误差（%）	12.78	11.07	0.00
收益为正的投资期数（月）	156	153	140

续表

	20 只股票	40 只股票	整体股票
收益为负的投资期数（月）	108	111	124
最大回撤（%）	-71.76	-70.84	-67.62
相对于基准的 Beta 值	0.96	0.98	1
T 统计量（mean = 0）	3.01	2.77	2.15
夏普比率（无风险利率 = 5%）	0.36	0.3	0.16
索提诺比率（无风险利率 = 5%）	0.59	0.49	0.27
1 年期最低收益（%）	-69.46	-68.20	-64.31
1 年期最高收益（%）	394.45	334.84	250.61
3 年期最低收益（%）	-9.52	-11.31	-22.83
3 年期最高收益（%）	94.97	89.78	72.41
5 年期最低收益（%）	-6.52	-8.89	-17.79
5 年期最高收益（%）	58.33	53.54	46.22
7 年期最低收益（%）	0.52	-0.12	-3.05
7 年期最高收益（%）	36.69	32.82	28.58
10 年期最低收益（%）	6.25	5.64	3.25
10 年期最高收益（%）	35.13	33.69	32.41
最差情景预期收益（1 年期）（%）	-25.70	-27.20	-32.73
最优情景预期收益（1 年期）（%）	64.08	62.45	61.52

表 15-23　20 只股票模拟组合滚动投资 1、3、5、7 和 10 年期年复合收益率战胜整体股票的期数和占比

	总的投资期数	20 只股票战胜整体股票的期数	占比（%）	年平均超额收益率（%）
滚动 1 年期	253	160	63	7.82
滚动 3 年期	229	183	80	7.23
滚动 5 年期	205	173	84	7.31
滚动 7 年期	181	171	94	6.79
滚动 10 年期	145	145	100	6.36

表 15 -24　40 只股票模拟组合滚动投资 1、3、5、7 和 10 年期年复合收益率战胜整体股票的期数和占比

	总的投资期数	40 只股票战胜整体股票的期数	占比（%）	年平均超额收益率（%）
滚动 1 年期	253	149	59	4.98
滚动 3 年期	229	171	75	5.15
滚动 5 年期	205	160	78	5.1
滚动 7 年期	181	150	83	4.63
滚动 10 年期	145	141	97	4.15

估值、成长性与资本回报率

把企业价值比销售额、营业利润增长率与投入资本回报率这 3 个指标放在一起，我们筛选出估值相对便宜、企业增长速度较快、创造效益能力较强的股票。

从表 15 -25、表 15 -26 和表 15 -27 可以看出，投资 10 万元于 20 只股票的期末资产总值为 163.79 万元，40 只股票为 137.4 万元，都高于整体股票的 80.99 万元。20 只股票的总增长率为 1537.94%，是整体股票的 2.2 倍；40 只股票的总增长率为 1274.04%，是整体股票的 1.8 倍。

20 只股票的年复合收益率为 13.55%，40 只股票为 12.65%，都高于整体股票的 9.97%。随着投资时间的增加，二者战胜整体股票的概率不断提升。

总体而言，企业价值比销售额、营业利润增长率与投入资本回报率模型的选股效果不错。这里采用年度营业利润增长率衡量成长性，如果能找到更好地反映企业成长性的方法，该模型的表现将更进一步。

表 15-25 企业价值比销售额、营业利润增长率与投入资本回报率模型 20 只、40 只和整体股票模拟组合的基本统计数据（1998/12/31～2020/12/31）

	20 只股票	40 只股票	整体股票
总的投资期数（月）	264	264	264
总的投资时长（年）	22	22	22
10 万元初始投资的最终结果（万元）	163.79	137.4	80.99
期间总的增长率（%）	1537.94	1274.04	709.94
简单算术平均值（%）	69.91	57.91	32.27
算术平均值（%）	17.20	16.30	14.40
几何平均值（%）	13.55	12.65	9.97
中位数（%）	10.64	10.93	7.45
标准差（%）	30.01	29.62	31.42
上行标准差（%）	22.23	21.47	23.03
下行标准差（%）	18.02	17.92	18.61
跟踪误差（%）	10.79	9.11	0.00
收益为正的投资期数（月）	143	147	140
收益为负的投资期数（月）	121	117	124
最大回撤（%）	-69.08	-69.46	-67.62
相对于基准的 Beta 值	0.98	1.02	1
T 统计量（mean = 0）	2.69	2.58	2.15
夏普比率（无风险利率 = 5%）	0.29	0.26	0.16
索提诺比率（无风险利率 = 5%）	0.47	0.43	0.27
1 年期最低收益（%）	-66.04	-66.53	-64.31
1 年期最高收益（%）	333.83	302.60	250.61
3 年期最低收益（%）	-12.42	-13.83	-22.83
3 年期最高收益（%）	89.70	86.77	72.41
5 年期最低收益（%）	-9.82	-10.74	-17.79
5 年期最高收益（%）	60.92	55.99	46.22

续表

	20 只股票	40 只股票	整体股票
7 年期最低收益（%）	1.97	1.20	-3.05
7 年期最高收益（%）	36.56	33.55	28.58
10 年期最低收益（%）	2.94	3.04	3.25
10 年期最高收益（%）	33.81	33.10	32.41
最差情景预期收益（1 年期）（%）	-27.81	-28.13	-32.73
最优情景预期收益（1 年期）（%）	62.21	60.73	61.52

表 15-26　20 只股票模拟组合滚动投资 1、3、5、7 和 10 年期年复合收益率战胜整体股票的期数和占比

	总的投资期数	20 只股票战胜整体股票的期数	占比（%）	年平均超额收益率（%）
滚动 1 年期	253	162	64	4.54
滚动 3 年期	229	175	76	4.85
滚动 5 年期	205	167	81	5.06
滚动 7 年期	181	140	77	4.77
滚动 10 年期	145	134	92	4.83

表 15-27　40 只股票模拟组合滚动投资 1、3、5、7 和 10 年期年复合收益率战胜整体股票的期数和占比

	总的投资期数	40 只股票战胜整体股票的期数	占比（%）	年平均超额收益率（%）
滚动 1 年期	253	146	58	3.07
滚动 3 年期	229	172	75	3.54
滚动 5 年期	205	165	80	3.69
滚动 7 年期	181	127	70	3.42
滚动 10 年期	145	126	87	3.32

估值、价格动量、资本结构

把市盈率、3 个月价格动量与资产现金回收率这 3 个指标放在一起，我们筛选出估值相对便宜、近期投资者追捧使得未来股价走势较好，并且资产质量较高的股票。

从表 15－28、15－29 和 15－30 可以看出，投资 10 万元于 20 只股票的期末资产总值为 182.01 万元，40 只股票为 211.63 万元，都远远大于整体股票的 78.99 万元。20 只股票的总增长率为 1720.08%，是整体股票的 2.5 倍；40 只股票的总增长率为 2016.29%，是整体股票的 2.9 倍。

20 只股票的年复合收益率为 14.27%，40 只股票为 15.07%，都大于整体股票的 9.97%。随着投资时间的增加，二者战胜整体股票的概率不断提升。

总体来看，市盈率、3 个月价格动量与资产现金回收率三因子模型的表现还不错，为投资者带来了较高的投资回报。

表 15－28　市盈率、3 个月价格动量与资产现金回收率模型 20 只、40 只和整体股票模拟组合的基本统计数据（1999/03/31~2020/12/31）

	20 只股票	40 只股票	整体股票
总的投资期数（月）	261	261	261
总的投资时长（年）	21.75	21.75	21.75
10 万元初始投资的最终结果（万元）	182.01	211.63	78.99
期间总的增长率（%）	1720.08	2016.29	689.90
简单算术平均值（%）	79.08	92.70	31.72
算术平均值（%）	18.00	18.31	14.43
几何平均值（%）	14.27	15.07	9.97
中位数（%）	15.84	16.62	8.38
标准差（%）	30.60	29.27	31.54
上行标准差（%）	22.80	21.71	23.13

续表

	20 只股票	40 只股票	整体股票
下行标准差（%）	18.60	17.98	18.68
跟踪误差（%）	13.79	11.74	0.00
收益为正的投资期数（月）	153	155	139
收益为负的投资期数（月）	108	106	122
最大回撤（%）	-68.50	-66.87	-67.62
相对于基准的 Beta 值	0.93	1	1
T 统计量（mean =0）	2.74	2.92	2.13
夏普比率（无风险利率 =5%）	0.3	0.34	0.16
索提诺比率（无风险利率 =5%）	0.5	0.56	0.27
1 年期最低收益（%）	-66.37	-64.40	-64.31
1 年期最高收益（%）	371.01	323.51	250.61
3 年期最低收益（%）	-12.12	-11.13	-22.83
3 年期最高收益（%）	88.34	86.79	72.41
5 年期最低收益（%）	-9.03	-7.04	-17.79
5 年期最高收益（%）	49.49	50.49	46.22
7 年期最低收益（%）	-1.18	0.53	-1.44
7 年期最高收益（%）	31.68	33.95	28.58
10 年期最低收益（%）	5.69	6.82	3.25
10 年期最高收益（%）	31.04	31.45	32.41
最差情景预期收益（1 年期）（%）	-27.91	-25.59	-32.89
最优情景预期收益（1 年期）（%）	63.90	62.21	61.74

表 15-29　20 只股票模拟组合滚动投资 1、3、5、7 和 10 年期年复合收益率战胜整体股票的期数和占比

	总的投资期数	20 只股票战胜整体股票的期数	占比（%）	年平均超额收益率（%）
滚动 1 年期	250	147	59	4.79
滚动 3 年期	226	154	68	5.18
滚动 5 年期	202	144	71	4.86
滚动 7 年期	178	142	80	4.16
滚动 10 年期	142	125	88	3.54

表 15 －30　40 只股票模拟组合滚动投资 1、3、5、7 和 10 年期年复合收益率战胜整体股票的期数和占比

	总的投资期数	40 只股票战胜整体股票的期数	占比（%）	年平均超额收益率（%）
滚动 1 年期	250	146	58	4.64
滚动 3 年期	226	163	72	5.87
滚动 5 年期	202	151	75	5.73
滚动 7 年期	178	144	81	5.02
滚动 10 年期	142	130	92	4.44

估值、偿债能力与资本回报率

把市现率、现金流动负债比与净资产收益率这 3 个指标放在一起，我们筛选出估值相对便宜、偿债能力较好，并且创利能力较强的股票。

从表 15 －31、表 15 －32 和表 15 －33 可以看出，投资 10 万元于 20 只股票的期末资产总值为 116.92 万元，40 只股票为 160.81 万元，都高于整体股票的 78.99 万元。20 只股票的总增长率为 1069.20%，是整体股票的 1.5 倍；40 只股票的总增长率为 1508.10%，是整体股票的 2.2 倍。

20 只股票的年复合收益率为 11.97%，40 只股票为 13.62%，都大于整体股票的 9.97%。随着投资时间的增加，20 只股票战胜整体股票的概率不断提升，但提升速度显著弱于 40 只股票。

总体而言，市现率、现金流动负债比与净资产收益率三因子模型的表现还不错，但弱于其他三因子模型，可能的原因是指标相互干扰，没有发挥出最佳优势。

表 15－31　市现率、现金流动负债比与净资产收益率模型 20 只、40 只和整体股票模拟组合的基本统计数据（1999/03/31~2020/12/31）

	20 只股票	40 只股票	整体股票
总的投资期数（月）	261	261	261
总的投资时长（年）	21.75	21.75	21.75
10 万元初始投资的最终结果（万元）	116.92	160.81	78.99
期间总的增长率（%）	1069.20	1508.10	689.90
简单算术平均值（%）	49.16	69.34	31.72
算术平均值（%）	15.99	17.23	14.43
几何平均值（%）	11.97	13.62	9.97
中位数（%）	19.54	15.34	8.38
标准差（%）	30.67	29.88	31.54
上行标准差（%）	22.37	22.12	23.13
下行标准差（%）	19.04	18.68	18.68
跟踪误差（%）	12.99	11.33	0.00
收益为正的投资期数（月）	150	156	139
收益为负的投资期数（月）	111	105	122
最大回撤（%）	-70.34	-69.61	-67.62
相对于基准的 Beta 值	0.94	0.99	1
T 统计量（mean =0）	2.43	2.69	2.13
夏普比率（无风险利率 =5%）	0.23	0.29	0.16
索提诺比率（无风险利率 =5%）	0.37	0.46	0.27
1 年期最低收益（%）	-67.49	-67.18	-64.31
1 年期最高收益（%）	337.12	332.59	250.61
3 年期最低收益（%）	-13.67	-11.95	-22.83
3 年期最高收益（%）	80.17	84.07	72.41
5 年期最低收益（%）	-9.12	-8.21	-17.79
5 年期最高收益（%）	44.77	47.16	46.22
7 年期最低收益（%）	-1.19	-0.28	-1.44

续表

	20只股票	40只股票	整体股票
7年期最高收益（%）	29.86	30.35	28.58
10年期最低收益（%）	3.89	5.19	3.25
10年期最高收益（%）	29.93	30.73	32.41
最差情景预期收益（1年期）（%）	-30.01	-27.58	-32.89
最优情景预期收益（1年期）（%）	61.99	62.04	61.74

表15-32　20只股票模拟组合滚动投资1、3、5、7和10年期年复合收益率战胜整体股票的期数和占比

	总的投资期数	20只股票战胜整体股票的期数	占比（%）	年平均超额收益率（%）
滚动1年期	250	142	57	2.33
滚动3年期	226	132	58	2.73
滚动5年期	202	118	58	2.61
滚动7年期	178	118	66	2.05
滚动10年期	142	94	66	1.61

表15-33　40只股票模拟组合滚动投资1、3、5、7和10年期年复合收益率战胜整体股票的期数和占比

	总的投资期数	40只股票战胜整体股票的期数	占比（%）	年平均超额收益率（%）
滚动1年期	250	146	58	3.54
滚动3年期	226	145	64	4.22
滚动5年期	202	139	69	4.06
滚动7年期	178	136	76	3.43
滚动10年期	142	118	83	2.93

利润率、估值与波动率

把毛利率、市盈率与6个月波动率这3个指标放在一起，我们筛选出对上下游议价能力较强、估值相对便宜，并且投资者对股价未来走势分歧不大的股票。

从表15－34、表15－35和表15－36可以看出，投资10万元于20只股票的期末资产总值为191.58万元，40只股票为232.87万元，都大于整体股票的80.99万元。20只股票的总增长率为1815.82%，为整体股票的2.6倍；40只股票的总增长率为2228.68%，是整体股票的3.1倍。

20只股票的年复合收益率为14.36%，40只股票为15.38%，都大于整体股票的9.97%。随着投资时间的增加，二者战胜整体股票的概率不断提升，40只股票提升的速度更快。

总体来看，毛利率、市盈率与6个月波动率三因子模型的表现不错，为投资者带来了较高的回报率。

表15－34　毛利率、市盈率与6个月波动率模型20只、40只和整体股票模拟组合的基本统计数据（1998/12/31~2020/12/31）

	20只股票	40只股票	整体股票
总的投资期数（月）	264	264	264
总的投资时长（年）	22	22	22
10万元初始投资的最终结果（万元）	191.58	232.87	80.99
期间总的增长率（%）	1815.82	2228.68	709.94
简单算术平均值（%）	82.54	101.30	32.27
算术平均值（%）	16.62	17.68	14.40
几何平均值（%）	14.36	15.38	9.97
中位数（%）	12.05	11.39	7.45

续表

	20 只股票	40 只股票	整体股票
标准差（%）	25.42	26.07	31.42
上行标准差（%）	19.75	20.34	23.03
下行标准差（%）	14.23	15.06	18.61
跟踪误差（%）	13.06	11.30	0.00
收益为正的投资期数（月）	156	154	140
收益为负的投资期数（月）	108	110	124
最大回撤（%）	-53.62	-56.53	-67.62
相对于基准的 Beta 值	1.13	1.13	1
T 统计量（mean = 0）	3.07	3.18	2.15
夏普比率（无风险利率 = 5%）	0.37	0.4	0.16
索提诺比率（无风险利率 = 5%）	0.66	0.69	0.27
1 年期最低收益（%）	-50.15	-52.49	-64.31
1 年期最高收益（%）	255.61	255.71	250.61
3 年期最低收益（%）	-11.83	-9.28	-22.83
3 年期最高收益（%）	77.58	78.82	72.41
5 年期最低收益（%）	-8.10	-4.41	-17.79
5 年期最高收益（%）	46.24	46.30	46.22
7 年期最低收益（%）	-0.44	3.52	-3.05
7 年期最高收益（%）	30.30	32.74	28.58
10 年期最低收益（%）	6.23	7.02	3.25
10 年期最高收益（%）	28.79	32.79	32.41
最差情景预期收益（1 年期）（%）	-21.51	-21.43	-32.73
最优情景预期收益（1 年期）（%）	54.74	56.79	61.52

表 15 -35　20 只股票模拟组合滚动投资 1、3、5、7 和 10 年期年复合收益率战胜整体股票的期数和占比

	总的投资期数	20 只股票战胜整体股票的期数	占比 (%)	年平均超额收益率 (%)
滚动 1 年期	253	155	61	2.01
滚动 3 年期	229	159	69	5.31
滚动 5 年期	205	140	68	5.3
滚动 7 年期	181	117	65	4.31
滚动 10 年期	145	118	81	3.25

表 15 -36　40 只股票模拟组合滚动投资 1、3、5、7 和 10 年期年复合收益率战胜整体股票的期数和占比

	总的投资期数	40 只股票战胜整体股票的期数	占比 (%)	年平均超额收益率 (%)
滚动 1 年期	253	161	64	3.5
滚动 3 年期	229	193	84	6.37
滚动 5 年期	205	179	87	6.59
滚动 7 年期	181	173	96	5.99
滚动 10 年期	145	145	100	5.43

用 4 个选股指标搭建模型的范例

这是一个四因子模型（估值综合、危险信号综合、净资产收益率与价格动量），其中有两个组件都属于综合因子，估值综合考量了下一节中提到的 5 个估值因子，危险信号综合考量了第 12 章提到的 5 个危险信号。该模型筛选出估值相对便宜、没有触发危险信号、创利能力

较强，以及近期受追捧、未来价格走势较好的股票。

从表 15－37、表 15－38 和表 15－39 可以看出，投资 10 万元于 20 只股票的期末资产总值为 199.48 万元，40 只股票为 182.84 万元，都大于整体股票的 78.99 万元。20 只股票的总增长率为 1894.85%，是整体股票的 2.7 倍；40 只股票的总增长率为 1728.38%，是整体股票的 2.5 倍。

20 只股票的年复合收益率为 14.75%，40 只股票为 14.29%，都高于整体股票。随着投资时间的增加，二者战胜整体股票的概率不断提升。

总体而言，估值综合、危险信号综合、净资产收益率与价格动量四因子模型的选股效果不错，显著超越了下一节的估值综合模型。

表 15－37　估值综合、危险信号综合、净资产收益率与价格动量模型 20 只、40 只和整体股票模拟组合的基本统计数据（1999/03/31～2020/12/31）

	20 只股票	40 只股票	整体股票
总的投资期数（月）	261	261	261
总的投资时长（年）	21.75	21.75	21.75
10 万元初始投资的最终结果（万元）	199.48	182.84	78.99
期间总的增长率（%）	1894.85	1728.38	689.90
简单算术平均值（%）	87.12	79.47	31.72
算术平均值（%）	18.43	17.92	14.43
几何平均值（%）	14.75	14.29	9.97
中位数（%）	15.41	14.43	8.38
标准差（%）	30.69	30.25	31.54
上行标准差（%）	23.28	22.70	23.13
下行标准差（%）	18.67	18.68	18.68
跟踪误差（%）	14.09	12.44	0.00
收益为正的投资期数（月）	152	153	139

续表

	20 只股票	40 只股票	整体股票
收益为负的投资期数（月）	109	108	122
最大回撤（%）	-67.58	-68.20	-67.62
相对于基准的 Beta 值	0.92	0.96	1
T 统计量（mean=0）	2.8	2.76	2.13
夏普比率（无风险利率=5%）	0.32	0.31	0.16
索提诺比率（无风险利率=5%）	0.52	0.5	0.27
1 年期最低收益（%）	-64.58	-65.53	-64.31
1 年期最高收益（%）	374.59	353.22	250.61
3 年期最低收益（%）	-11.69	-12.86	-22.83
3 年期最高收益（%）	89.97	87.94	72.41
5 年期最低收益（%）	-6.58	-8.51	-17.79
5 年期最高收益（%）	52.05	51.47	46.22
7 年期最低收益（%）	-2.00	-2.90	-1.44
7 年期最高收益（%）	35.45	33.75	28.58
10 年期最低收益（%）	5.01	4.12	3.25
10 年期最高收益（%）	31.93	30.71	32.41
最差情景预期收益（1 年期）（%）	-27.60	-27.46	-32.89
最优情景预期收益（1 年期）（%）	64.47	63.29	61.74

表 15-38　20 只股票模拟组合滚动投资 1、3、5、7 和 10 年期年复合收益率战胜整体股票的期数和占比

	总的投资期数	20 只股票战胜整体股票的期数	占比（%）	年平均超额收益率（%）
滚动 1 年期	250	157	63	5.34
滚动 3 年期	226	171	76	5.73
滚动 5 年期	202	143	71	5.45
滚动 7 年期	178	132	74	4.72
滚动 10 年期	142	125	88	4.26

表 15 -39　40 只股票模拟组合滚动投资 1、3、5、7 和 10 年期年复合收益率战胜整体股票的期数和占比

	总的投资期数	40 只股票战胜整体股票的期数	占比（%）	年平均超额收益率（%）
滚动 1 年期	250	147	59	4.58
滚动 3 年期	226	154	68	4.92
滚动 5 年期	202	138	68	4.59
滚动 7 年期	178	122	69	3.77
滚动 10 年期	142	104	73	3.12

用 5 个选股指标搭建模型的范例

估值综合

这是一个五因子模型。把市盈率、市净率、企业价值倍数、市销率与市现率等 5 个估值因子综合在一起，我们筛选出估值较低且综合得分排名前 20 或前 40 的股票。

从表 15 -40、表 15 -41 和表 15 -42 可以看出，投资 10 万元于 20 只股票的期末资产总值为 166.85 万元，40 只股票为 160.74 万元，都大于整体股票的 78.99 万元。20 只股票的总增长率为 1568.46%，是整体股票的 2.3 倍；40 只股票的总增长率为 1507.41%，是整体股票的 2.2 倍。

20 只股票的年复合收益率为 13.81%，40 只股票为 13.62%，都高于整体股票的 9.97%。随着投资时间的增加，二者战胜整体股票的概率不断提升。

总体来看，5 个估值因子构建的综合模型不错，筛选出了值得投

资的股票。我们也看到，与本章估值二因子模型相比，虽然因子更多，但本模型选股能力下降。有时候，模型因子并非越多越好，尤其是可能引发风险共振的因子。因此，适当选择因子，让各自优势最大化，是构建强大选股模型的重中之重。

表 15－40 市盈率、市净率、企业价值倍数、市销率与市现率模型 20 只、40 只和整体股票模拟组合的基本统计数据（1999/03/31~2020/12/31）

	20 只股票	40 只股票	整体股票
总的投资期数（月）	261	261	261
总的投资时长（年）	21.75	21.75	21.75
10 万元初始投资的最终结果（万元）	166.85	160.74	78.99
期间总的增长率（%）	1568.46	1507.41	689.90
简单算术平均值（%）	72.11	69.31	31.72
算术平均值（%）	18.13	17.56	14.43
几何平均值（%）	13.81	13.62	9.97
中位数（%）	13.58	13.02	8.38
标准差（%）	32.60	31.22	31.54
上行标准差（%）	25.62	24.09	23.13
下行标准差（%）	18.44	17.92	18.68
跟踪误差（%）	17.37	14.17	0.00
收益为正的投资期数（月）	146	152	139
收益为负的投资期数（月）	115	109	122
最大回撤（%）	-66.66	-64.50	-67.62
相对于基准的 Beta 值	0.83	0.91	1
T 统计量（mean = 0）	2.59	2.62	2.13

续表

	20 只股票	40 只股票	整体股票
夏普比率（无风险利率 =5%）	0.27	0.28	0.16
索提诺比率（无风险利率 =5%）	0.48	0.48	0.27
1 年期最低收益（%）	-64.10	-60.92	-64.31
1 年期最高收益（%）	373.54	337.34	250.61
3 年期最低收益（%）	-14.80	-13.46	-22.83
3 年期最高收益（%）	86.35	83.47	72.41
5 年期最低收益（%）	-9.82	-7.18	-17.79
5 年期最高收益（%）	50.09	49.07	46.22
7 年期最低收益（%）	-3.45	-1.19	-1.44
7 年期最高收益（%）	33.07	32.42	28.58
10 年期最低收益（%）	4.19	3.70	3.25
10 年期最高收益（%）	31.70	32.04	32.41
最差情景预期收益（1 年期）（%）	-30.77	-29.27	-32.89
最优情景预期收益（1 年期）（%）	67.03	64.39	61.74

表 15-41　20 只股票模拟组合滚动投资 1、3、5、7 和 10 年期年复合收益率战胜整体股票的期数和占比

	总的投资期数	20 只股票战胜整体股票的期数	占比（%）	年平均超额收益率（%）
滚动 1 年期	250	149	60	6.01
滚动 3 年期	226	157	69	5.88
滚动 5 年期	202	153	76	5.41
滚动 7 年期	178	130	73	4.39
滚动 10 年期	142	125	88	3.51

表 15 –42　40 只股票模拟组合滚动投资 1、3、5、7 和 10 年期年复合收益率战胜整体股票的期数和占比

	总的投资期数	40 只股票战胜整体股票的期数	占比（%）	年平均超额收益率（%）
滚动 1 年期	250	155	62	4.75
滚动 3 年期	226	151	67	5.19
滚动 5 年期	202	149	74	4.83
滚动 7 年期	178	138	78	4.09
滚动 10 年期	142	132	93	3.54

估值、偿债能力、资本回报率、价格动量与收益质量

把市盈率、现金流动负债比、投入资本回报率、3 个月价格动量与价值变动净收益比利润总额等 5 个指标放在一起，我们筛选出估值相对便宜、偿债能力较强、创利能力较强、未来价格走势较好，以及收益质量较高的股票。

从表 15 –43、表 15 –44 和表 15 –45 可以看出，投资 10 万元于 20 只股票的期末资产总值为 132.35 万元，40 只股票为 162.95 万元，都高于整体股票的 78.99 万元。20 只股票的总增长率为 1223.50%，是整体股票的 1.8 倍；40 只股票的总增长率为 1529.50%，是整体股票的 2.2 倍。

20 只股票的年复合收益率为 12.61%，40 只股票为 13.69%，都高于整体股票。

理论上，五因子模型的表现要好于三因子或二因子模型。实际上，该五因子模型表现虽好，但并没有好到令人惊喜的地步，可能是由于因子风险共振或选股效果相互抵消造成的。

表 15 -43　市盈率、现金流动负债比、投入资本回报率、3 个月价格动量与收益质量模型 20 只、40 只和整体股票模拟组合的基本统计数据（1999/03/31 ~2020/12/31）

	20 只股票	40 只股票	整体股票
总的投资期数（月）	261	261	261
总的投资时长（年）	21.75	21.75	21.75
10 万元初始投资的最终结果（万元）	132.35	162.95	78.99
期间总的增长率（%）	1223.50	1529.50	689.90
简单算术平均值（%）	56.25	70.32	31.72
算术平均值（%）	16.28	17.05	14.43
几何平均值（%）	12.61	13.69	9.97
中位数（%）	14.00	17.29	8.38
标准差（%）	29.78	29.11	31.54
上行标准差（%）	22.40	21.66	23.13
下行标准差（%）	18.70	18.00	18.68
跟踪误差（%）	12.68	10.74	0.00
收益为正的投资期数（月）	151	153	139
收益为负的投资期数（月）	110	108	122
最大回撤（%）	-69.61	-67.60	-67.62
相对于基准的 Beta 值	0.97	1.02	1
T 统计量（mean =0）	2.55	2.73	2.13
夏普比率（无风险利率 =5%）	0.26	0.3	0.16
索提诺比率（无风险利率 =5%）	0.41	0.48	0.27
1 年期最低收益（%）	-67.57	-65.19	-64.31
1 年期最高收益（%）	320.67	267.47	250.61
3 年期最低收益（%）	-13.47	-12.27	-22.83
3 年期最高收益（%）	75.08	75.60	72.41
5 年期最低收益（%）	-10.97	-8.34	-17.79
5 年期最高收益（%）	43.92	44.32	46.22

续表

	20 只股票	40 只股票	整体股票
7 年期最低收益（%）	-2.02	0.09	-1.44
7 年期最高收益（%）	27.43	29.06	28.58
10 年期最低收益（%）	3.94	5.73	3.25
10 年期最高收益（%）	27.42	28.94	32.41
最差情景预期收益（1 年期）（%）	-28.40	-26.61	-32.89
最优情景预期收益（1 年期）（%）	60.96	60.71	61.74

表 15-44　20 只股票模拟组合滚动投资 1、3、5、7 和 10 年期年复合收益率战胜整体股票的期数和占比

	总的投资期数	20 只股票战胜整体股票的期数	占比（%）	年平均超额收益率（%）
滚动 1 年期	250	131	52	1.7
滚动 3 年期	226	121	54	2.52
滚动 5 年期	202	112	55	2.36
滚动 7 年期	178	100	56	1.57
滚动 10 年期	142	90	63	0.94

表 15-45　40 只股票模拟组合滚动投资 1、3、5、7 和 10 年期年复合收益率战胜整体股票的期数和占比

	总的投资期数	40 只股票战胜整体股票的期数	占比（%）	年平均超额收益率（%）
滚动 1 年期	250	130	52	1.97
滚动 3 年期	226	123	54	3.57
滚动 5 年期	202	118	58	3.51
滚动 7 年期	178	115	65	2.79
滚动 10 年期	142	109	77	2.18

估值、资本回报率、偿债能力、波动率与动量

把企业价值比销售额、净资产收益率、归属母公司的股东权益比带息债务、6个月波动率与3个月价格动量等5个指标放在一起，我们筛选出估值相对便宜、创利能力较强、偿债能力较强、对未来股价预期一致，以及未来走势较好的股票。

从表15-46、表15-47和表15-48可以看出，该五因子模型表现还不错，投资10万元于20只股票的期末资产总值为331.86万元，40只股票为330.46万元，都大于整体股票的80.99万元。20只股票的总增长率为3218.55%，是整体股票的4.5倍，40只股票的总增长率为3204.58%，也是整体股票的4.5倍。

20只股票的年复合收益率为17.26%，40只股票为17.23%，都大于整体股票的9.97%。随着投资时间的增加，二者战胜整体股票的概率迅速提升。

总体而言，该五因子模型的表现非常好，值得拥有。

表15-46 企业价值比销售额、净资产收益率、归属母公司的股东权益比带息债务、6个月波动率与3个月价格动量模型20只、40只和整体股票模拟组合的基本统计数据（1998/12/31~2020/12/31）

	20只股票	40只股票	整体股票
总的投资期数（月）	264	264	264
总的投资时长（年）	22	22	22
10万元初始投资的最终结果（万元）	331.86	330.46	80.99
期间总的增长率（%）	3218.55	3204.58	709.94
简单算术平均值（%）	146.30	145.66	32.27
算术平均值（%）	19.58	19.72	14.40

续表

	20 只股票	40 只股票	整体股票
几何平均值（%）	17.26	17.23	9.97
中位数（%）	14.89	13.44	7.45
标准差（%）	27.12	27.72	31.42
上行标准差（%）	21.07	21.57	23.03
下行标准差（%）	16.07	16.58	18.61
跟踪误差（%）	11.15	9.46	0.00
收益为正的投资期数（月）	154	154	140
收益为负的投资期数（月）	110	110	124
最大回撤（%）	-61.27	-60.96	-67.62
相对于基准的 Beta 值	1.09	1.08	1
T 统计量（mean = 0）	3.39	3.34	2.15
夏普比率（无风险利率 = 5%）	0.45	0.44	0.16
索提诺比率（无风险利率 = 5%）	0.76	0.74	0.27
1 年期最低收益（%）	-57.53	-56.97	-64.31
1 年期最高收益（%）	330.52	295.26	250.61
3 年期最低收益（%）	-8.93	-10.14	-22.83
3 年期最高收益（%）	93.88	91.81	72.41
5 年期最低收益（%）	-4.54	-5.24	-17.79
5 年期最高收益（%）	54.90	55.16	46.22
7 年期最低收益（%）	4.09	5.69	-3.05
7 年期最高收益（%）	37.52	38.13	28.58
10 年期最低收益（%）	8.44	8.17	3.25
10 年期最高收益（%）	35.85	36.85	32.41
最差情景预期收益（1 年期）（%）	-21.10	-21.86	-32.73
最优情景预期收益（1 年期）（%）	60.26	61.30	61.52

表 15－47　20 只股票模拟组合滚动投资 1、3、5、7 和 10 年期年复合收益率战胜整体股票的期数和占比

	总的投资期数	20 只股票战胜整体股票的期数	占比（%）	年平均超额收益率（%）
滚动 1 年期	253	184	73	6.69
滚动 3 年期	229	200	87	8.09
滚动 5 年期	205	188	92	8.19
滚动 7 年期	181	174	96	7.84
滚动 10 年期	145	145	100	7.33

表 15－48　40 只股票模拟组合滚动投资 1、3、5、7 和 10 年期年复合收益率战胜整体股票的期数和占比

	总的投资期数	40 只股票战胜整体股票的期数	占比（%）	年平均超额收益率（%）
滚动 1 年期	253	191	75	6.41
滚动 3 年期	229	208	91	8.02
滚动 5 年期	205	201	98	8.22
滚动 7 年期	181	178	98	7.95
滚动 10 年期	145	145	100	7.56

资本结构、估值、波动率、资本回报率与利润率

把资产现金回收率、市净率、波动率、净资产收益率与毛利率等 5 个指标放在一起，我们筛选出资产质量较高、估值相对便宜、对未来股价走势预期一致、创利能力较强，以及在上下游中处于强势地位的股票。

从表 15－49、表 15－50 和表 15－51 可以看出，投资 10 万元于 20

只股票的期末资产总值为 222.68 万元，40 只股票为 224.76 万元，都大于整体股票的 78.99 万元。20 只股票的总增长率为 2126.84%，是整体股票的 3.1 倍；40 只股票的总增长率为 2147.61%，也是整体股票的 3.1 倍。

20 只股票的年复合收益率为 15.34%，40 只股票为 15.38%，都大于整体股票。随着投资时间的增加，二者战胜整体股票的概率迅速提升。

总体来看，该五因子模型的选股效果虽然弱于上一个模型，但依然表现较佳。

表 15－49　资产现金回收率、市净率、波动率、净资产收益率与毛利率模型 20 只、40 只和整体股票模拟组合的基本统计数据（1999/03/31 ~2020/12/31）

	20 只股票	40 只股票	整体股票
总的投资期数（月）	261	261	261
总的投资时长（年）	21.75	21.75	21.75
10 万元初始投资的最终结果（万元）	222.68	224.76	78.99
期间总的增长率（%）	2126.84	2147.61	689.90
简单算术平均值（%）	97.79	98.74	31.72
算术平均值（%）	17.70	18.03	14.43
几何平均值（%）	15.34	15.38	9.97
中位数（%）	14.79	13.75	8.38
标准差（%）	26.27	27.34	31.54
上行标准差（%）	20.16	20.92	23.13
下行标准差（%）	15.49	16.17	18.68
跟踪误差（%）	11.74	9.89	0.00
收益为正的投资期数（月）	151	156	139
收益为负的投资期数（月）	110	105	122

续表

	20 只股票	40 只股票	整体股票
最大回撤（%）	-57.63	-59.58	-67.62
相对于基准的 Beta 值	1.12	1.1	1
T 统计量（mean = 0）	3.14	3.08	2.13
夏普比率（无风险利率 = 5%）	0.39	0.38	0.16
索提诺比率（无风险利率 = 5%）	0.67	0.64	0.27
1 年期最低收益（%）	-53.51	-55.42	-64.31
1 年期最高收益（%）	304.13	291.86	250.61
3 年期最低收益（%）	-9.24	-9.32	-22.83
3 年期最高收益（%）	82.33	80.05	72.41
5 年期最低收益（%）	-6.88	-5.50	-17.79
5 年期最高收益（%）	49.00	47.31	46.22
7 年期最低收益（%）	0.80	2.28	-1.44
7 年期最高收益（%）	32.62	32.89	28.58
10 年期最低收益（%）	6.74	6.65	3.25
10 年期最高收益（%）	30.51	31.94	32.41
最差情景预期收益（1 年期）（%）	-21.70	-22.98	-32.89
最优情景预期收益（1 年期）（%）	57.10	59.03	61.74

表 15-50　20 只股票模拟组合滚动投资 1、3、5、7 和 10 年期年复合收益率战胜整体股票的期数和占比

	总的投资期数	20 只股票战胜整体股票的期数	占比（%）	年平均超额收益率（%）
滚动 1 年期	250	150	60	3.58
滚动 3 年期	226	164	73	6.21
滚动 5 年期	202	155	77	6.19
滚动 7 年期	178	147	83	5.27
滚动 10 年期	142	129	91	4.48

表 15－51　40 只股票模拟组合滚动投资 1、3、5、7 和 10 年期年复合收益率战胜整体股票的期数和占比

	总的投资期数	40 只股票战胜整体股票的期数	占比（%）	年平均超额收益率（%）
滚动 1 年期	250	153	61	3. 79
滚动 3 年期	226	176	78	6. 1
滚动 5 年期	202	170	84	6. 13
滚动 7 年期	178	161	90	5. 39
滚动 10 年期	142	136	96	4. 82

市值、利润率、资本回报率、波动率与估值

我们把市值、毛利率、投入资本回报率、6 个月波动率与市销率等 5 个指标放在一起，在中小市值公司中筛选出对上下游议价能力较强、创利能力较强、对未来股价走势预期一致，以及估值相对便宜的股票。

从表 15－52、表 15－53 和表 15－54 可以看出，投资 10 万元于 20 只股票的期末资产总值为 413. 81 万元，40 只股票为 301. 64 万元，都远远大于整体股票的 80. 99 万元。假如投资收益率保持不变并再投资两个 22 年，1998 年年底投资 10 万元于 20 只股票的最终资产总值为 70. 86 亿元，40 只股票为 27. 45 亿元。这就是复利的力量。

20 只股票的总增长率为 4038. 12%，是整体股票的 5. 7 倍；40 只股票的总增长率为 2916. 38%，是整体股票的 4. 1 倍。该模型选股能力之好，远远超出了我的预期。20 只股票的年复合收益率为 18. 44%，40 只股票为 16. 75%，远远高于整体股票的 9. 97%，夏普比率和索提诺比率都大幅度高于整体股票。

在滚动投资 3 年期以上，20 只股票与 40 只股票战胜整体股票的概

率全部达到100%。在滚动3年期的229个观察期、5年期的205个观察期、7年期的181个观察期，以及10年期的145个观察期中，二者全部战胜整体股票。

总体来看，该五因子模型的表现远远超出预期，简单模型创造了不可思议的强劲回报。

表15-52 市值、毛利率、投入资本回报率、6个月波动率与市销率模型20只、40只和整体股票模拟组合的基本统计数据（1998/12/31～2020/12/31）

	20只股票	40只股票	整体股票
总的投资期数（月）	264	264	264
总的投资时长（年）	22	22	22
10万元初始投资的最终结果（万元）	413.81	301.64	80.99
期间总的增长率（%）	4038.12	2916.38	709.94
简单算术平均值（%）	183.55	132.56	32.27
算术平均值（%）	21.54	20.13	14.40
几何平均值（%）	18.44	16.75	9.97
中位数（%）	17.34	14.19	7.45
标准差（%）	30.40	30.53	31.42
上行标准差（%）	23.23	23.29	23.03
下行标准差（%）	18.19	18.25	18.61
跟踪误差（%）	8.02	6.71	0.00
收益为正的投资期数（月）	149	153	140
收益为负的投资期数（月）	115	111	124
最大回撤（%）	-62.62	-64.11	-67.62
相对于基准的Beta值	1	1.01	1

续表

	20只股票	40只股票	整体股票
T统计量（mean=0）	3.32	3.09	2.15
夏普比率（无风险利率=5%）	0.44	0.38	0.16
索提诺比率（无风险利率=5%）	0.74	0.64	0.27
1年期最低收益（%）	-55.82	-57.43	-64.31
1年期最高收益（%）	244.03	247.52	250.61
3年期最低收益（%）	-15.96	-17.98	-22.83
3年期最高收益（%）	82.40	81.60	72.41
5年期最低收益（%）	-10.95	-12.70	-17.79
5年期最高收益（%）	59.98	56.85	46.22
7年期最低收益（%）	5.13	3.78	-3.05
7年期最高收益（%）	40.11	37.32	28.58
10年期最低收益（%）	10.75	9.38	3.25
10年期最高收益（%）	43.25	40.90	32.41
最差情景预期收益（1年期）（%）	-24.07	-25.67	-32.73
最优情景预期收益（1年期）（%）	67.14	65.92	61.52

表15-53　20只股票模拟组合滚动投资1、3、5、7和10年期年复合收益率战胜整体股票的期数和占比

	总的投资期数	20只股票战胜整体股票的期数	占比（%）	年平均超额收益率（%）
滚动1年期	253	227	90	8.23
滚动3年期	229	229	100	9.39
滚动5年期	205	205	100	9.92
滚动7年期	181	181	100	10.1
滚动10年期	145	145	100	10.44

表 15 –54　40 只股票模拟组合滚动投资 1、3、5、7 和 10 年期年复合收益率战胜整体股票的期数和占比

	总的投资期数	40 只股票战胜整体股票的期数	占比(%)	年平均超额收益率(%)
滚动 1 年期	253	221	87	6.85
滚动 3 年期	229	229	100	7.61
滚动 5 年期	205	205	100	7.99
滚动 7 年期	181	181	100	8.08
滚动 10 年期	145	145	100	8.19

神奇公式在中国市场的应用与改进

乔尔·格林布拉特神奇公式

乔尔·格林布拉特在《股市稳赚》中提供了一种选股逻辑，先选择质量较优，再选择估值便宜的股票，并称之为神奇公式。该公式通过高资本回报率（投入资本回报率）和低估值（企业价值倍数）多因子模型筛选股票。在美国市场测试的 17 年间，神奇公式每年挑选出 30 只股票构建组合，模拟组合年收益率的平均值（算术平均值）为 23.7%，远远超出股票市场 12.4% 的平均水平。

从表 15 –55、表 15 –56 和表 15 –57 可以看出，中国股市的实证数据显示，投资 10 万元于 20 只股票的期末资产总值为 92.36 万元，40 只股票为 104.99 万元，都小幅高于整体股票的 78.99 万元。

20 只股票的总增长率为 823.61%，是整体股票的 1.2 倍；40 只股票的总增长率为 949.93%，是整体股票的 1.4 倍。20 只股票的年复合收益率为 10.76%，40 只股票为 11.42%，都小幅战胜整体股票

的 9.97%。

随着投资时间的增加，二者战胜整体股票的概率呈现先上升后下降的趋势。以 5 年期为界限，从 1 年期至 5 年期，战胜的概率不断上升；从 5 年期至 10 年期，战胜的概率不断下降。

总体而言，原版神奇公式在中国市场中的表现不尽如人意。假如在乔尔·格林布拉特的基础上稍作改进，效果会如何呢？我们来看看。

表 15－55　投入资本回报率、企业价值倍数模型 20 只、40 只和整体股票模拟组合的基本统计数据（1999/03/31~2020/12/31）

	20 只股票	40 只股票	整体股票
总的投资期数（月）	261	261	261
总的投资时长（年）	21.75	21.75	21.75
10 万元初始投资的最终结果（万元）	92.36	104.99	78.99
期间总的增长率（%）	823.61	949.93	689.90
简单算术平均值（%）	37.87	43.67	31.72
算术平均值（%）	15.23	15.65	14.43
几何平均值（%）	10.76	11.42	9.97
中位数（%）	8.75	11.06	8.38
标准差（%）	31.70	31.20	31.54
上行标准差（%）	23.31	23.23	23.13
下行标准差（%）	19.65	19.15	18.68
跟踪误差（%）	13.27	12.14	0.00
收益为正的投资期数（月）	142	143	139
收益为负的投资期数（月）	119	118	122
最大回撤（%）	-69.84	-69.87	-67.62
相对于基准的 Beta 值	0.91	0.94	1

续表

	20 只股票	40 只股票	整体股票
T 统计量（mean =0）	2. 24	2. 34	2. 13
夏普比率（无风险利率 =5%）	0. 18	0. 21	0. 16
索提诺比率（无风险利率 =5%）	0. 29	0. 34	0. 27
1 年期最低收益（%）	-67. 63	-67. 12	-64. 31
1 年期最高收益（%）	407. 25	386. 41	250. 61
3 年期最低收益（%）	-13. 98	-13. 88	-22. 83
3 年期最高收益（%）	81. 91	79. 57	72. 41
5 年期最低收益（%）	-10. 85	-9. 92	-17. 79
5 年期最高收益（%）	48. 07	47. 68	46. 22
7 年期最低收益（%）	-3. 39	-3. 01	-1. 44
7 年期最高收益（%）	27. 83	28. 64	28. 58
10 年期最低收益（%）	1. 14	1. 74	3. 25
10 年期最高收益（%）	27. 71	27. 53	32. 41
最差情景预期收益（1 年期）（%）	-32. 33	-31. 15	-32. 89
最优情景预期收益（1 年期）（%）	62. 78	62. 45	61. 74

表 15 -56　20 只股票模拟组合滚动投资 1、3、5、7 和 10 年期年复合收益率战胜整体股票的期数和占比

	总的投资期数	20 只股票战胜整体股票的期数	占比（%）	年平均超额收益率（%）
滚动 1 年期	250	126	50	1. 91
滚动 3 年期	226	126	56	1. 54
滚动 5 年期	202	118	58	1. 19
滚动 7 年期	178	72	40	0. 52
滚动 10 年期	142	52	37	0. 16

表 15－57 40 只股票模拟组合滚动投资 1、3、5、7 和 10 年期年复合收益率战胜整体股票的期数和占比

	总的投资期数	40 只股票战胜整体股票的期数	占比（%）	年平均超额收益率（%）
滚动 1 年期	250	134	54	2.15
滚动 3 年期	226	131	58	2.11
滚动 5 年期	202	125	62	1.74
滚动 7 年期	178	92	52	1.04
滚动 10 年期	142	55	39	0.73

改进版神奇公式

神奇公式在中国市场并不像在美国那么好用，但这并不代表神奇公式的选股逻辑不适合中国市场。我认为，应该秉承其逻辑，并在该逻辑基础之上做进一步的研发。

我在神奇公式原有两个要素（投入资本回报率和企业价值倍数）的基础上，增加了波动率和毛利率两个要素。改进版神奇公式选出了未来价格预期一致、企业质量较优、在上下游中地位较强，以及估值便宜的股票。

从表 15－58、表 15－59 和表 15－60 可以看出，改进之后，神奇公式的表现还不错。投资 10 万元于 20 只股票的期末资产总值为 189.37 万元，40 只股票为 188.23 万元，都远远高于整体股票的 78.99 万元。

20 只股票的总增长率为 1793.75%，是整体股票的 2.6 倍；40 只股票的总增长率为 1782.35%，也是整体股票的 2.6 倍。20 只股票的年复合收益率为 14.48%，40 只股票为 14.45%，都大于整体股票。随着投资时间的增加，二者战胜整体股票的概率不断提升。

我们看到，改进之后的神奇公式在中国市场中的表现还不错，值得投资者采纳。

表 15－58　波动率、投入资本回报率、毛利率与企业价值倍数模型 20 只、40 只和整体股票模拟组合的基本统计数据（1999/03/31~2020/12/31）

	20 只股票	40 只股票	整体股票
总的投资期数（月）	261	261	261
总的投资时长（年）	21.75	21.75	21.75
10 万元初始投资的最终结果（万元）	189.37	188.23	78.99
期间总的增长率（%）	1793.75	1782.35	689.90
简单算术平均值（%）	82.47	81.95	31.72
算术平均值（%）	16.87	17.07	14.43
几何平均值（%）	14.48	14.45	9.97
中位数（%）	12.66	10.18	8.38
标准差（%）	26.00	26.86	31.54
上行标准差（%）	20.06	20.81	23.13
下行标准差（%）	14.60	15.45	18.68
跟踪误差（%）	13.11	11.16	0.00
收益为正的投资期数（月）	153	154	139
收益为负的投资期数（月）	108	107	122
最大回撤（%）	－53.15	－58.35	－67.62
相对于基准的 Beta 值	1.11	1.1	1
T 统计量（mean＝0）	3.03	2.96	2.13
夏普比率（无风险利率＝5%）	0.36	0.35	0.16

续表

	20 只股票	40 只股票	整体股票
索提诺比率（无风险利率 =5%）	0.65	0.61	0.27
1 年期最低收益（%）	-50.33	-55.23	-64.31
1 年期最高收益（%）	300.47	287.85	250.61
3 年期最低收益（%）	-12.90	-10.31	-22.83
3 年期最高收益（%）	80.49	80.19	72.41
5 年期最低收益（%）	-8.41	-5.87	-17.79
5 年期最高收益（%）	48.49	47.39	46.22
7 年期最低收益（%）	-0.43	1.39	-1.44
7 年期最高收益（%）	32.24	32.24	28.58
10 年期最低收益（%）	5.58	5.82	3.25
10 年期最高收益（%）	28.72	30.86	32.41
最差情景预期收益（1 年期）（%）	-22.13	-23.23	-32.89
最优情景预期收益（1 年期）（%）	55.87	57.36	61.74

表 15-59　20 只股票模拟组合滚动投资 1、3、5、7 和 10 年期年复合收益率战胜整体股票的期数和占比

	总的投资期数	20 只股票战胜整体股票的期数	占比（%）	年平均超额收益率（%）
滚动 1 年期	250	145	58	2.57
滚动 3 年期	226	153	68	5.59
滚动 5 年期	202	135	67	5.4
滚动 7 年期	178	118	66	4.32
滚动 10 年期	142	118	83	3.34

表 15－60 40 只股票模拟组合滚动投资 1、3、5、7 和 10 年期年复合收益率战胜整体股票的期数和占比

	总的投资期数	40 只股票战胜整体股票的期数	占比 (%)	年平均超额收益率 (%)
滚动 1 年期	250	149	60	2.95
滚动 3 年期	226	157	69	5.61
滚动 5 年期	202	157	78	5.64
滚动 7 年期	178	147	83	4.85
滚动 10 年期	142	130	92	4.2

中小市值改进版神奇公式

改进版神奇公式的选股效果不错，如果再加入市值因素，结果会如何呢？我们来看看。

从表 15－61、表 15－62 和表 15－63 可以看出，投资 10 万元于 20 只股票的期末资产总值为 275.98 万元，40 只股票为 230.35 万元，都远远大于整体股票的 78.99 万元。假如投资收益率保持不变并再投资两个 22 年，期初投资 10 万元于 20 只股票的总资产为 21.02 亿元，40 只股票为 12.22 亿元。随着投资收益率的提高，未来的时间价值越来越高。当我们找到了长长的坡（长长的投资时间）之后，一定要找到更湿的雪（更高的投资收益率），才更容易把雪球做大。

20 只股票的总增长率为 2659.75%，是整体股票的 3.9 倍；40 只股票的总增长率为 2203.55%，是整体股票的 3.2 倍。20 只股票的年复合收益率为 16.48%，40 只股票为 15.52%，都大幅度高于整体股票。随着投资时间的增加，二者战胜整体股票的概率迅速提升，7 年期和 10 年期都达到了 100%。在滚动 7 年期的 178 个观察期和 10 年期的 142 个观察期中，二者全部战胜整体股票。

中小市值改进版神奇公式的选股效果非常好，可直接用于实战。

表 15-61　市值、波动率、投入资本回报率、毛利率与企业价值倍数模型 20 只、40 只和整体股票模拟组合的基本统计数据（1999/03/31～2020/12/31）

	20 只股票	40 只股票	整体股票
总的投资期数（月）	261	261	261
总的投资时长（年）	21.75	21.75	21.75
10 万元初始投资的最终结果（万元）	275.98	230.35	78.99
期间总的增长率（%）	2659.75	2203.55	689.90
简单算术平均值（%）	122.29	101.31	31.72
算术平均值（%）	19.90	19.24	14.43
几何平均值（%）	16.48	15.52	9.97
中位数（%）	15.41	11.86	8.38
标准差（%）	30.60	31.17	31.54
上行标准差（%）	23.44	23.72	23.13
下行标准差（%）	17.45	18.10	18.68
跟踪误差（%）	7.20	6.15	0.00
收益为正的投资期数（月）	144	143	139
收益为负的投资期数（月）	117	118	122
最大回撤（%）	-62.54	-64.47	-67.62
相对于基准的 Beta 值	1	0.99	1
T 统计量（mean=0）	3.03	2.88	2.13
夏普比率（无风险利率=5%）	0.38	0.34	0.16

续表

	20 只股票	40 只股票	整体股票
索提诺比率（无风险利率 = 5%）	0.66	0.58	0.27
1 年期最低收益（%）	-55.58	-57.81	-64.31
1 年期最高收益（%）	225.72	242.94	250.61
3 年期最低收益（%）	-19.54	-20.25	-22.83
3 年期最高收益（%）	70.00	71.20	72.41
5 年期最低收益（%）	-13.04	-14.65	-17.79
5 年期最高收益（%）	54.83	54.13	46.22
7 年期最低收益（%）	3.28	2.21	-1.44
7 年期最高收益（%）	43.00	40.13	28.58
10 年期最低收益（%）	10.05	9.69	3.25
10 年期最高收益（%）	42.25	40.64	32.41
最差情景预期收益（1 年期）（%）	-26.00	-27.51	-32.89
最优情景预期收益（1 年期）（%）	65.80	65.99	61.74

表 15-62　20 只股票模拟组合滚动投资 1、3、5、7 和 10 年期年复合收益率战胜整体股票的期数和占比

	总的投资期数	20 只股票战胜整体股票的期数	占比（%）	年平均超额收益率（%）
滚动 1 年期	250	197	79	6.02
滚动 3 年期	226	203	90	7.44
滚动 5 年期	202	200	99	8.05
滚动 7 年期	178	178	100	8.42
滚动 10 年期	142	142	100	8.97

表 15 -63　40 只股票模拟组合滚动投资 1、3、5、7 和 10 年期年复合收益率战胜整体股票的期数和占比

	总的投资期数	40 只股票战胜整体股票的期数	占比（%）	年平均超额收益率（%）
滚动 1 年期	250	189	76	5. 3
滚动 3 年期	226	204	90	6. 2
滚动 5 年期	202	200	99	6. 7
滚动 7 年期	178	178	100	6. 98
滚动 10 年期	142	142	100	7. 37

我们看到，原版神奇公式在中国股市中不尽如人意，但随着一步步改进，其选股能力越来越强。假如你看到了类似的效果较好的选股公式，也可以采用上述演示中的步骤，一步步添加更多因子，构建更强大的选股模型。

对投资者的启迪

1. 在密切相关因子中，我们挑选有效性最强的，或者把密切相关因子构建成综合指标。
2. 我们把相互独立的因子组合在一起，让其优势最大化，构成强大的多因子模型，带来更多超额收益和更强稳定性。
3. 简单多因子并不简单，不要小瞧它们。有时候，简单多因子模型就能够实现超强的投资回报。
4. 不要小看年化 18. 4% 的投资回报，22 年就能增长 40 倍；3 个 22 年就能增长 7 万倍，10 万元初始投资的最终资产总值能够达到 70. 86 亿元。巴菲特没有欺骗我们，只要找到湿湿的雪和长长的

坡，我们每个人都能成为投资大师。

5. 虽然原版神奇公式在中国市场不尽如人意，但经过一步步改进，神奇公式的选股能力得到极大的提高。假如你在其他地方看到了心仪的选股公式，也可以一步步改进，构建强大且稳定的选股模型。
6. 选股模型并非高不可攀，如果你想，可以像搭积木一样，搭建自己的选股模型。

结语

组装灵魂碎片，成为投资大师

每个前辈都是可以走路的智慧容器，和智者交谈，将其成功经验转化为自己的操作策略，可以让你在市场中少付出学费。

——彼得·林奇

Be someone

在投资行业，我们必须先 Be someone，“成为”投资大师，并将投资大师之理念付诸行动，才能做好投资。

我在第 1 章中谈到，每个人的投资业绩最终都向投资能力均值回归；投资能力越强，长期来看，投资业绩越强，反之亦然。基金经理谢治宇认为，作为一项技能，投资能力是可以后天习得的。巴菲特认为，建立一套行之有效的投资框架，就可以获得成功投资。对于刚开始起步的投资者，巴菲特建议“依葫芦画瓢”去效仿投资大师。

我认为，简单效仿还不够，只有把自己当作投资大师，以大师的心态做投资，才能大幅度提升投资能力。我将之称为 Be someone，这和 Just do it 有很大区别。Just do it 强调去做，而 Be someone 强调用大师的思维去思考，“假装”自己就是投资大师，然后再去做。

什么才是 Be someone 思维呢？我们一起来看看孔子学琴的故事。孔子曾经拜鲁国著名琴师师襄子为师，学习弹琴。一支曲子学了十多天，师襄子觉得可以了，准备教授他新曲子。孔子说：“我还没完全掌握弹奏技巧啊！”接着练习。

一段时间之后，师襄子说：“你已经掌握了全部弹奏技巧，可以学习新曲子了。”孔子说：“可是，我还没有领悟主旨啊。”继续练习。又过了一段时间，师襄子说：“你已经领悟了乐曲主旨，可以学习新内容了。”可是孔子还想研究得更深入，说：“我还不了解作曲者的境界呀！”

于是孔子专心致志、日复一日地勤奋练琴。有一天，孔子恍然大悟说：“我体会到作曲者的境界了。他肤色深黑、身材魁梧、目光坚毅深邃，有统治天下的帝王气魄。除了文王，还有谁能创作出这样的乐曲呢？”师襄子听到，赶紧起身对孔子拜了两拜，称赞道：“老琴师传授此曲时也是这样说的，这支曲子叫作《文王操》，你领悟得如此透彻，佩服！”

孔子学琴，就是 Be someone 的最好注释。以创作者周文王的意境去学琴，焉能不通？焉能不精？孔子感受到周文王，彻底理解了琴曲的内涵与外延，一琴通，百琴通，一琴精，百琴精。

这让我想起来少年时看过的拿破仑·希尔的著作《成功法则》一书。希尔在书中阐述了一个 Be someone 的具体做法，把想成为的那个人或那些人摆在心中最重要的位置。遇到问题，召集心中之人开会，听听他们的意见。你可以依次问，林肯先生、爱迪生先生、牛顿先生……如果遇到了这种情况，会怎么做。然后，听从他们的建议，依照他们的思维去解决问题。这和孔子学琴的境界不谋而合。

这样做为什么有效，这个疑问一直到阅读侯世达作品才解开。2007 年，侯世达出版了一部带有自传色彩的著作《我是个怪圈》。在书中，侯世达这样理解个体：我们每个人都是一束他人灵魂的碎片，只不过以一种全新的方式组合起来。灵魂碎片每一个贡献者的表征当然不是平等的。那些我们爱的人和爱我们的人，是在我们内部获得最强大的表征之人，而我们的“我”也正是通过他们所有人的影响在很多年里复杂的相互冲撞而形成的。

我们终将成为的，是一束他人灵魂碎片的重新组合。如果你内部的灵魂碎片是一群伟人，那么你也是一个伟大的人，反之亦然。

受拿破仑·希尔著作影响，我少年时即期待与更多伟大灵魂相遇，把更多伟人的灵魂碎片装进我的身体容器中。随着年龄和阅历渐长，我不断扩展灵魂碎片列表，迄今为止，已经把孔子、庄子、孙子、本杰明·格雷厄姆、菲利普·费雪、沃伦·巴菲特、查理·芒格等古今中外40多人装了进来。通过阅读他们的著作，我不断与伟大灵魂相遇，不断重组其碎片，不断重塑一个更新的自我。

《高效能人士的7个习惯》作者史蒂芬·柯维提倡由内而外全面塑造一个全新的自己，如何塑造呢？他认为，“任何事物都是两次创造而成”。任何事物，我们都是先在头脑中构思，完成智力上的或第一次的创造，再付诸实践，完成体力上的或第二次的创造。看懂了柯维的话，你就会明白，我们首先要Be someone，在大脑中塑造一个全新的自我，然后Just do it，身体力行，实现一个全新的自我。

投资也一样，把投资大师的伟大灵魂碎片装入我们身体容器中，重组这些灵魂碎片，重建一个全新的自己，“成为”投资大师，用投资大师的理念去行动。

通过闭环去实现

用灵魂碎片重建自我以后，下一步就是通过闭环去实现。

《高效能人士的7个习惯》讨论的正是如何打造一个由内而外重塑自我的闭环。通过书中的方法论，完成一环一环的Be someone、Do more、Get more，不断螺旋上升，提升自我。

《刻意练习：如何从新手到大师》的作者安德斯·艾利克森展示了实现闭环的4个条件：有挑战性的目标、有挑战性的应用场景、有执行、有反馈与改进。艾利克森建议读者不要把自己局限在10000小时的理念之内，而是在大目标的前提下不断达到与更新小目标，不断跳出“舒适区”，不断做不擅长的事情，不断接受反馈，不断改进自我。

1965年获得诺贝尔物理学奖的理查德·费曼发明了著名的费曼学习法，以确保自己比别人更加了解事物的本质。费曼学习法的精髓是强调输出与输入形成闭环。如果你真正想学会某个知识，那就尝试把它教给另一个人。如果你有能力把它传授给其他人，则证明你学会了；如果没有，那么你一定学艺不精，有待进一步学习。

费曼学习法强调，以输出为目的寻找可供输入的养分或文献，以输出为目的进行学习、重组信息与知识创新；强有力的输出才代表真正学会了。很多人看似读了不少书，但效果并不好，好像“把书都读到狗肚子里了”，原因就在于只有输入没有输出，不能形成闭环。

只有形成闭环，才能发现学习过程中的难点或混淆不清的疑问，然后努力解决这些问题，进而实现高效学习。以我为例，在写本书之前，很多概念混淆不清。为了写作本书，我进行了大量阅读和研究，逐一攻克了这些难题。我的目标是写这本书，便以此书作为输出，不断寻找可供输入的文献资料与养分，不断学习新知识，不断提升自己，直到完成一个闭环。

本书完成，这一闭环结束，但并不代表一切都结束了，这只是大目标下的一个闭环而已。做好股票投资，传播正确投资理念，才是更大的目标，更大的闭环。写完，我将迈向下一个闭环。

我们把伟大灵魂装进自我容器，通过有目的地输入、刻意练习、不断根据反馈改进自己，不断创新，最终形成一个自我升级的闭环。然后，我们遇见更多更伟大的灵魂，进入下一轮闭环的飞跃。

以史为镜

人类历史不断重演，金融历史也一样。《股票大作手回忆录》作者埃德温·勒菲弗认为，历史每天都在重演，剧目永远不变。在重温与繁荣和恐慌有关的记录时，令我们印象最深刻的是，市场与人显示出来的特征几乎没有变化。游戏不变，人类的本性也没有变。

金融历史不断重演，因此，股票市场实证分析是有用的。过去 22 年发生的事情，未来 22 年一定还会发生；穿越 22 年长期有效的投资策略，未来 22 年一定还会有效。

有人可能会问，如果大家都采用你的投资策略，过度拥挤，该策略还会有效吗？这个问题非常好。以巴菲特为例，他每次调仓都会按照季度公布在美国证监会要求的 13F 表格中，以供公开查询。学术界研究发现，如果按照 13F 表格跟随巴菲特做投资，能够获取与他相似的业绩。但问题是，这么多年来，到底有多少人愿意亦步亦趋跟随巴菲特呢？到底有多少人获取了相似业绩呢？答案是，几乎没有，即便有，也是凤毛麟角，少得可怜。

这是因为在金融世界中，人们的记忆非常短暂。前几天亏得血本无归，准备学习巴菲特，但这几天三根阳线之下，人们很快开始疯狂投机。几个连阳之后，亏钱的教训迅速被淡忘，嫌弃巴菲特赚钱慢，觉得自己才是新时代的弄潮儿，胡乱操作一通。直到潮水退去，才发现只有自己在裸泳。

正如约翰·肯尼斯·加尔布雷斯所说，在人类努力探索的所有领域里，唯有在金融世界中，历史如此微不足道。关于投资者对于历史伤疤的遗忘，霍华德·马克斯说，新一代投资人的强项是，他们太年轻了，记不住任何负面经历。他们赚了那么多钱，觉得自己所向披靡。不过现在你我都知道，总有一天乐队会停止演奏，风会从破碎的窗玻璃中呼啸而过。

只要股票市场是由人主导的，人性的贪婪、对伤疤的健忘以及投资短视就会让历史一遍遍重演。因此，过往22年有效的策略，未来22年还会继续有效。

关于历史，本杰明·格雷厄姆认为，“投资者应该充分了解股票市场历史，尤其是关于重大波动的。只有具备这些背景知识，投资者才能对市场机会或风险做出合理判断”。关于实证检验，詹姆斯·蒙蒂尔说：“我推崇用实证数据检验投资理念，并证明我的投资理念与现实并不矛盾。”

我喜欢从历史中检验长期有效的投资策略，并把该投资策略运用到股票投资中。我期待你也一样，“以史为镜，可以正投资”。

坚持正确的投资过程

从前，有一个农夫在地里干活，忽然从远处跑来一只兔子。它十分慌张，一不小心撞在树桩上，死了。农夫很高兴，捡起这只兔子回家美餐一顿。他想，如果每天都有这样的好事，那该多好呀，于是他放下农具，整天守在那棵树下，却一无所获。野兔是不可能再次得到了，他自己也被后人耻笑。

如果该农夫看懂了下图，或许就不会去“守株待兔”了。

	好结果	坏结果
好过程	顺理成章的成功	坏运气
坏过程	好运气	必然的失败

过程与结果二维图

如果把过程与结果分为好与坏，那么，我们可以得到四个结果，依次为顺理成章的成功（好过程/好结果）、坏运气（好过程/坏结果）、好运气（坏过程/好结果）与必然的失败（坏过程/坏结果）。

我们都希望好过程带来好结果，但现实是，好过程也可能招致坏结果，而且坏结果发生的概率还很高。在投资中，长期的好策略未必能带来短期的好结果，巴菲特也不例外。每隔几年，巴菲特都会经历一段时间业绩相对低迷期，被新兴投资者“教育”一番，尤其当市场过热、投资者过度追捧无业绩但有故事的股票时，坚守价值之道的巴菲特常常被怀疑落伍了。但当潮水退去后，我们发现，巴菲特永远赢在长期。

虽然好过程/坏结果非常糟糕，但更糟糕的是坏过程/好结果。这会让人产生一种误解，认为好结果源自能力而非运气。如果自认为能力强并继续下去，曾经的好结果一定会弃你而去，你一定会像守株待兔的农夫一样一无所获，还会被后人耻笑。约翰·邓普顿曾告诫投资者：“你应当在最成功的时候反思自己的投资策略，而不是在犯下了最严重的错误之后。”铭记这句话，才会让我们在坏过程/好结果中发现并承认自己的运气成分，并不断改进投资策略。

《股票大作手回忆录》记述了一位几百年一遇的金融市场交易与投资天才——杰西·利弗莫尔。他曾经三次破产，前两次破产后都能继续用微弱的资金东山再起，并且再创快速致富的神话。也许他还能够第三次东山再起，但他却自杀了。我认为，他的死，可能是意识到了自己投资策略的漏洞（短期优秀，长期拙劣），或许，他有信心第三次东山再起，但他仍旧逃脱不了第四次破产的命运，乃至第五次、第六次……最终，他用最彻底的方式向市场投降。投资过程是错误的，却以短期正确的方式呈现出来，这种错误更致命。

在投资中，坏过程虽然会有一时好运气，但终将一无所获；好过程可能遭遇一时挫折，但终将收获满满。

运动员深刻地知道，结果无法控制，我们只能控制过程。只有不断地改进过程，才有可能一点点变得更好，直到夺得冠军。投资也一样，好运气与坏运气会接踵而来，我们无法判断明天是好运气还是坏运气，但我们能做的，是坚持正确的投资过程，正确的投资策略，穿越无数个好运气与坏运气，迎来最好的投资结果。找到长期稳妥的投资策略之后，借用本杰明·格雷厄姆对价值投资的建议："请遵循这个策略，坚持下去，不要动摇。"

请记住，坚持正确的投资过程。

认识风险

我在第 1 章中提到，投资的第一目的是赚钱，更确切地说，是长期赚取最大化投资收益。约翰·邓普顿认为："对所有长期投资者来说，目标只有一个——实现税后实际总收益最大化。"凯恩斯认为："理想的投资策略，是赚取可观收益的同时，又能确保发生严重贬值的风险处于最低水平。"

接下来的问题是，什么是风险？既然第一目标是长期赚取最大的投资收益，那么真正的风险就是影响这一目标实现的事项——永久性的资本损失。

常用的风险指标有很多，比如贝塔、标准差、下行标准差、最大回撤和 VAR 等。这些指标都是基于过去的数据，但真正的风险却发生在未来，不可预期，猝不及防。风险具有欺骗性，常规的很容易被量化、估计与防范，而反常且主观以为"千载难逢"的事件很难被量化、预测。实际上，"千载难逢"的"不可能灾难"每隔几年就发生一次，因此，实际风险比看上去的更高，更危险。

关于常用的风险指标，霍华德·马克斯认为："学者们为了方便，选择了用波动性指代风险。他们需要一个可计算的、客观的、能够查明来龙去脉的数字。风险有许多种……而波动性可能是与之最无关的一个。”本杰明·格雷厄姆认为：“贝塔或多或少是衡量股票历史价格波动的有效指标。但令我困扰的是，人们现在已将贝塔等同于风险概念。贝塔可以衡量价格波动，但并不能等同于风险。真正的投资风险并不能用某只股票在某一给定时期相对于总体市场价格下跌的百分比来衡量，而要用经济形势变化或经营状况恶化所致的质量和盈利能力下降的危险来衡量。”

常用风险指标不能捕捉真正的风险。哪些才是真正的投资风险呢？站在前人的肩膀上，我总结了 4 项风险来源。

第一，盈利能力不足的企业。在可预期的时间里，该企业盈利能力不足，产生的经济效益无法弥补资金的使用成本。

第二，购买价格过高。一种资产在某一价格是适合的，在另外一个价格可能就不适合了。购买价格就是我们付出的成本，成本越高，收益越低。过高的成本导致无法赚取收益，甚至是亏损。

第三，极端乐观。霍华德·马克斯认为，市场就像钟摆一样，永远处于极端乐观与极端悲观之间。虽然弧线的中点最能说明钟摆的平均位置，但实际上钟摆停留在那里的时间非常短暂，大部分时间都停留在极端乐观或极端悲观的端点。当形势大好时，股票价格节节攀升，投资者极端乐观，害怕错失机会，迫不及待地买进，把所有的规则与谨慎都抛在脑后。当钟摆回摆时，市场情绪转为极端悲观，投资者迫不及待地抛售，浮亏转为实亏。

第四，故意忽略风险，或者认为风险不存在。事实证明，风险永远都存在，永远会以我们想不到的方式出现。一旦出现，就会对投资者露出狰狞面目。任何考虑不到的风险，都可能会对投资者造成致命的打击，尤其是当大家都觉得没有风险并拼命买进时，就会导致最大的风险。

因此，盈利能力不足、买价过高、极端乐观，以及忽视风险，才是真正的风险，会极大地影响长期最大化收益的实现。当我们心中有根弦，把风险控制落实在投资过程中，就不大会遭遇预料之外或不可承受的亏损风险。

重视周期

霍华德·马克斯表示，“牢记万物皆有周期是至关重要的。我敢肯定的东西不多，但以下这些话千真万确：周期永远胜在最后。树木不会长到天上去，任何东西都不可能朝同一个方向永远发展下去。坚持以今天的事件推测未来将会对投资活动带来极大的伤害”。

资本市场中的周期非常多，最重要的有 4 个，分别为经济周期、信贷周期、存货周期与市场情绪周期。

大约每隔 10 年左右，人们就会断言周期的结束。由于金融记忆的短暂性，这些人忘掉了人类历史上周期带来的教训，并认为繁荣期将永无止境，衰退与萧条期将被扼杀。我依稀记得 2007 年年初《华尔街日报》的报道：“鉴于美联储的出色工作，一个新的共识正在经济学家中形成——大而坏的商业周期已经被控制住。”全球股市一片红火，大家热切盼望没有低谷只有高峰的繁荣期永无止境。然而，2008 年的金融危机把全球拖入泥潭，并导致了美国自第二次世界大战以来最严重的经济衰退。

事后，经济学家与媒体形成了一个新的共识——周期可以被延缓，但不能被消灭。这句话仿佛在说，真相可能会迟到，但不会不到。这可能就是周期的真相。周期一直存在，无论怎么努力去消灭，无论是否认可它，它都在我们身边，就像影子一样无法被清除。

关于周期，坏消息是，我们不能确切地知道一个周期趋势会持续多久，不知道它何时反转，更不知道导致反转的因素以及反转的程度。好消息是，趋势迟早会终止，反转迟早会到来。

如果不能预测趋势何时结束，反转何时发生，那么，我们能做些什么呢？霍华德·马克斯认为："尽管无法预测，但我们可以未雨绸缪。我们永远不知道未来会发生什么，但是可以为这种可能性做好准备，减少它们所带来的痛苦。"

或许，我们永远都不会知道周期要去往哪里，但我们大致能够明白自己身在何处。周期为我们提供了一个模糊地图，即便我们不知道自己的具体位置，比如某条街道某栋楼某层，但我们大致清楚自己处于周期的某个阶段，比如某个区域，据此信息，我们就能采取相应的投资行动。

乔尔·格林布拉特认为："了解市场具有周期性规律并且最终自我修正的道理，或许能让我们更加乐观地在市场暴跌后寻找估值便宜的股票。"约翰·邓普顿认为："在别人绝望抛售时买进，在别人热切买入时卖出，这样需要最大的决心，同时也会让我们获取最大的收益。"如果了解市场具有周期性的规律，那么我们更容易下定决心。

保持耐心

在时间碎片化、娱乐大众化、短视频与智能算法无处不在的今天，人们的注意力可能不超过 5 分钟。耐心已经成为奢侈品。

我喜欢放风筝。在熙攘的人群中，我一般选好地点，静静等着。我观察着周围小朋友用泡泡机吹出的泡泡的大小与飞行速度，观察树梢摆动的幅度与方向，等待合适时机，随时准备放飞手中的风筝。但有时候，等了很久，还没有风。我继续静静等待着，在拽着风筝乱跑的人群中，我是一个异类。可一旦有风，我手里的风筝是飞得最快、最远的。经常有人问我，你的风筝飞那么高，有什么诀窍吗？我回答，最大的原因不是我，而是风太好了。

等待合适的好风，需要很大的耐心，就像巴菲特说的等待合适的好球一样。

耐心是投资不可或缺的重要部分。因为偏见引发的低价格，或过度热捧导致的价格虚高，都可能持续很长时间。以低估值策略为例，虽然长期来看，该策略非常有效，但短期内，我们无从知晓该策略是否有效。可能在某段时间内，高价股变得更昂贵，低价股变得更便宜，低估值策略短期失效。

从收益驱动的角度来看，耐心持有变得非常有意义。从 1 年的角度看，总收益的 60% 来自估值变化（价格的上下变动）。从 5 年的角度看，总收益的 80% 来自购买成本和企业质量。

耐心的投资者似乎正在消失，信息的低可得性让我们关注每周、每日，甚至是每分钟的实时变化，在无尽的冗余信息中躁动，这正是“T 神”乔尔·蒂林哈斯特最担忧的。在充满噪声的短期信息中，很多人控制不住“做点儿什么”的倾向，不去做而闲着会觉得自己没价值。他们去做了，却常常是错的，做了还不如不做。拖着风筝四处乱跑，好风真的来临时却站错了方向，比比皆是。老子说，无为才能有为，很多人却做反了，常常为了显得“有为”而错失了有为的好风。

巴菲特喜欢等待“好打的慢球”。“我将投资视为世界上最棒的事业，因为你永远不用被迫挥杆击球。你站在本垒里，就会有人向你投出 47 元的通用电气股票，39 元的美国钢铁公司股票，没有人会叫你下场。除了错失机会，你没有任何损失。你可以整天耐心地等待中意的球，趁着外野手打瞌睡的时候，快步向前，一击必中。”巴菲特讲述的是红袜队传奇人物泰德·威廉斯的故事，他把击球区分割成 77 个小单元。他不会胡乱击打每一个进入击球区的球，而只击打那些落入“甜蜜击球区”的最佳球。

我们都希望合适的好风，带飞手中的股票，并在风停前抛售所有股票。可惜，没有人能预测未来。我们不能预测未来，但可以提前耐心准备。有时候，除了以正确的方式耐心等待风起，我们别无他法。所以，巴菲特才说："偶然一时做出的成功投资，却需要长期无所作为静静去等待。"诺贝尔奖得主保罗·萨缪尔森认为："投资应该像是看着油漆变干或草木生长一样。"

着眼长久

关于长期，我们来看看孙叔敖的故事。孙叔敖是春秋时期楚国人，楚庄王在位时，他曾担任令尹（总揽军政大权的高官），以贤能闻名于各国。孙叔敖晚年病危将死时，告诫儿子："以前大王多次想封赏我，我都没有接受。我死了，大王顾念我的功劳，一定会封赏你。记住，你一定不要接受肥沃的封地。楚国和越国交界的地方土地贫瘠、人口稀少，楚国人都把它看作不祥之地。若大王将此地封赏给你，你就可以长期拥有，不会有人嚼舌头。等到楚王封赏你，你一定要选择这里！"

不久，孙叔敖去世。楚王以肥沃土地封赏，孙叔敖的儿子没有接受，反而请求楚王封给他楚越两国交界的贫瘠之地。楚王很诧异，但还是同意了他的请求。正是由于这片土地贫瘠荒芜，没人挂记，孙叔敖的子子孙孙才能一直拥有这片土地。直到汉代，还有孙叔敖家族拥有这块土地的文字记录，这样算下来，前后至少800年。800年这个时间长度，是什么概念呢？中华文明有文字记载的连续历史，也才3000多年，800年约占1/4。

面对同一个问题，当关注长期时，就会给出不一样的答案。比如说，要不要改正自身的缺点？要不要自我提升？如果仅仅从自己一生的角度出发，就会觉得人生短暂，如白驹过隙，一人过舒服就好，何苦为难自己。但是，如果从子一代、孙一代等更长远的角度出发，答案就会完全不一样。

为人父母，言传身教，我们会把所有的优点和缺点都传给下一代。如果不慎把缺点也传了下去，他们要花费很大的时间和精力才能意识到身上的缺点，再花费很大的精力改正此缺点。如果他们没有自我提升的自觉性，那么大概率看不到自身的缺点。这个缺点会代代相传，并会影响他们的生活。想想他们的悲惨生活，竟然是我们这一代的缺点造成的，这就非常恐怖了。所以，与其这样，不如我们多读点书，多成长一点，多改正一些缺点，只把优点传给他们。长远来看，优点代代相传，每一代都进步一点点，生活就更好一点点。一代一代变得更好，岂不美哉？这一切的起点，都源自我们这一刻的选择。

所以，一旦着眼长久，我们的很多想法、思维、习惯以及看待自身的方式都会改变。本杰明·格雷厄姆认为，检验一个投资策略是否优秀，需要 7 年以上的时间。受此启发，我所有的个人理财，目标全部是 10 年。所有投资策略的构建，必须着眼于 10 年以上。我发现，着眼的时间越长，我的选择越少，投资策略也越简单。

其实，不单单是投资，人生也一样。如果以 10 年的长度看待自己，那么一件事愿不愿做、该不该做，我们很快就能给出答案。面对人生诸多所谓的“机会”，如果看不到做 10 年以上的理由，我通常都会放弃。放弃的越多，我的可选择项就越少，目标就越集中。而最后那个选择，如果能全身心做 10 年以上，“出其右者”又有几人？

自我教育与终身学习

正是因为有一个 10 年乃至终生的目标，我才愿意花多年时间“闭门造车”而不觉得枯燥：自学编程和人工智能、编写回测软件、清洗数据、建模型、做回测、大量阅读，以及写作本书。在剩下的时间里，确切地说，在剩下的生命中直到死亡前，我都会以此书为起点，继续自我教育，继续自我成就。

我希望你也一样，设定一个更长远的目标。目标越长远，你会发现，可选项越少，要做的事情越集中。在剩余要做的事项中，不管是什么，都是正确的。至于说具体做什么、如何去做、用什么方法去实现，反而不那么重要了。重要的是，开始做，并一直做下去。

能力圈并不是天生的。至少在投资领域，所有相关技能都是可以后天培养的。“T神”乔尔·蒂林哈斯特热爱阅读、提倡学习，并提倡以此逐步扩展自己的能力圈。他说：“我所认识的每一位成功的投资者都保持强烈的好奇心，他们大量阅读、独立思考、奉行终身学习。”何谓终身学习，张磊在《价值》一书中这样定义：“与具有固定型思维的人相比，拥有成长型思维的人更加重视学习和挑战，把学习作为终身的乐趣和成就，而不是短暂的、功利性的斩获。”并给读者如下建议，“终身学习能够无限地放大一个人的潜能，适应过去、现在和未来。更为关键的是，别的东西对人的需求曲线的刺激总是有限的，只有求知欲，能够不断使人得到满足，长期走下去。”

“T神”认为，终身学习才是人生最好的防守。在终身学习的道路上，我们一起同行。

附录1　如何提高财务报表分析的质量

我在中欧国际工商学院上课时，曾听苏锡嘉教授评论会计这门学科："有人说，会计是一门技术；也有人说，会计是一门艺术；但有时候，我觉得会计是一门魔术。"一位拥有注册会计师资格证书并担任财务总监的同学补了一句："我觉得会计是一门幻术。"此言一出，同学们哄堂大笑。这可能就是会计学的本质，虽然充满了大量的判断与估计，但又不可或缺，尤其是在现代资本市场中。我们尽力做到公平、公正与公允，但又逃脱不了人性带来的偏见、偏好与偏差。在一位会计学博士同学眼里，财务报告就像一个人，既有理性的一面，又有充满了感情色彩的一面。她的博士毕业论文的主题就是，抓取财务报告用词并判断其正面性与负面性（文本语气的感情色彩），以判断财务报告的质量以及管理层如此措辞的动机与用意，并进一步判断未来企业发展的好与坏。

既然财务报表充满了会计师的判断与估计，那么上市公司有没有可能做出有利于本公司的判断与估计呢？以收入确认为例，我们看看收入数据对上市公司的影响有多大。以下为虚拟案例。

假如你是一家上市公司的首席执行官，董事会和大股东要求年度业绩翻倍。公司管理层给了你很大压力，能不能拿到股权激励，就等年底的报告了；拼搏了一年，员工能不能拿到可观的年终奖，就看净利润数据了；股价低迷，小股东怨声载道。临近年底，公司管理层、基层员工、大股东、小股东，所有的压力一起袭来，唯一能用的招数只剩下调整收入了，于是就有了财务总监的这张表（如表 A1－1 和表 A1－2 所示）。

表 A1－1　按比例调整变动成本情景下收入确认对净利润、毛利率以及净利率的影响

项目	原始金额（万）	收入多确认5		收入少确认5	
		金额（万）	变动率（%）	金额（万）	变动率（%）
销售收入	50000	52500	5	47500	－5
减：变动成本	20000	21000	5	19000	－5
固定成本	20000	20000	0	20000	0
息税前利润	10000	11500	15	8500	－15
减：利息	2500	2500	0	2500	0
税前利润	7500	9000	20	6000	－20
减：税	2000	2400	20	1600	－20
净利润	5500	6600	20	4400	－20
	原始比率（%）	变动后比率（%）	比率变动率（%）	变动后比率（%）	比率变动率（%）
毛利率	20	22	10	18	－11
净利率	11	13	14	9	－16

表 A1－2　不调整变动成本情景下收入确认对净利润、毛利率以及净利率的影响

项目	原始金额（万）	收入多确认5		收入少确认5%	
		金额（万）	变动率（%）	金额（万）	变动率（%）
销售收入	50000	52500	5	47500	－5
减：变动成本	20000	20000	0	20000	0
固定成本	20000	20000	0	20000	0
息税前利润	10000	12500	25	7500	－25
减：利息	2500	2500	0	2500	0
税前利润	7500	10000	33	5000	－33

续表

项目	原始金额（万）	收入多确认5		收入少确认5%	
		金额（万）	变动率（%）	金额（万）	变动率（%）
减：税	2000	2667	33	1333	-33
净利润	5500	7333	33	3667	-33
	原始比率（%）	变动后比率（%）	比率变动率（%）	变动后比率（%）	比率变动率（%）
毛利率	20	24	19	16	-21
净利率	11	14	27	8	-30

一看表A1-1，你就明白了，在考虑变动成本的情况下，如果销售收入增加5%，则净利润增加20%；毛利率从20%增长到22%，增幅为10%；净利率从11%增长到13%，增幅为14%。如果销售收入减少5%，则净利润减少20%；毛利率从20%降低至18%，降幅为11%；净利率从11%降低至9%，降幅为16%。

再看表A1-2，稍微激进一些，不考虑变动成本，如果销售收入增加5%，则净利润提升33%；毛利率从20%增长到24%，增幅为19%；净利率从11%增长到14%，增幅为27%。如果销售收入下降5%，则净利润下降33%；毛利率从20%降低至16%，降幅为21%；净利率从11%降低至8%，降幅为30%。

看完两张测试表，你“如释重负”。

在某些情况下，上市公司有动力拉高收入，尤其是绩效太差的公司。但在某些情况下，上市公司有动力隐藏收入，尤其是当年绩效太好的公司。如果全部确认会导致明年预期更高、更难完成，那么该公司就有动力降低收入。收入确认就这么随意吗？会计准则真的有空子可钻吗？让我们来看看会计准则中关于收入确认的规定。

中欧国际工商管理学院丁远院长在其著作《财务报告与分析：一种国际化视角》中提及，收入确认要满足以下原则：第一，企业已将商品所有权上的重大风险和报酬转移给购货方；第二，企业既没有保留通常与商品所有权相联系的继续管理权，也没有对已售出的商品实施实际控制；第三，收入的金额能够可靠地计量；第四，与交易相联系的经济利益能够流入企业；第五，与交易相关的已发生或将要发生的成本能够可靠地计量。

上述原则中的任何一个，在落地过程中都充满了会计师的判断与估计。很多投资者可能会疑惑，如果财务报表有太多人为操作，财务报表质量岂不是堪忧？研究会计准则后不难发现，虽然会计准则充满了会计师的判断与估计，但都被限定在一定区间内。超过一定区间，三张报表（资产负债表、利润表和现金流量表）各个项目间的勾稽关系就会严重失衡。这个区间就像查理·芒格眼中的股票投资，在一定区间内买入，在一定区间内卖出，还存在一定区间既不买入也不卖出而是持有。只要在特定区间内操作，都是正确的；超出了区间，即是错误。会计师的人为判断被约束在特定区间，即是会计学的科学性，确保了会计的客观与准确。

之所以会产生中国上市公司财务报表质量较差的印象，是由于关于企业的负面新闻看多了。从数据来看，截至 2021 年 12 月，中国上市公司已经超过 4000 家，但近两年因为财务报表舞弊与造假引起纠纷的上市公司不超过 40 家（不到 1%，统计意义上不显著）。我们不能因为不超过 40 家的财务报表瑕疵，而否认 4000 家公司财务报表的公平、公正与公允。有这么多家上市公司可选，即便把会计处理手段稍微激进的公司都剔除，也能剩下足够多的样本供我们研究。

为了提高财务报表分析的质量，我们需要判断会计师在限定区间内激进或保守的程度，因此，我们需要拆分财务报表底层信息。如何正确拆分，我总结了 7 条经验。

第一，评价审计师意见。拿到上市公司披露的财务报告之后，一定要先看审计师的意见。审计师意见分为标准无保留意见、带强调事项的无保留意见、保留意见、无法表示意见和否定意见等 5 种。

第二，辨别关键会计政策，确认不同行业和商业模式的影响。我们容许行业中不同公司的会计政策有细微的差别，但过于标新立异，就值得引起警惕了。

第三，评估操纵会计信息的动机。越在关键时间节点，上市公司越有动力操纵会计数据，比如说，"披星戴帽"的公司①为了达到监管机构的要求而操作业绩。

第四，判断会计处理的灵活性，并评价该灵活性对财务报表的影响。

第五，评估信息披露的详细程度以及质量，交叉验证未被披露的信息到底是什么，是否具有重大影响。京东在其 2019 年财务报表附注中披露了资产重估前后的价值，但是，很多上市公司未必会详尽披露底层信息。不过没关系，即便不披露，我们也可以从财务报表中计算出资产重估前后的差额。

第六，辨别潜在的危险信号。这些危险信号包括但不限于以下几项：财务数据与行业特征不符，与经济环境相悖；无正当理由更换审计师；无合理解释的会计政策或会计估计变更；微利或者巨亏；会计利润与经营现金流之间的累积差额越来越大；会计利润与应税所得之间的累计差额越来越大；应收账款或库存的非正常增长；第一季度和

---

① "披星戴帽"是中国股票市场独有的处理方式。上市公司一旦由于两年连续亏损等原因被特别处理，其股票名称前面就会被加上 * ST 以示区别。此举是为了保护中小投资者，"披星戴帽"股票退市风险较大，投资者需谨慎投资。

第四季度的大额调整；联营公司或合营公司的账目往来占所在会计项目的绝大部分；资产重组与资产剥离；债务重组；高管离职，等等。

第七，调整非正常会计政策对报表的影响。在理想的情况下，我们可以采用统一的会计政策与会计估计手段，把所要分析股票的财务数据拉平到同一起跑线上，以进行更加公平、公正地比较。

附录2　财务数据及衍生指标的5个缺陷

在股票投资领域，随着计算机算力的扩展、传统主观多头方法论可量化程度的提升，多因子和主动量化选股模型逐渐从“深闺”走入大众视野。无论是机构，还是个人，都可以轻易构建多因子或主动量化选股模型。无论是多因子，还是主动量化选股模型，基本面因子都占据绝大部分的因子权重。而在基本面因子中，财务数据单独以及与股价等其他因素一起构建的衍生指标，占据基本面因子的绝大部分权重。因此，与财务数据有关的指标，是多因子和主动量化选股模型的重中之重。

与财务数据有关的指标成为重头戏，有3个好处。第一，指标更能反映企业的基本面因素。长期来看，基本面因素决定内在价值，进而决定股票是否具备投资价值。这些指标的使用，更能营造市场的投资氛围，更易于发现价值，更易于推动市场走向成熟，而非走向投机。第二，与财务有关的数据非常容易获取，更容易推动多因子和主动量化选股模型的发展。任何投资者都可以轻易从财务报表中直接获取相关数据，构建一个生态体系。第三，财务数据的编制严格遵循会计准则，并经过了注册会计师的审计，具有较高的可靠性。在可靠的基础之上，投资者可以很便捷地根据经验自行开发可靠的衍生因子，提升选股模型的有效性。

但是，会计报表的固有局限使得单纯、简单的财务数据及其相关指标存在较为明显的缺陷，主要体现在以下5个方面。

第一，财务数据忽略了价值创造。首先，财务数据基于过去，可能会忽略改善未来价值创造的潜在基础性工作。其次，当前的会计法则没有考虑到所有资本的成本，忽略了对资本成本的衡量与补偿，进而忽略了价值创造过程。如果企业不能创造价值（比如，投资资本回报率不能大于加权平均资本成本），那么再好的财务数据也不值得我们去投资。为了衡量价值创造，人们创造了经济增加值（简写为EVA）这一指标，只有EVA大于0，才值得我们去投资。

第二，财务数据不能预测未来。传统财务数据来源于以历史成本为基础的会计报表，反映的是过去的经营成果，但是，投资者显然更加关心企业未来的经营成果和财务状况。而这一关心，很难找到办法（即便有办法，这种办法的结果也不一定稳健）用过去财务数据去实现。

第三，财务数据容易受到会计数据质量的影响。会计报表数据是财务数据的直接源泉，企业管理层能够在不影响会计质量的前提下进行盈余管理，或轻或重的盈余管理行为非常普遍。该行为可能导致会计报表数据失真，进而导致财务数据及其相关指标失真。

第四，企业管理层越来越认识到财务数据的重要性，但该认识可能导致管理层的短视行为。比如，管理层可能会通过削减研发支出、职工培训支出、市场营销费用等方式来“美化”当期财务数据。但是，这些短期化行为是以牺牲企业长期竞争优势和发展潜力为代价的，无异于杀鸡取卵。

第五，在现代企业中，商誉、人力资源等无形资产往往是核心竞争力和价值创造的源泉，但财务数据往往将这些重要的无形资产排除在外。由于传统会计估测数据存在固有局限，前述状况经常发生。一旦一些重要的无形资产因为无法被衡量而被排除在财务数据之外，财务数据就无法反映出企业在这些重要方面的投资管理效率。

虽然存在上述缺陷，但并不意味着基于财务数据的相关指标没有用武之地。实证研究发现，很多基于财务数据的指标都非常强健，不但当期有效，还有很强的滞后效应。因此，基于其强大的选股实力，与财务数据有关的指标依旧是多因子和主动量化选股模型的重头戏。

当对这些指标的优劣势有了更深入的了解，我们就更容易发挥其优势，规避其劣势。比如说，当我用多因子模型选好股票后，常常会用 EVA 模型计算其经济增加值，看看该企业是在创造价值，还是在毁灭价值。创造价值的，优先选择；毁灭价值的，财务数据再好，也会被弃用。